HOMO
DISCONTENT
호모 디스컨텐트

호모 디스컨텐트

발행일	2017년 11월 29일			
지은이	선 봉 란			
펴낸이	손 형 국			
펴낸곳	(주)북랩			
편집인	선일영	편집	이종무, 권혁신, 오경진, 최예은, 오세은	
디자인	이현수, 김민하, 한수희, 김윤주	제작	박기성, 황동현, 구성우	
마케팅	김회란, 박진관, 김한결			
출판등록	2004. 12. 1(제2012-000051호)			
주소	서울시 금천구 가산디지털 1로 168, 우림라이온스밸리 B동 B113, 114호			
홈페이지	www.book.co.kr			
전화번호	(02)2026-5777	팩스	(02)2026-5747	

ISBN   979-11-5987-830-5 03180 (종이책)   979-11-5987-831-2 05180 (전자책)

이 도서의 국립중앙도서관 출판예정도서목록(CIP)은 서지정보유통지원시스템 홈페이지(http://seoji.
nl.go.kr)와 국가자료공동목록시스템(http://www.nl.go.kr/kolisnet)에서 이용하실 수 있습니다.
(CIP제어번호: CIP2017031124)

(주)북랩 성공출판의 파트너

북랩 홈페이지와 패밀리 사이트에서 다양한 출판 솔루션을 만나 보세요!

홈페이지 book.co.kr • **블로그** blog.naver.com/essaybook • **원고모집** book@book.co.kr

갈망하는 인간

HOMO DISCONTENT
호모 디스컨텐트

선봉란 지음

불만의 긍정적 힘!

북랩 book Lab

Discontent[diskən'tent]

lack of satisfaction with one's possessions, status, or situation; lack of contentment

a. a sense of grievance
b. restless aspiration for improvement

by 『Merriam Webster』

Discontent

자신의 소유, 지위 그리고 상황에 대한 만족의 결여

a. 불평감
b. 향상과 개선을 향한 끊임없는 강렬한 소망

즉, discontent는 우리가 흔히 만족/불만족 하면 떠올리는 satisfaction/ dissatisfaction 보다 더욱 포괄적인 의미.

서문

    프로이트는 그의 저서 『문명 속의 불만Civilization and its discontent』에서 문명이 성장할수록 불만을 느낄 수밖에 없다고 결론을 내린다. 인간 욕구의 발현으로 이룩된 찬란한 문명은 아이러니컬하게도 욕구를 충족시켰을 때 오는 행복이나 만족감보다는 더 잦은 불안감을 야기시키고 있는데, 그 이유를 프로이트는 문명이 발전할수록 도덕성이나 이타성과 같은 고차원적인 이상을 요구하기 때문이라고 본다. 이는 이기적인 인간의 본능에 대치되기 때문에 인류는 만성적인 불만에 시달리게 되고 만다는 것이다.

    이 책은 프로이트가 말한 만성적인 불만의 원인에 대해 좀 더 구체적으로 탐구하기 위해 쓰인 책이다. 결론부터 말하자면 인간은 본질적으로 불만을 경험할 수밖에 없는 상태로 태어난다. 흔히 아주 먼 옛날엔 인간이 더 행복했을 거라 추측한다. 그 추측이 어느 정도는 맞을 수 있겠다. 환경과 인간의 신체적 활동이 조화를 이루기 때문이다. 진화론적으로 현재의 몸은 석기 시대 수렵채집 활동을 하던 선조들의 유전자를 지닌 상태이지만 우리를 둘러싼 환경은 천지차이로 변해 있다. 환경 변화의 속도와 신체 유전자 변화의 속도 차이를 진화론자들은 진화적 부조화Evolutionary mismatch라 부른다.

    현재 우리의 신체로 석기 시대의 환경에서 살아가는 것을 상상해 보자. 석기 시대의 환경이 어떠했는지 감이 오지 않는다면 아마존의 밀림, 혹은 전기도 들어오지 않고 집도 없는 첩첩 산중을 생각해도 좋다. 모든 것을 자연에서 얻어야 하는 환경에서는 먹이를 찾는 것은 쉬운 일이 아니다. 먹을 것을 발견하면 되도록 그 자리에서 빨리 많이 해치워야 한다. 언제 다시 먹이를 발견할지 알 수 없고 경쟁상대(다른 동물 등)에게 빼앗길 수 있으니 보이는 대로 되도록 많이 먹어 두는 것이 목숨을 부지하는 데 현명한 전략이라고 할 수 있다. 음식을 냉장고나 곳간에 쌓아 둘 수 없기에 맛이 있거나 없거나 한자리에서 먹어 치워야 한다. 음식이 나를 기다리고 있지 않다는 것을 알고 있다.

그러나 지금 환경에서 이런 생활은 비만을 일으키는 식습관이 되고 만다. 눈만 돌리면 먹을 것으로 가득 차 있는 세상에서 석기 시대의 식습관을 유지한다면 어떻게 될까? 비만은 일종의 진화론적 부적응Maladaptation으로 분류된다. 우리의 몸은 신석기 시대에 머물러 아직도 한 번에 많이 먹고 싶은 욕망과 기름진 음식을 선호하는 유전자가 몸 속 깊이 존재하지만 식생활 환경은 그 때와는 너무 다르기에 욕구와 환경의 미스매치, 즉 부조화로 비만해지게 된다. 비만은 당뇨나 심장질환 같은 여러 합병증을 유발하기에 비만이 되지 않기 위해서 무던히도 노력해야 한다. 그러나 달콤하고 기름진 것에 대한 유혹은 천지에 도사리고 있어서 이것을 참아 내기란 쉽지가 않다. 석기 시대의 사람들은 참아낼 필요가 별로 없었기에 최소한 이로 인한 생리학적 욕망의 추구와 환경의 부조화로 인한 불만감은 덜했을 것이다. 신체 진화 속도(우리는 생각보다 굉장히 천천히 진화한다)와 환경 변화 속도의 미스매치는 우리가 선천적으로 불만족할 수밖에 없는 하나의 이유가 된다. 프로이트적으로 설명하면 도처에 널려져 있는 기름지고 달콤한 음식을 한 번에 많이 먹고 싶은 욕망과 건강하고 싶은 욕구, 그리고 현대인이 선호하는 날씬해지고 싶은 욕구가 서로 대치되기에 신경증과 같은 불안과 불만을 일으킬 수밖에 없는 것이다.

몸이 원하는 대로만 살아갔으면 아직도 선사 시대에서 벗어나지 못했겠지만 우리에게는 정신(많은 이들이 인간이 다른 동물들과 전혀 다르다고 생각하는 근본적인 이유)이 있다. 그러나 이 정신, 즉 마음이라는 것은 오감을 통해 들어오는 정보에 취약하다. 변화하는 환경에서 자신의 믿음이나 지식체계와는 대치되는 정보에 꾸준히 노출될 수밖에 없는데 여기서 오는 정신적 불편함을 인지부조화Cognitive dissonance라 한다. 자신이 갖고 있는 신념과 믿음 그리고 가치와 우리가 자의적·타의적으로 겪게 되는 실제 상황들이 서로 상충하게 되면 인지부조화를 겪게 된다. 본문에서 설명하겠지만 이는 뇌의 편리체계와 노력체계의 작용에 의해서 발생하게 된다.

선사 시대 사람들이 비록 신체와 환경의 미스매치로 인한 불만감은 덜했을지 모르지만 현대의 인간이나 석기 시대의 인간이 같은 몸으로 살아가고 있다면 우리와 같은 인지부조화를 그들도 겪었을 것이라 짐작할 수 있다. 예상치 않은 자연재해, 혹은 타인과의 관계와 소통에서 오는 불편함이나 불안감으로 힘들었을 것이다. 상황에 따라 싸우기Fight/도망치기Flight 혹은 돕기Tend/친구되기Befriend의 전략을 구사하며 정신적 불편함을 해소시키려 무던히도 애를 썼을 것이며, 자연재해를 극복하기 위해 노력한 결과 지금의 문명을 이루게 되었다는 시나리오는 굳이 더 설명할 필요가 없을 정도로 자명하다.

우리의 몸과 마음은 이렇듯 각각 진화적 미스매치와 인지부조화로 각인되어 있다. 직립보행, 불의 발견, 도구의 사용 그리고 무엇보다 생각하는 능력 등 긍정적인 면뿐만 아니라 정신과 몸의 부조화도 인간의 정체성을 이루는 한 요소다. 인류의 문명과 불안은 함께한다. 염세주의 철학자 키에르케고르는 문명이 발전할수록 불안은 커진다고 했다. 현대 문명 사회는 더 나아지기 위한 욕망이 실현되고 있는 장이지만 모든 인간이 같은 속도로 나아지고 있지 않기에 같은 문명 속에서 살고 있으면서도 이기적이며 끊임없이 욕망의 실현을 갈구하는 인간은 자신에 대한 그리고 타인에 대한 불만을 느낄 수밖에 없다. 사전적 정의처럼 discontent는 반어적이게도 만족하지 않은 상태를 의미하는 것뿐만 아니라 향상과 개선을 향한 끊임없는 강렬한 소망을 내포한다. Homo discontent는 불만의 인간임과 동시에 갈망하는 인간이다.

> 이 세상에는 행복도 불행도 없습니다. 오직 하나의 상태와 다른 상태와의 비교만이 있을 뿐입니다. 그러므로 가장 큰 불행을 경험한 자만이 가장 큰 행복을 느낄 수 있을 겁니다.
>
> - 『몬테 크리스토 백작』중

2017년 11월

신봉란

CONTENTS

I

기
대

Nothing comes from nothing

1965년에 제작된 영화 'The Sound of Music'은 뮤지컬의 대명사이다. 주인공 마리아 역할을 했던 줄리 앤드류스Julie Andrews와 극 중 아이들이 부르던 노래는 50여 년이 지난 지금까지도 여전히 불려지고 있을 정도로 고전이 되었다. 주제곡인 'The Sound of Music'을 비롯하여 'DoReMe Song', 'Edelweiss', 'My favorite things' 등 영화에서 불려진 다수의 노래가 여전히 대중의 사랑을 받고 있다. 그 중 'Something Good'이라는 노래는 사랑에 빠진 마리아가 아이들의 아버지인 장교와 함께 부르는 노래인데 가사를 보면 다음과 같다.

> 아마 난 사악한 장난꾸러기 어린 시절을 보냈었을지 몰라요.
> 비참한 젊은 날을 보냈을 수 있지요.
> 그런데 그런 시절 어딘가에서 분명히 진실의 순간이 있었을 거예요.
> 왜냐하면 나를 사랑해주는 당신이 바로 내 앞에 있기 때문이지요.
> 당신은 어떨지 모르겠지만요.
> 난 어린 시절에 확실히 뭔가 좋은 일을 했어요.
> 그렇지 않았다면 당신을 만나지 못했을 것이니까요.
> 어떤 것도 아무 이유 없이 일어나진 않지요. 어떤 것도 그럴 수 없어요.
> (Nothing comes from nothing, nothing ever could)
> 그래서 난 확신해요. 나의 어린 시절 어딘가에서 분명히 내가 좋은 일을 했다는 것을요.

인간에게 이유와 근거를 댈 수 없는 현상은 있을 수 없다. 어떤 식으로든 현상에 대한 해결책을 모색하며 인지적 안정을 추구한다. 우리에게는 혼란스러운 상태를 참을 수 없어 하는 본성이 있어 원인을 현실적으로 찾을 수 없다면 상상력을 동원하여 추상적으로라도 만들어낸다. 그리고 믿는다. 흔히 말하는 미신이 그런 것이다. 물론 미신과 과학은 다르다. 그러나 과학적으로 설명할 수 없는 많은 일도 나름의 원인과 결과를 추론하여 믿어버리고 만다. '아무 이유 없이는 어떤 일도 일어나지 않는다Nothing comes from nothing'로 대변될 수 있는 '충분근거율Principles of sufficient reason'은 현상에 대해 원인을 찾으려고 하는 집요한 철학적 사고방식으로서 과학을 발전시키는 철학적 근간이 되지만 과학적 사고 이외에도 나름의 추론규칙이 있는 인간에게는 중요한 생각의 도구가 된다. 위 노래의 가사에서 현재 자기가 멋진 사람을 사랑할 수 있는 이유를 과거의 한 시점까지로 올라가 찾으려고 하는 것처럼 말이다. 한국에서는 타인과 비교할 수 없이 빼어난 미모의 사람들이나 배경을 가진 이들을 두고 "전생에 나라를 구했나?"라고 말하기까지 한다. 아름답고 능력 있는 사람들은 전생에 무엇인가 엄청난 희생을 하면서 남에게 이로운 일을 했기에 현재의 복 받은 모습으로 태어난 것이라고 생각해야 여러 면에서 평준화가 되어 있는 현대사회에서 그들만의 특출함이 이해될 수 있고 그나마 위로가 되기 때문이다. 일종의 인과응보사상이다.

이것은 항간에 떠도는 우스개 소리지만 정말로 그들이 전생에 나라를 구했을 수도 있다. 불교의 윤회사상이나, 전생과 현재 그리고 미래가 사슬처럼 연결되어 있다고 생각하는 인도의 카르마 사상을 믿는 사람이라면 그 말은 증명할 수는 없지만 확실한 것이 된다. 그러나 약간의 과학적 사고로 생각해보자면, 전생에 나라를 구한 용감하고 책략이 뛰어난 영웅들은 대부분 당시 최고의 미모를 자랑하던 여성들과 결혼을 했기에 현재 빼어남을 자랑하는 사람들은 아주 먼 옛날 능력 있는 전쟁 영웅들, 그리고 그들과 맺어진 여성들의 유전자를 지니고 있을 수 있겠다. 본인이 직접 나라를 구하지는 않았을지라도 자신의 선조가 나라를 구했을 수도 있고 그 덕이 자신에게 전해졌을 수도 있다. 조상의 덕이라는 것이 존재한다면 이런 것이 아닐까? 현재의 유전자 분석기술로 약 600만 년 전 우리가 침팬지와 같은 조상을 두었다는 것을 밝혔으니, 만약 타의 추종을 불허하는 빼어난 미모와 능력이 어디서 왔는지 밤을 설치게 할 만큼 궁금하다면 연구해 볼 만하다. 타인이 아니더라도 본인의 만족이나 불만족의 상태가 어떻게 해서 현재에 이르게 되었는지 궁금하다면 자신이 해 왔던 일들을 곰곰이 돌이켜 본다거나 부모님들을 자세히 관찰해 보면 어렴풋이 알 수 있을 것이다.

　Nothing comes from nothing은 우리 인간이 존재하고 발생하는 모든 일들이 인과관계로 얽혀져 있다고 생각한다는 것을 의미한다. 이는 자신에게 닥친 모든 현상에 대해 의미를 찾고 자신의 생각과 일치하지 않는 문제를 인지하며 이미 알고 있는 지식으로 추론을 하면서 원인을 찾고 싶어 하는 인간 본성을 대변한다. 태어나면서 성장과 함께 풀어야 하는 문제들은 항상 존재하기 마련이다. 변하지 않는 것은 변화 그 자체밖에 없다는 말처럼 개인의 성장과 더불어 주변을 둘러싼 외부적 환경은 항상 변하기에 그에 따른 문제는 항상 새롭게 발생한다. 엄마와 함께 있는 아기시절부터 유아원, 유치원, 초등학교, 중·고등학교, 대학교를 거쳐 사회인이 되기까지 같은 문제라도 해결을 위한 도구들이 다양해진다. 어렸을 때는 배고프다고 울면 많은 것이 해결되었다. 사랑 받기 위해서는 웃으면 되었다. 그러나 그런 방식은 나이가 들수록 더 이상 먹혀 들어가지 않는다. 어른이 되어서도 배고프다고 울면 어떻게 보이겠는가? 웃는 얼굴에 침 뱉기 어렵다고 하지만 어른이 되면서부터는 이 또한 사랑 받기 위해 하기에는 적절한 방법이 아니라는 것을 알게 된다. 어른들의 웃음에는 순수한 의도 이외에 여러 가지 계획이 포함되어 있을 수 있다는 것을 계산하면서 상황에 적절한 다른 문제 풀이 방식을 모색한다.

　과학철학자 칼 포퍼Karl Popper는 그의 책『삶은 문제해결의 과정이다All life is problem solving』에서 "모든 생물은 실력이 좋건 형편없건 또 성공하건 못하건 간에 문제를 해결해 나가는 발명가 혹은 전문가들이다"라고 말한다.[1] 문제해결의 과정은 생물의 진화과정으로써 영원히 지속된다. 계속적으로 변화하는 환경에서 견뎌내기 제일 적합한 유전자가 살아남아 후세에 전수되며 이는 환경에서 더 이상 유용하지 않을 때 소멸하고 또 다른 우세한 유전자 형질이 발현되어 살아남기 가장 적합하게 되듯, 문제를 풀어내는 수많은 해결책들 중에 현실에 제일 적합한fitness 이론이나 해법이 채택된다. 그러나 외부환경은 끊임없이 변하고 기존에 채택된 해결책으로는 새로 생성되는 문제를 더 이상 설명하거나 풀어낼 수 없는 상황이 온다. 그러면 또 다시 새로운 문제해결책을 찾아 나선다. 계속해서 생성되는 문제에 대해 끊임없이 그럴듯한 이론이나 방법들을 제시하지만 확실한 것은 아니며 단지 가설과 일시적인 해결책일 뿐이다. 확실한 진리는 우리가 알 수 없는 미지의 것이며 우리는 단지 그것에 가까워지려고 노력하는 과정에 있다. 이러한 문제 풀이 과정에서 모든 생물은 수많은 시행착오를 겪게 되고, 그 과정에서 몸과 마음이 성장하게 된다.

Nothing comes from nothing의 정신은 인류가 진보하는 것에 있어 괄목할 만한 결과를 이룰 수 있는 정신적 토대가 되었지만 불안과 불만도 함께 동반한다. 현재의 내가 주어진 삶에서 생겨나는 이런저런 문제 풀이 과정을 수행할 때 과거의 원인을 밝혀내는 것에 너무 치중해 있으면 불만족한 상태가 되고 결과에만 집중되어 있으면 불안해지기 때문이다.

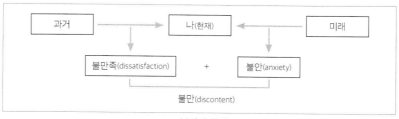

불만의 형성

원인을 알고자 하는 욕구나 그에 따른 결과물들이 문제 없다고 생각하면 우리는 불만족하거나 불안해할 필요가 없다. 그러나 해결하고 난 후에도 우리는 항상 뭔가를 갈구한다. 안정된 생활 속에서도 내적인 불안함 혹은 심심함과 같은 권태가 문제로 떠오른다. 그리고 그것을 해결하기 위해 우리는 의식적 혹은 무의식적으로 행동을 한다. 여행을 한다거나 쇼핑을 한다거나 음악을 듣거나 운동하거나 혹은 다른 방식의 취미생활이나 놀이로써 심심함을 달랜다. 이렇게 직접적인 능동적 활동이 아니더라도 손가락을 물어뜯는다거나 머리카락을 돌린다거나 발가락 손가락을 움직임으로써 심심함이나 권태감으로 인한 불안감이나 불안정을 진정시킨다. 또는 술을 마심으로써, 과하게는 마약을 복용함으로써 스스로를 원인을 알 수 없는 불안감이나 불만 속에서 탈출시키려 한다.

불안과 불만족은 부정적인 어감 때문에 되도록 우리가 떠안고 싶지 않은 인지적 정신적 상태이지만 '떠안고 싶지 않다'는 이유로 피한다고 해결될 수 있는 것이 아니다. 더구나 무엇을 피해야 할지 모를 때도 있다. 막연한 불안감이나 생활의 전반적인 불만족스러운 상황은 한 사회의 시스템의 문제로 야기되는 것이기도 하지만 사회를 구성하는 인간 본연의 특징일 수도 있다. 불안과 불안정의 본질을 알아 내어 그것을 수용할 수 있다면 살면서 이래저래 야기되는 문제들을 좀 더 안정된 시각으로 바라볼 수 있지 않을까?

Nothing comes from nothing으로 책의 서두를 시작한 이유는 모든 일에는 원인과 결과가 있다는 정신으로 우리의 불만족과 불안의 이유를 고찰해 보기 위함이다. 살아있다는 것은 변화하는 것이고 이로 인해 무엇인가를 끊임없이 자의적으로 혹은 타의적으로 요구하게 된다. 이때 여기서 오는 내적인 불일치가 문제 풀이 대상이 되며, 이는 어느 누구도 피할 수 없다. 인간이 겪는 정신적 괴로움 중의 하나는 스스로 정체되어 있다고 느낄 때이다. 시간은 흘러 미래로 향하고 있는데 자신은 항상 그대로라고 생각되는 것만큼 인간을 지치고 힘들게 하는 것은 별로 없을 것이다. 인지력이 덜 발달된 아이들처럼 시간의 흐름을 깨닫지 못하는 경우가 아니라면 사람들은 시간의 흘러감과 함께 변화해야 한다는 것을 무의식적으로 알고 있다. 그래서 만약 스스로에 대해 평가할 기회가 왔을 때 더 나아진 변화를 깨닫게 되면 성장의 기쁨을 만끽하지만 만약 예전과 비교하여 못하다고 느낄 때는 불만족과 우울감에 빠지게 된다.

인간은 누구나 상향변화 욕구를 갖고 있다. 현대사회로 오면서 이 욕구를 충족할 다양한 기회가 어느 정도 열리게 됐고 누구나 성장의 기쁨을 맛보려 노력하게 됐다. 하지만 더 많은 것을 알게 되고 더 많이 비교당하거나 혹은 비교하게 됨으로써 오히려 삶의 만족도는 그 자리에 머물고 있는 듯한 생각이 든다. 참 역설적이다. 누구나 하향변화를 느끼고 싶어하지 않을 것 같다. 그러나 무엇인가를 항상 하고 있음에도 불구하고 자신을 둘러싼 환경이 너무도 빠르게 변화하고 반전하여 본의 아니게 도태되는 경우는 누구를 탓해야 할까?

그러나 변화에 의한 내적 불일치를 경험하고 있다는 것은 나름 성장을 위한 동력이 가동되고 있다는 것을 의미한다. 그 경험은 기쁨이 될 수도 불안과 불만이 될 수도 있다. 과거를 돌아보고 미래를 기대하는 현재의 인간, 그리고 복잡한 세상에서 삶의 문제에 대한 완벽한 해답이란 없다. 만약 그것을 찾았다고 생각하는 사람들은 그 완벽성이란 개인적인 믿음일 뿐이므로 이를 다른 사람의 문제 풀이에 이용하라고 강요할 수도 없다. 다만 자신의 상황에 어느 정도 일치하느냐에 따라 공감의 정도가 다양하게 나타날 수 있을 뿐이며 개개인이 행동으로 옮긴다는 것은 또 다른 문제가 된다.

어떤 일도 아무 근거 없이 일어나지 않는다는 집요한 정신의 탄생은 우리가 살아가면서 완벽으로 착각했던 나름대로의 해법과 외부적 환경과의 끊임없는 불일치로 오는 내적·외적인 문제를 풀어내지 않으면 생존경쟁에서 살아남을 수 없기 때문에 야기된 것이다. 문제를 풀려 하는 의지가 욕구이며 이와 더불어 불만과 불안이 생겨나게 된다.

분리

까마득한 먼 옛날인 약 138억 년 전 양성자보다 작은 형체 없는 에너지 뭉치(특이점Singularity)가 상상할 수 없이 굉장히 짧은 순간에 갑자기 폭발하여 상상할 수 없을 정도의 빠른 속도인 $10초^{34}$마다 크기가 계속해서 커지면서 현재 우주를 구성하는 온갖 물질들이 나오게 된다.[2] 이 폭발이 만들어 낸 주요 원소인 수소 원자들이 서로 충돌하면서 헬륨이 만들어지고 에너지를 발산하면서 뭉쳐져 별이 생기게 된다. 별은 서로간의 상호작용으로 현재 우리가 아는 여러 가지 주요 원소 25개(탄소, 산소, 질소, 철 등) 등을 생산해 낸다. 그러나 별의 활동은 여기서 멈추지 않고 계속해서 에너지를 방출하고 흡수하기를 거듭하며 또 다시 뭉쳐져 스스로 폭발하기에 이르는데 이를 '슈퍼노바'라 한다. 이 폭발의 에너지를 사용하여 이미 만들어졌던 원소들은 서로 융합하며 더 무거운 물질인 구리, 금, 주석, 아연 등을 만들어 낸다. 별은 계속해서 폭발하고 다시 태어나기를 반복하면서 점점 더 무거운 것을 만들어 내기를 약 수십억 년을 거듭하고 드디어 태양이 생성된다. 태양의 활동에서 남은 물질들로 인해 행성이 생겨나게 되고 이렇게 태양의 지배를 받는 태양계가 탄생된다. 그리고 약 45억 년 전에 태양계의 세 번째 행성인 지구가 생성된다. 그 후에 지구와 소행성간의 충돌로 인한 파편이 우주에 흩어지며 이 파편이 다시 힘을 모아 한 뭉치로 형성되니 우리에게 로맨틱한 기운을 주는 달이 탄생하게 된다. 충돌로 인해 기울어진 지구의 축, 태양, 그리고 달의 영향으로 시간과 계절의 구분이 가능하게 되었으며 생명의 최초 형태인 박테리아가 생존할 수 있는 환경으로 지구가 형성된다. 그로부터 생명은 수많은 종으로 분화되어 지구의 기후변화와 환경의 영향 속에서 살아남기 위한 진화

의 진화를 거듭하며 현재의 모습이 된다.[3]

위는 우리가 이미 알고 있는 빅뱅Big Bang과 지구의 생성에 대한 아주 간략한 설명이다. 우리는 에너지가 자체적으로 견딜 수 없는 상태에 도달하면 폭발한다는 것을 자명한 이치로 받아들이기에 빅뱅이론을 무리 없이 수용할 수 있다. 그리고 또한 빅뱅이론으로 출발한다면 물리 화학 등의 자연계 현상들과 진화론까지도 설명할 수 있는 기초가 마련되니 맞는다고 믿는 것이 인지적으로 편하다. 위에서 우주의 빅뱅으로부터 시작하여 현재 인류의 모습을 설명한 것처럼 많은 것이 척척 들어 맞는 듯한 느낌이다. 에너지는 폭발한다는 전제를 우리가 알지 못했다면 빅뱅이론도 없었을 것이다. 에너지는 자체적인 상태를 견딜 수 없을 땐 폭발한다는 것을 전제로 했을 때 빅뱅이론은 성립되고 그 후에 나온 물질의 생성과 태양계의 형성 그리고 생명체의 탄생 등이 설명되는 것이다. 그러나 만약 왜 에너지 덩어리가 폭발하게끔 되었을까라는 물음을 한다면 어떨까? 아무것도 없는 상태에서 빅뱅이 일어났다면 그 아무것도 없는 상태는 어디에서 왔는가? 그리고 빅뱅이 일어나기 전인 138억 년 전에는 무엇이 있었을까? 즉, 139억 년 전 혹은 200억 년 전 말이다. 빅뱅 역시 무엇인가가 있었기에 일어난 현상이다. 만약 그렇지 않다면 우리는 무한대의 개념인 증명할 수 없는 창조론에 의지해야 하지만 그렇게 쉽게 판단하기에는 우리의 과학적 성과는 너무 멀리 와 버렸다. 물론 과학기술로 이루어놓은 문명과 문명의 기반이 된 철학적 사유, 문화, 예술, 생명진화의 증거 등 인류가 수천 년에 걸쳐 이루어 놓은 모든 과학적 성과가 허상이라 생각하고 포기하면 쉬울 수도 있다. 그러나 그것은 불가능하다. 그래서 현재 과학계에서 할 수 있는 일은 빅뱅 이전에는 무엇이 존재하였는가를 규명하는 것이다. 실제로 지난 십수 년간 천문학자들은 이 문제를 풀기 위해 골몰하고 있다. 다중우주론, 수축과 팽창에 의한 소멸과 생성의 순환론, 그리고 블랙홀이론 등 여러 가지 우주론이 빅뱅 이전의 문제를 풀기 위해 수학적인 증명으로 경합을 하고 있다.[4]

우주 대폭발 이론인 빅뱅은 모든 현상에 인과관계를 밝히려고 하는 인간

인지의 정점을 찍고 있지만 거기에 만족하지 않고 그 이전에 무엇이 있었을까라는 문제로 다시 우리 인지의 한계성을 실험대 위에 올려놓고 있다. 언제 어디에서 이 문제를 증명할 만한 증거가 나올지 알 수 없다. 그리고 김빠질지 모르겠지만 천문학자가 아닌 사람들은 이 문제에 관심이 없다. 학자들이 어떤 결과를 내놓으면 잠시 유행하지만 곧 관심은 수그러든다. 우리의 존재와 근원을 밝히기 위한 근원적 시발점이 되지만 빅뱅이나 혹은 빅뱅 이전의 존재를 일상생활에서 거론하는 것은 단순히 인지적 유회로 시간을 보낼 수 있는 한가한 사람들에게 허용되는 문제이다. 현대인은 바로 주변의 문제를 처리하기에도 바쁘니 말이다. 하지만 확실한 것은 우주가 있다는 것이며 우주의 움직임에 우리 인류가 영향을 받아 왔다는 것이다. 우주 전체로 볼 때 지구의 영향력이란 티끌만치도 아니며 그 티끌 위에 살고 있는 우리가 너무 사소하게 느껴져 한없이 겸손해지기도 한다. 그러나 스스로 먼지보다 못하다고 생각하고 살았다면 현재 빅뱅의 기원을 생각하는 우리 역시 존재하지 않았을 것이다. 역설적이지 않은가?

과학이 있기 전에 '생각하는 나'가 있었다. 우리의 생각은 실천으로 옮겨진다. 염세주의 철학자 쇼펜하우어Arthur Schopenhauer는 그의 박사 논문인 '충분근거율에 관한 네 겹의 뿌리the Fourfolds of Roots in Principles of sufficient reason'에서 원인과 결과를 이루어내는 네 가지 요소를 제시한다. 존재Being, 생성Becoming, 욕구Willing, 그리고 인지Knowing다. 존재Being는 시간(연속성)과 공간(위치)을 의미하며 모든 상호연결성에 대한 기본을 제공한다. 이들은 원인과 결과를 떠나 초월적인 것이며 증명될 수 없다. 선험적으로 우리에게 주어진 것이다. 공간과 시간 속에서 생성Becoming은 각각의 상호적 인과관계의 고리로써 존재하게 된다. 이로 인해 존재하지 않는 것조차도 이유가 있게 된다Nothing comes from nothing. 그러나 인과성의 사슬이 어디서부터 시작되었는지는 아무도 모른다. 다만 관계를 파헤치다 보면 항상 원인이 있고 그로 인한 결과들이 있다는 것은 충분근거율의 자명한 이치다. 여기서 생겨난 세계 속에서 우리는 자아를 욕구의 주체로서Willing 인식하게 되며 내가 직접 경험한 것으로만 세

계를 인지한다Knowing.[5]

　쇼펜하우어의 네 개념으로 역설에 대한 답을 모색하자면, 애초에 어떤 공간에서 어떤 시간에 빅뱅을 초래한 에너지가 원소보다 작은 형체 없는 상태로 모아져 어떤 상태를 견디다 못해 폭발했는지 알 수 없지만(인과성의 사슬이 어디서 어떻게 시작되었는지 알 수 없다), 우주의 많은 작용들이 인류에게 많은 영향을 끼쳐 현재에 이르게 되었다고 말할 수 있다. 그리고 그 원인을 알고자 하는 우리가 있다. 우주를 비롯한 모든 것의 출발점을 외부세계가 아닌 우리 자신으로 둔다면 저 역설적 의문을 던지는 우리 자신을 이해할 수 있다. 에너지의 근원이나 우주의 시간·공간에 관한 이유도 충분근거율의 정신으로 집요하게 파헤친다면 언젠간 답을 알 수 있지 않을까?

　빅뱅이론에서 우리가 알고 싶어하는 불안과 불만족의 원인에 대한 단초를 찾을 수 있다. 빅뱅의 최초 상태인 특이점은 작고 작아 첨단 현미경으로 겨우 확인할 수 있는 원자만한 크기의 공간이며 이 안에 지금 현존하는 모든 티끌과 물질을 구성하는 기본원소들이 하나로 뭉쳐져 있었다. 그러나 알 수 없는 원인으로 인해 중심축이 되었던 점이 폭파하면서 이들은 흩어지게 되며 상황에 따라 서로 다른 구성형태로 뭉치게 되는 것을 끊임없이 반복한다. 빅뱅으로 인해 생겨난 물질들이 계속해서 충돌하며, 뭉치고 폭발하여 흩어지고 다른 곳에서 다시 뭉쳐 별들이 되어 초신성이 되며 또다시 새로운 것의 탄생을 위한 밑거름이 되는 과정들을 보자면 꼭 세상사람들의 이야기 같다. 어떤 이유에서든 사람들은 머물러 있지 않는다. 신체적으로도 정신적으로도 계속해서 변화하며 다른 사람들과 상호작용을 하고 혈연이나 다른 사회적 관계로 뭉쳐지기도 하며 어느 시점에서는 불화로 인해 흩어졌다가 먼 훗날 다시 만나기도 하니까 말이다. 이 과정을 수도 없이 반복하면서 역사는 흘러왔다. 빅뱅과 인간사로 알 수 있는 것은 생성되기 위해서는 머무르지 않고 이동하며 움직여야 한다는 것이다. 움직이는 것들은 언젠가 서로 만나지만 불안정한 상태가 되고 결국에는 폭파 또는 해체가 된다. 물질의 이동이든 신체의 변화든 상호작용을 하는 한 언젠가는 불안정을 초래한다. 별이 시간이 지나면 스스로 자폭하여 에너지를 방출하며 또 다른 별이 생성할 수 있는 원소들을 배출하듯이, 인간 역시 공격성과 파괴본능으로 인해 자멸을 일으키며 끊임없이 역사를 이어오고 있다.

심리분석의 시조인 지그문트 프로이트Sigmund Freud는 그의 저서 『쾌락의 법칙을 넘어Beyond the Pleasure Principle』에서 인간의 공격성과 파괴본능은 죽음 욕동Death drive과 관련이 있다고 말한다.[6] 인간의 죽음 욕동은 모든 것을 초기의 상태로 되돌리려 하는 충동에서 야기된다. 기쁨과 안정을 추구하려는 모든 생물의 기본적 법칙인 쾌락법칙에 위배되는 인간의 행동은 이 욕동에서 비롯된다. 인간의 파괴적이며 죽음으로 향하는 행동은 스스로를 생물로 탄생하기 전의 상태인 완전한 '무생물'의 상황으로 되돌려 놓고 싶어하는 욕구로써, 아무 움직임도 없는 이 상태는 생명이 기원한 근원지가 된다. (마치 초기의 빅뱅이론처럼 아무것도 없던 상태에서 생명의 탄생이 시작되는 빅뱅이 일어났듯이) 그래서 인간은 이 생명의 근원지를 향한 욕구를 발현하는 행위로써 자아파괴, 강박증, 가학과 같은 증세를 보이는 것이라 한다. 이는 자칫 자신의 존재가 세상에서 없어지게 할 수 있는데도 불구하고 말이다.

인류의 역사나 우주의 역사를 거시적 안목에서 봤을 때 파괴와 폭발은 부정적이라 생각하기엔 너무 중요한 요소이다. 오히려 이 불안정이 항상 새로움과 변화를 초래했다. 프로이트의 정신분석학적 이론들에 대해 많은 반박을 가했던 사회심리학자이자 철학자인 에리히 프롬Erich Fromm도 프로이트의 인간의 파괴적 속성이론에 대해선 비판보다는 부연적 설명을 제시하고 있다.[7] 프로이트는 문명화로 부과된 모든 짐들을 벗어 던지고자 파괴적 행동을 한다고 주장하는 반면 프롬은 분리를 모든 불안의 시작이라 말하면서 파괴적 행동은 분리불안을 표출하는 행동의 한 양식이며 이 행동의 목적은 다시 합일을 이루고자 하는 욕망이라 간주했다. 르네상스를 거쳐 근대에 이르러 인간은 자유와 평등이라는 명목하에 개인적 욕망을 추구할 수 있는 권리를 얻었지만 이는 인간을 서로에게서 분리하여 고립되게 만들었다. 이는 근대인의 불안을 더욱 심화시켰고 결국 고립된 자유로부터 도피하고 다시 뭉쳐

하나가 되기 위한 수단으로 가학적 파괴적 행동을 한다는 것이 그의 주장이다. 가학적 증세들은 대상을 필요로 하며 서로에게 종속되어 있고 하나됨을 갈망하는 것을 목표로 한다고 분석한다. 반면 대상에 대한 파괴적 행동들은 제거를 목적으로 한다.

한 사회로 볼 때 이 파괴성은 확실한 자기기반을 가진 상류층이나 주어진 삶에 대해 비판할 인지적 능력을 보유할 기회를 얻지 못하는 하류계급보다는, 적절한 교육을 받아 계몽되어 있는 중간계급에서 많이 나타난다. 자신이 누려야 할 합당한 것을 사회로부터 얻지 못했다는 생각들이 만연하게 되어 불만이 가중되고 이 에너지가 뭉쳐서 결국에는 폭동이나 혁명의 형태로 체제를 뒤엎을 수 있는 역동적 역할을 하게 되는 것이다. 에리히 프롬은 "삶을 억압하는 개인적 사회적 조건은 파괴에 대한 열정을 만들어 내고 그것이 축적되어 특별한 적대적 경향-타인에 대해서든 자기 자신에 대해서든-을 키우는 원천을 이룬다"라고 말한다.[7]

파괴성은 또한 자본주의의 본질을 설명하는 데도 기반이 된다. 경제학자 조지프 슘페터는Joseph Schumpeter는 자본주의의 핵심을 '창조적 파괴Creative destruction'라는 개념으로 설명한다.[8] 마치 칼 포퍼가 진리의 추구를 진화론에 비유하여 설명했듯이 슘페터 역시 자본주의 본질을 진화론에 근거하여 고찰하는데, 경제구조를 변혁하며 그 안에서 오래된 것들을 파괴하고 또한 새로운 것을 끊임 없이 창조해내는 '산업적 변이의 과정the Process of industrial mutation'이라 설명하고 이를 '창조적 파괴'의 과정이라 정의하였다. 기술의 발전과 혁명으로 인해 새로운 제품과 낡은 것이 쉴 새 없이 교차되는 과정이 마치 생물의 세계와 같아서 자본주의 체제하에서는 안정이라는 것이 존재하지 않으며 존재할 수도 없다고 말한다.

창조적 파괴를 향한 불안정성은 자본주의 체제의 본질로 인간의 창조적 파괴의 힘이 자본주의 체제에 투과되었다고 할 수 있다. 인간의 욕망 실현에 한계를 두지 않는 자본주의체제는 곧 인간 자체이다. 극과 극의 대립적 양상으로 보이는 창조와 파괴는 연쇄적인 사슬로 이어져 누가 먼저고 누가 끝이라고 단정지을 수 없고 단지 파괴를 향한 창조와 창조를 향한 파괴의 과정 중에 우리가 존재한다. 과정은 항상 무엇인가를 향하게 되어 있는데 그것은 언제나 완전함 혹은 합일로 향해 있다. 즉, 최초의 분리에서 다시 하나의 완전함이나 일체와 합일을 추구한다.

인간의 파괴성과 죽음을 향한 불안정성은 생전에는 절대 경험할 수 없는 완전히 새로운 것에 대한 동경의 발현이며 이는 인류의 보편성으로써 신화와 종교 속에 내재되어 있다. 인간과 똑같이 생긴 그리스 로마 신화의 대표적인 신들은 인간사에서처럼 폭력, 간음, 살인, 전쟁 등과 같이 반목으로 인하여 생기는 파괴적 행동을 일삼지만 영원히 죽지 않는다. 신화라는 것이 그렇듯 인간의 힘으로 어쩔 수 없는 그 어떤 것에 대한 동경을 표현하고 신비화하여 이를 믿음으로써 안위를 얻음과 동시에 신에 대한 경외심을 불러일으켜 자신의 행동에 영향을 미칠 수 있는 내재적 힘을 발휘하게 한다. 무슨 나쁜 행동을 하려고 의도한다면 '신들이 나에게 벌을 내릴 거야'와 같은 생각을 하게 됨으로써 마음을 고쳐먹게 되는 것이다. 영원한 삶은 인간이 어떤 힘을 발휘하더라도 결코 도달할 수 없는 경이롭고 신비한 것이다. 인간이 결코 이루어 낼 수 없는 영원한 삶을 신들의 모습에 불어넣고 인간과 똑같은 행위를 하는 신화를 탄생시킨다. 영원한 삶을 사는 신들은 인간에게는 완전한 새로움과 같으며 또한 경외의 대상으로써 죽음과 영원한 삶을 담보로 인간의 행위를 통제할 수 있는 절대적인 개념이다. 이런 신을 인간이 만들어 낸 것이다. 세계에서 가장 오래된 종교인 인도의 힌두교는 창조와 파괴가 같은 곳에서 유래한 것이라 믿는다(힌두교의 신인 시바신God of Shiva은 삶과 죽음을 같이 관장한다). 탄생과 동시에 필연적으로 죽음으로 향해야 하는 것은 누구도 부정할 수 없는 생물의 본질이기에 삶이 시작하는 것과 동시에 죽음도 존재할 수밖에 없다고 믿는 종교적 의미를 내포하고 있다. 불교의 윤회사상(생물학적으로 죽었으나 같은 영혼을 갖고 새로운 몸으로 다시 태어나는 것)도 죽음을 또 다른 삶의 시작으로 보고 있는데 영원한 삶은 죽음과 함께 시작된다고 믿는다. 기독교에서는 예수의 부활을 믿음으로써 새로운 탄생을 맞이하고 싶은 인간의 염원을 담아내고 있다. 죽음과 탄생은 하나로써, 인간의 힘으로는 어쩔 수 없기에 인간은 항상 이것을 경외하고 동경해 왔다. 새로운 탄생이란 죽음으로 향하는 것이며 또한 죽음으로 향하는 모든 생명은 결국 새로운 탄생을 항상 염원하게 된다. 인간은 살아가면서는 도달할 수 없는 이 욕망을 끊임 없이 염원하기에 불안정할 수밖에 없게 된다.

살아있는 모든 생물은 완전한 안정인 죽음을 향해 달려가기에 불안정할 수밖에 없으며 이 불안정은 안정을 추구하려는 욕망을 불러일으키기에 움직임과 행동의 근간이 될 수 있다.

자유에 대한 대가

한껏 자유로워진 상태에서는 원하는 것을 다 얻을 수 있을까? 욕망이 우리를 행동하게 만든다. 그야말로 누구나 할 것 없이 무제한의 욕망을 추구할 수 있는 사회를 이룩하게 되었지만 우리에게 자유를 준 욕망의 추구가 우리를 또다시 '불평등'으로 옭아맨다. 모든 인간이 자신이 가진 능력대로 자신의 존재를 알리고 권력과 부 그리고 명성을 얻을 수 있는 사회인 현대사회에서 왜 불안은 심화되고 있을까?

철학자 키에르케고르Søren Kierkegaar는 자유의 가능성이 우리를 불안하게 만든다고 했다.[9] 자유란 누구의 명령에 구애됨이 없이 여타의 많은 상황들에 대해 자신의 욕망이 향하는 대로 행동하고 그에 대한 선택에 책임을 지며 살아갈 수 있음을 의미한다. 그런데 이 자유에 부과된 선택의 가능성들이 우리를 더욱 불안하게 만든다. '선택의 자유'는 더군다나 비슷한 것, 비슷한 사람들이 많은 현대 세상에서 우리를 오히려 혼란으로 빠뜨리고 만다.

많은 이들은 채울 수 없는 욕망에 대한 갈구가 우리를 불안하고 불만족하게 만들며 심지어 우울증이나 불안장애와 같은 병에 걸리게 한다고 생각한다. 욕망의 본질은 항상 우리가 미래를 바라보고 더 나은 상태를 추구하는 것에 있다. 이 더 나은 상태를 세계적 베스트셀러 작가인 알랭 드 보통Alain de Botton은 '지위'라고 보고 있다.[10] 『불안Status anxiety』이라는 책에서 그는 불안의 원천을 지위에 대한 욕구에서 오는 것이라 보고 있으며 '불안은 욕망의 하녀'라고 단적으로 말한다. 현재보다 좀 더 높은 지위를 획득할 수 있다는 생각을 할 때 불안을 느낀다고 말한다. 굳이 지위라고 표현한 것은 사회적인 성취로 획득한 지위에 따라 세상이 나를 보는 눈과 대접이 달라져 스스로가 느끼는 자신에 대한 생각도 달라지기 때문이다. 자신에 대한 자아상을 세상의 눈과 대접으로 결정 짓고 만약 자신이 적절한 대우를 받지 못하였을 경우 스스로를 용서할 수 없는 상태가 되는데, 그는 이것을 불안이라고 말한다. 현재의 지위는 그야말로 많은 것을 내포하고 있으며 그것에 의해 나 자신의 정체성을 확인한다. 지위란 언제까지나 상대적인 것으로 나 이외에 다른 사람들을 필요로 한다. 순전히 혼자인 세계에서 지위라는 것은 없다. 자신이 과거에 해 놓은 일이 현재가 되어 지금의 지위에 있는 것이며 이를 바탕으로 미래를 생각하게 된다.

문제는 지위라는 것이 자신이 원한다고 해서 쉽게 얻을 수 있는 것이 아니기에 경이로운 대접을 받는 높은 지위에 대한 선망이 강할수록 그리고 현재 자신의 상태가 그와 비슷하게 될 수 있다고 느낄수록 불안은 고조될 수 있다. 알랭 드 보통은 또한 자신과 평등하다고 생각했던 사람들이 자신보다 더 높은 지위에 오르는 것을 볼 때도 불안을 느낀다고 말한다.[10] 이는 자신이 원하는 것을 남들이 먼저 얻어냄으로써 자신의 자리가 없어지지 않을까 하는 우려심의 소산이다. 법적인 계급제도가 타파되고 예전에 비해 많은 편의가 제공되는 문명화된 현대사회에서 불안감을 더 많이 느끼고 있는 데는 모든 사람들이 원하는 것을 추구할 수 있다는 평등의식이 한 몫을 한다. 태어날 때부터 확실히 계급이 나뉘어지고 그것을 하늘의 뜻이라고 여기던 시절에는 지위를 바꾸고자 노력하지 않았고 또한 당시 대부분의 사람들이 사회적 성취라는 것이 무엇인지 몰랐기에 자유경쟁에 내몰려 있는 현대인에 비해 미래에 대한 불안감과 불만족은 덜 했을 것이라 짐작할 수 있다. 실제로 알렉시스 토크빌Charles Alexis Clérel de Tocqueville은 귀족사회나 봉건사회와 같은 계급사회에 대해 다음과 같이 서술하고 있다.[11]

모든 인간이 귀족 사회에서 직업, 권리 출생에 따라 엄격히 분류될 때 각 계급의 구성원들은 자신들을 한 가족의 일원으로 생각하면서 상호간에 견실하고 강한 유대감을 맺고 있다. … 이러한 귀족 제도는 같은 종족의 구성원들을 아주 이질적으로 만들지라도 그들을 긴밀한 정치적 유대로 묶어놓는다. 노예는 귀족의 운명에 대해 생래적인 관심을 갖지는 않을지라도 우연히 자기의 주인이 된 귀족에게 전심으로 봉사하는 것이 자기의 의무라고 생각한다. 또한 귀족도 자신은 노예와 전혀 별개의 인간이라고 생각하면서도 자기의 영내에 거주하는 농노를 목숨을 걸고 보존하는 것이 자기의 의무이며 명예라고 생각한다.

즉, 계급은 확연히 구분되었지만 그 구분됨은 하늘의 뜻과 같아서 차별을 둔다기보다는 오히려 하늘의 뜻이라는 당위성을 바탕으로 강한 소속감으로 서로에게 충성을 다하는 존재였다고 말하고 있다. 이와 같이 상하관계와 그에 대한 권리와 의무가 태어날 때부터 주어진 사회에서는 주어진 일만을 하며 삶을 보내기만 하면 되었기에 오히려 그 안에서는 더 행복함을 느꼈을 수 있다. 그리고 주어진 일이라는 것은 자아를 위한 것이라기보다는 상대에 대한 의무와 충성심의 발현이기에 삶의 중심이 내가 아닌 타인이었다.

> 귀족사회에서는 모든 시민이 상하로 명확하게 구분되어 있는 하나의 위치를 차지하고 있기 때문에 그들 각자는 자기에게 필요한 보호를 베풀어주는 윗계급의 사람과 자기가 협력을 요청할 수 있는 하위계급의 사람으로 나누어 생각한다. 그래서 귀족 시대에 사는 사람들은 거의 언제나 자기 이외의 어떤 대상에 몰두하게 되고 자기 자신을 잊어버리는 데 익숙해져 있다.[11]

그렇다면 자유로운 사회라는 것은 어떠했을까? 알렉시스 토크빌은 유럽에 비해 역사가 짧은 미국의 사회를 직접 보고 경험하면서 봉건주의나 귀족 사회를 경험하지 않은 미국의 민주주의 제도를 분석하고 계급사회를 타파한 모든 사람들의 자유와 평등을 가치를 고양하는 민주주의 사회의 단점에 대해서 다음과 같이 비판하고 있다.

> 사회가 보다 평등해짐에 따라 비록 자기와 비슷한 처지의 사람들에게 커다란 영향력을 행사할 수 있을 만큼 부유하거나 강력하지는 못하지만, 자기 자신의 욕구를 충족시킬 수 있을 만한 교육을 받거나 재산을 충분히 확보한 사람의 수는 증가하고

있다. … 그들은 어떤 사람에게도 빚 진 것이 없으며 또 누구에게 어떤 기대도 하지
않는다. 그들은 항상 홀로 지낸다는 생각에 익숙해 있으며 그들의 모든 운명은 그들
자신의 손에 달려 있다고 생각하게 된다. … 이와 같이 민주주의는 모든 사람으로
하여금 자기의 조상을 잊게 할 뿐 아니라 후손에 대해서 무관심하게 만들고 동시대
인으로부터 고립시킨다. 그래서 민주주의는 언제나 자기 자신에게만 매달리게 하며
마침내는 인간을 고독한 존재로 가두어 버릴 위험을 안고 있다.[11]

계급이 없어지고 누구나 노력만 하면 무엇이든 성취할 수 있는 길이 열려
있다고 생각하는 세상이 오자 사람들은 예전에는 귀족만이 누렸던 대접을
받기 위한 지위를(현대사회에서는 경제활동으로 축적된 부가 대접받을 수 있는 지위
를 결정한다) 획득하고자 평등한 서로를 외면한 채 치열한 경쟁 속으로 내달리
게 되었으며 이로 인해 고립감과 불안감은 더욱 심해지게 된다.

하나였던 사상이나 계급으로 뭉쳐져 있던 개인들이 내던져지듯 개체로 분
리되면서 본의 아니게 주어진 수많은 자유로운 선택의 상황들이 불안을 야
기시킨다. 그토록 열망하던 자유와 평등사상은 역설적으로 우리를 서로에게
서 분리시키는 결과를 낳았다. 에리히 프롬은 『자유로부터의 도피Escape from
freedom』에서 우리가 자유로워지는 대신 분리로 인한 불안을 탈피하기 위한
수단으로 권위주의 옹호, 파괴성, 그리고 자동화된 순응적 태도를 보인다고
주장한다. 이 수단들은 자유에 주어진 수많은 선택에 대한 불안을 없애 준
다. 자유에 내던져진 개인은 그야말로 무엇을 더 가져 지위를 보장받고 남들
에게 인정받을 수 있을까를 한없이 고민하고 혹시나 잘못된 선택을 하여 상
황이 더 나빠지지 않을까 불안해 한다. 권위주의나 순응적인 태도 그리고 파
괴성은 이러한 혼란을 잠시 잠재워 줄 수 있다. 혼란의 시대에 독재자가 옹호
되는 이유 중 하나이다. 독재체제하에서는 자유로움이 없다. 그러나 혼란도
덜하다. 단일화된 하나의 신념을 추종하고 그에 복종하게 만든다는 것은 혼
란을 야기하는 무자비한 자유로부터 우리를 잠시 해방시켜 강요된 안정을 얻
을 수 있다. 사회 체제뿐만 아니라 우리가 믿는 종교나 개인적으로 가치 있

다고 믿는 신념 등은 외부환경에서 오는 혼란한 상황에서 개인의 정체성을 일관되게 지켜주는 역할을 한다.

안정된 자궁 안에서 어머니의 탯줄로 안정된 영양분을 섭취하며 하나로 연결되어 있던 태아는 자궁 밖으로 나오면서 세상에서 경험하는 최초의 분리를 겪고, 이와 함께 최초의 자유를 얻는다. 하지만 혼자 힘으로는 아무것도 할 수 없는 상태이다. 이런 상태는 생존을 위협하기에 불안할 수밖에 없다. 만약 어머니가 분리되어 불안해하는 갓난 아이에게 적절한 대응을 해 주지 못하면 아이의 정서는 불안으로 물들게 된다. 아이는 하나의 개체로서 자유롭지만 동시에 자유롭지 않은 상태, 즉 우연히 부과된 자유 속에서 할 수 있는 것은 아무것도 없다. 부모의 정성스러운 보살핌과 지속적 관심을 필요로 한다. 자유로우면 무엇이든 할 수 있을 것 같다고 착각하지만 우리의 자유는 아이에게 억지로 부과된 자유와 같아서 자유를 얻는 순간 혼란과 무기력감이 같이 동반된다. 이는 마치 최초 모든 것이 하나였던 우주가 빅뱅 이후 수많은 물질들로 분해되어 낱낱이 무한한 공간으로 흩어져 정처 없이 유영하는 모습과 같다. 한동안은 자유로울 수 있겠지만 그 상태는 오래가지 않는다. 방향과 목표를 잃어버린 개체들은 원래의 상태인 무엇인가와의 합일을 향하여 떠돌아다니게 된다. 갓난 아이의 불안은 울음으로 표출되어 어머니의 관심을 사게 되고 어머니는 불안해하는 아이를 달래기 위해 끊임없는 관심을 보여주면서 애착관계가 형성된다.

혼자인 것이 편하다고 말하는 사람들이 많은 현대사회에선 인간적인 관계와 유대감을 형성하는 것을 회피함으로써 그들에게 부과된 책임과 책임을 수행하는 과정에서 오는 고통에서 벗어나고자 한다. 믿었던 사람들이 돌연히 경쟁자가 되어 자신에게 피해를 주게 되며 이로 인해 상처를 받는다. 혹은, 자신이 원하는 것을 향하여 수없이 많은 경쟁을 치른 끝에 에너지가 고갈된다. 이런 일들을 겪은 인간은 유대감을 형성해야 하는 사회로부터 자발적으로 떨어져 나간다. 그렇다면 떨어져 나갔을 때는 편하고 자유로울까? 에리히 프롬은 인간의 불안을 최초로 야기시킨 것은 분리이기에 인간에게 가장 절실한 욕구는 분리 상태를 극복하려는 합일에 대한 욕구라 말한다.[12] 사람들과의 관계를 형성하고 지속적으로 유지하는 데 지쳐 버린 현대인들은 일종의 '독립'을 선언하고 관계에 무관심하려 한다. 그들은 일종의 회피형의 사람들이 되어 일단은 인간관계에서 자유롭다고 생각하지만 그러나 합일의 욕구를 충족할 만한 대상을 인간 이외의 것에서 찾게 된다. 물질, 반려동물, 혹은 놀이나 취미활동 등으로 말이다. 또는 종교나 정치적 신념 등에서 자신과의 합일을 느끼며 열심히 그 테두리 안에서 활동하는 사람들도 있다. 만약 이마저도 없다면 그들은 공허함과 무기력감으로 생을 살아가게 된다.

사실 근대 이전의 사람들이 더 만족하고 살았는지에 대해서는 수치화된 자료가 희박하므로 정확히 알 수 없다. 다만 예전보다 물질적으로 더욱 풍요로운 삶을 살고 있고 기술의 발전으로 인한 문명의 혜택으로 전에 없던 편안한 삶을 살고 있는데도 불구하고 불안과 불만은 계속 표출되고 있는 것에는 의구심이 들기에 예전 생활의 삶의 구조를 들여다보고 현대와 비교함으로써 그들의 만족도를 추측할 수 있을 뿐이다. 그들이 현대인들보다 행복할 수도 있었다고 추측하는 이유는 하늘에서 내려주신 불변하는 지위에 대한 소속감이다. 어딘가에 안정적으로 소속되어 있다는 것은 사람들에게 정신적 위안과 평화를 줄 수 있다. 그들에겐 그것이 일종의 자유와 같았다.

근대 이후 계급이 타파되고 그야말로 생래적인 지위 없이 평등해진 상태에서 인간은 무제한의 욕망을 추구하게 되었고 원하면 무엇이든 다 될 수 있는 장이 마련되었지만 이 자유로움은 오히려 불안을 초래했으며 역설적으로 불평등 정신의 확산과 심화가 발생했다. 현대인의 시각으로 보기엔 봉건 사회나 귀족사회가 사회구조적으로 불평등하다고 생각할 수 있다. 그러나 그 계급화된 구조 속에서 각각 속해 살던 사람들은 계급간의 차이라는 것이 하늘과 인간의 차이와 같아서 바뀔 수 없는 숙명으로 간주했기에 계급간 차별은 당연한 것이었고 그들에게 삶이란 주어진 바 책임을 다하는 것이 전부였다. 그러나 인간이 모두 평등하고 자유롭게 자신의 욕망과 이익을 추구할 수 있도록 개방된 현대에서 사람들은 차별을 용납하지 않는다. 하지만 보이지 않는 차별은 엄연히 존재한다는 것을 깨닫기에 사람들은 자신들이 차별 받고 있을 수 있다는 생각으로 불안이 커져 간다. 사회적 조건이 좋아지고 기회가 균등해질수록 사람들의 좌절과 불만이 더욱 커질 수 있다는 토크빌 효과Toqueville effect는 이를 잘 설명해 준다.

> 모든 상황이 불평등했던 시대에는 어떤 불평등도 눈에 거슬릴 만큼 중요하지 않다. 반면 많은 것이 비슷한 상황에 처해 있는 경우는 작은 차이라도 불쾌감을 준다. 따라서 유사성이 보편화될수록 차이점을 수용하기 힘들어진다.

철학자 니체는 평등을 추구하는 욕망에는 두 가지 이유가 있다고 했다. 하나는 다른 사람들을 자신의 수준까지 끌어내리려는 욕망이고 다른 하나는 자신과 다른 사람들을 높은 차원으로 끌어올리려는 욕망이다. 보통 내려가기는 쉽고 오르기는 어렵다. 그래서 사람들은 쉽게 남의 욕 - 특히 사회지도 계층이나 스타 연예인 등과 소수 특권층을 향해 - 을 하거나 비하함으로써 평등해졌다는 위안을 얻는다. 근래에 들어 '나 혼자 산다'와 같은 TV 프로그램이 인기를 얻고 있는 이유는 일반인들과 다를 것 같은 화려해 보이는 연예인들의 생활이 자신과 별 다를 것이 없다는 사실을 확인하면서 많은 안도감을 주기 때문이다. 그러나 자신이 남보다 상위 계층에 속해 있다고 생각하는 사람들은 자신보다 아래 계층에 있는 사람들이 진입장벽을 통과하는 것을 허용하려 하지 않는 배타성을 추구한다. 많은 사람들이 쉬운 방법(다른 사람을 끌어내리기)을 선택하지만 이는 서로에 대한 불신과 반목을 불러일으키게 되며 사회발전을 저해하는 요인으로 작용할 수 있기 때문에 평등을 추구하는 욕망은 여러모로 실현하기 힘들 수 밖에 없다. 대부분의 사람들은 항상 타인보다 높이 오르거나 혹은 같아지기를 원하지만 경쟁의 심화로 이어지며 또한 쉽게 끌어내리기도 병행하니 괴로움이 클 수밖에 없다.

정말 사회가 평등해졌는가? 모든 인간은 평등하고 자유롭다는 정신하에 어느 것에도 구애 받지 않고 자신의 욕망을 추구할 수 있는 여건이 마련되었다는 믿음은 '현실'인가 아니면 인간이 쉽게 빠지는 인지적 '착각'인가? 계급 사회에서도 사람들은 나름대로 자유롭다고 착각하고 살았다. 만약 현실이라면 사람들의 노력이 불안과 불만족을 어느 정도 해소할 수 있지만 만약 착각이라면 개인적 차원의 노력만으로는 불안과 불만족을 야기시키는 문제들을 해결할 수 없다.

차이와 범주화

만약 인간에게 가장 절실한 욕구가 합일에 대한 욕구라고 한다면 왜 고대 사회부터 지금껏 계급차별, 인종차별, 성차별 등 여러 차원의 차별이 존재하게 되었으며 특히 현대 물질을 우상시하는 소비사회에서 오히려 생산체계가 차별화된 전략을 선호하며 소비자들에게 다른 사람과의 차별화를 유도하고 있는가?

진화론적인 입장에서 보자면 이는 유전자의 차이에서 기인한다. 생물들의 수가 기하급수적으로 증가하기 시작하면서 자원확보와 자기보존을 위한 생존경쟁이 치열해지는데 여기서 살아남을 수 있는 유전자는 다른 것과 차별화 된 '차이'이다. 현생 인류는 태곳적에는 모두 침팬지와 비슷하였다. 그런데 유수한 세월이 흘러 지금 유럽인들의 모습을 보면 그 유사성을 상상할 수 없다. 하얀 피부, 푸른 눈, 긴 팔과 다리, 그리고 금발의 사람들이 태초에는 침팬지와 비슷한 외모를 지니고 있었다니! 수만 년 전 고향인 아프리카를 탈출하여 유럽지역에 도착한 무리들. 그러나 그들을 기다리고 있던 것은 춥고 일조량이 적어 우리 몸에 필요한 비타민 D를 합성할 수 있는 자외선을 충분히 공급받지 못해 뼈의 변형을 초래할 수 있는 척박한 환경이었다. 탈색을 유발하는 변이 유전자 SCl24A5와 SLC45A2의 출현으로 피부가 하얗게 되었으니, 피부가 하얄수록 햇빛을 더욱 효율적으로 흡수하여 비타민 D의 합성에 유리하게 작용하는 변이의 특성을 가지게 되었다. 이 특성은 세대를 지나면서 강화되어 지금에 이르게 된다.[13] 일조량이 적었던 자연 환경이 변이의 유전자를 강화하고 보유하는 선택압으로 작용한 것이다. 변이라는 것은 일반적으로 안정되고 적응되어 전수되어 온 유전자들과는 차이가 나는 것으로써 이것이 생존에 유리하게 작용하게 되면 살아남아 보존되게 된다.

리처드 도킨스Richard Dawkins는 그의 저서 『이기적인 유전자the Selfish gene』에서 "치열한 경쟁에서 중요한 것은 차이"라고 말한다.[14] 이기적인 유전자는 오로지 자신을 위해서 행동하고 복제자(DNA를 보유하고 있는 개체)를 통해 자신의 유전자가 영원히 살아남도록 활동한다. 한 개체는 수명을 다하면 없어지지만 그 개체가 생산한 유전자는 후대를 통하여 전수되기에 모든 살아있는 생명체는 이기적 유전자를 위한 '생존기계Survival machine'에 불과하다. 이 생존기계들이 자신의 몸 속에 보존되어 전수되는 과정에서 외부 환경과 협력하여 상호작용을 하면서 다양화된다(인간의 경우 남성·여성, 다양한 형질을 가진 인종 등으로). 만약 이 다양성에 대한 차이를 모른다면 살아남지 못한다. 인간의 경우 이런 차이에 대해 의미를 부여하기 시작한다. 인식의 범주화이다. 브루너Jerome S. Bruner와 그의 동료는 '생각에 관한 연구A study of Thinking'에서 범주화에 대해 다음과 같이 설명하고 있다.[15]

> 사람이 경험하는 세상은 수많은 상이한 물체, 사건, 사람, 인상으로 구성되어 있다. 그러나 실물의 차이를 알아내는 일에 우리의 모든 능력을 이용하고 또 마주치는 모든 사건을 각각 특유한 것으로 반응해야 한다면, 우리는 금방 압도당하고 말 것이다. 이 같은 역설(우리는 엄청난 변별 능력을 가지고 있지만, 이 능력을 온전히 발휘하면 우리는 자세한 사실들의 노예가 될 수밖에 없는 것)은 인간의 범주화 능력으로 해결된다. 범주화한다는 것은 변별 가능한 서로 다른 사물을 동등한 것으로 간주하여, 주위의 물체나 사상을 한데 묶어 집단화한 후, 그들 각각의 특유성에 반응하는 것이 아니라 그들을 묶고 있는 집단에 반응하는 것을 말한다.

범주화는 우리가 복잡한 세상을 정리 정돈할 수 있게끔 도와 주었지만 이로 인해 차별이라는 것도 생겨나게 된다. 차이는 언제 어디서나 엄연히 존재하기 마련인데 이 차이로 인해 생존에 유리한 점이 부각되었다면 그 방식을 고수하게 된다. 평등했다고 여겨지는 원시 수렵채집 사회가 정착생활을 하는 농경사회로 이행되면서 계급사회가 된다. 정착생활을 하면서 인구 수가 증가하여 세상의 복잡성은 더욱 증가하게 된다. 잉여농작물과 증가한 사람들에 대한 관리가 필요하게 되었으며 우연히 농작물 배분에 주도권을 잡게 된 사람이 관리자가 된다. 복잡성을 단순화하기 위해 위계를 정해 일을 분해하고 자원을 분배하며 먹을 것을 분배한다. 질서가 잡혀 전체적으로 사회적 안정이 자리 잡게 되고 많은 사람들이 생존하게 된다. 관리자는 왕이나 귀족이 되고 그 외에는 농노나 평민이 된다. 집단화가 이루어지며 그에 맞는 특성Prototype이 자리 잡게 되고 왕, 귀족, 평민, 노예 등은 각각 다르게 규정되는 생활양식의 전반적 범주화를 겪게 된다. 근대사회에 일어난 혁명은 이 범주화를 법률적으로 무너뜨리는 계기가 되지만 오랫동안 자리 잡아 이어져 내려온 각 계급의 특징들은 아직도 우리의 인식 속에 깊게 자리 잡고 있다. 우리는 남과 다른 누군가의 특징을 보면 "~은 차원이 달라", 혹은 "클래스가 달라"라는 말을 은연중에 하게 된다. 혹은 '넘사벽'과 같은 말을 하거나 듣게 되는데 이는 원시시대부터 이어져 온 범주화의 특징들이 일종의 '밈Meme(문화복제자)'으로 원형은 계속해서 유지하면서 이어져 온 것이다.

소비사회는 이 인식을 은연중에 부추긴다. 계급 자체가 변별력이 없어진 지금에는 차별화가 소비로 표출된다. 현대 사회에서는 비록 계급적 차별은 없지만 물건의 가격이 부자와 부자 아닌 사람들로 범주화시킨다. 차별화된 물건들은 대부분 가격이 비싸다. 이 비싼 물건을 쓴다는 것은 당신이 귀족임을 은연중에 나타낼 것이며 이는 당신을 선망의 대상으로 만들 것이라는 메시지를 보낸다. 부자들은 몇 억 원을 호가하는 자동차, 가방, 시계, 오디오 시스템, 예술작품 등에 돈을 지출한다. 주거지와 휴가 비용, 비행기나 유람선 등의 이용, 좌석의 등급 등으로 쉽게 접근할 수 없는 진입장벽을 쌓아 놓는다. 오로지 부를 가진 자만이 이 장벽을 허물 수 있다. 허물어진 장벽에 들어간 사람들은 유유상종이 되어 그들만의 세계를 만든다.

마이크로소프트의 창시자이며 최근 몇 년 동안 세계 3대 부자의 명단에서 빠진 적이 없는 빌 게이츠William Gates가 여름휴가로 51억 원의 돈을 주고 유람선을 빌려 이태리에서 1주일간 휴가를 보냈다고 해도 그가 부를 과시한다고 시기하는 사람은 없다. 그의 총 재산이 75조에 상당하는 것을 감안한다면 그의 휴가 비용은 10억을 가진 사람이 1주일 휴가 비용으로 7만 2천 원 정도를 지출한 정도밖에 되지 않기 때문이다. 그는 부를 과시했다기보다는 갖고 있는 돈으로 나름대로 저렴하게 휴가를 보낸 것이다. 또한 그는 그의 부인과 함께 재단을 설립해 자선활동도 열심히 하고 있으니 사람들은 그를 비난하지 않는다. 더군다나 사람들을 돌보아야 하는 공직에 있는 것도 아닌데 사비를 들여 봉사까지 하니 그의 활동은 오히려 존경의 대상이 된다. 그는 대놓고 부를 과시하지 않지만(현대 사회에서 대놓고 부를 과시하는 것은 시기와 질투를 부르고 서로 고립되게 만들며, 자신의 삶이 다른 사람과 연결되어 있다는 것을 인식하지 못하는 무지한 행동으로 치부된다.) 그의 생활은 일반 사람들이 범접하기 힘든 양상으로 차별화가 되어있다.

빌 게이츠의 생활은 우리가 흔히 말하는 '차원이 다르다'는 범주에 해당하는 것으로써 소위 계급사회의 귀족들과 같아서 그가 보통 사람들은 엄두도 내지 못하는 소비를 하는 것을 시기하거나 비난하는 사람들은 없다. 그렇게 생활하는 것을 당연한 것으로 받아들인다. 그러나 선망할 수는 있고 그의 업적을 닮아 그와 같은 삶을 살고 싶어 안달하는 사람도 많을 것이다. 아무리 돈이 많아도 귀족의 계급에 들어갈 수 없었던 예전과는 달리 평등이라는 명분하에 현대사회의 생산체계는 귀족이 사용하는 물건을 사용함으로써 당신도 귀족이 될 수 있다고 유혹한다. 귀족과 닮고 싶고 그 부류에 속해 남다른 대접을 받고 싶어 하는 대다수의 사람들의 마음을 이용하여 '더 많이', '더 높이'의 가치를 물건을 통해 실현하라고 부추기고 있다. 비싼 물건 하나를 구매한다고 해도 결코 빌 게이츠 같이 될 수 없다는 것을 잠시 잊고 사람들은 물건을 사게 된다. 그로 인해 차별화되었다고 착각한다. 결국에는 돌아보면 모두 비슷한 것을 소비하고 있는데도 소비자들은 잘 현혹된다. 흔히 '신흥 귀족'이라는 타이틀이 붙는 스타 연예인들이 광고에 나오면 물건이 더 잘 팔리는 이유이기도 하다. 만약 제도를 평등하게 해 놓았는데 원하는 것을 성취할 수 없다면 그것은 개인의 능력이 모자라기 때문이라고 치부된다.

차별은 어떤 이유로든 이점이 있기 때문에 존재한다. 누가 그렇게 제도를 만들어서도 아니다. 제도를 만들어 내는 것은 우리 모두의 책임이다. 혼돈을 참지 못하고 정리정돈을 원하는 우리의 인지작용으로 범주화된 무리에서 생존에 유리한 힘을 더 많이 쥐고 있었다면 그것이 계급화나 서열로 이어지게 된다. 공공연히 차별을 당연시하는 인식과 법은 혁명으로 무너졌으나 자본주의와 소비사회에서는 사람들의 소비행태로 차별을 만드는 범주화가 이루어지고 있다.

이렇게 볼 때 인식능력인 범주화는 우리가 합일을 이루려는 욕구와는 정반대의 극을 향해 있는 것 같다. 범주화 능력이 이성이라면 합일을 이루려는 것은 감정의 작용이다. 범주화는 분석이라고 한다면 합일은 새로움의 탄생하는 시발점이다. 분석에는 당연히 이성이 필요하다. 새로움의 탄생에는 열정이라는 감정이 뒷받침되어야 한다. 그러나 이성과 감성은 분리되어 있지 않다. 이들은 '나'라는 종합체계에 속해 있다. 행위를 할 때 순전히 이성으로만 혹은 순전히 감정으로만 행동하지 않는다. 많은 과학자들의 업적들에는 현상에 대한 답을 얻고자 하는 열정과 그것을 수행해 낼 수 있는 분석의 노력이 함께 있다. 답을 얻어 내고자 하는 열정은 해당 문제에 완전히 몰입하는 합일의 상태다. 그러나 문제 풀이 과정에서 분석하는 이성적 능력이나 의식적 노력이 없다면 결론에 도달하기 힘들다. 양극의 현상이 항상 그렇듯 분석과 새로움의 탄생은 같은 곳에서 일어난다. 현재의 우리는 항상 그 과정에 존재한다. 범주화로 여러 차별적 인식이 깊숙하게 침투해 있지만 범주화가 없고 다름이 없었다면 서로 다른 것이 만나 새로움을 창조해 내는 것도 없었을 것이다.

기대와 추리
인지적 안정을 원하는 인간의 본능

    가능성이 우리를 불안하게 한다. 가능성은 기대와 맞물려 있다. 현대사회에서는 아는 만큼 기대하는 것이 높아졌기에 불안과 불만족이 심화되었다. 자유로운 정보교환, 대중매체의 발달, 높아진 교육수준으로 가능성에 거는 기대는 다양해지고 수준도 높아졌다. 그러나 기대는 아직 일어나지 않은 일에 대한 생각이므로 만약 현실이 기대에 못 미치는 결과를 낳으면 좌절감과 불만이 야기될 것이다. 모든 생물들은 천성적인 기대를 갖고 태어나는데 이것이 종의 특징으로 분류된다. 인간 이외에도 다른 영장류나 동물들은 그 기대에 맞게 삶에 적응하면서 산다. 육식동물이 다른 동물을 사냥한다는 것은 누가 가르쳐서 되는 것이 아니다. 그것을 먹지 못하면 몸에 필요한 영양 부족으로 살아갈 수 없게끔 고안되었기에 다른 동물을 사냥해서 먹어야 살 수 있다는 것을 천성적으로 안다. 리처드 도킨스는 이를 유전자가 생존 기계인 각각의 개체를 위해 예측하는 것이라고 말한다.[14]

    북극곰의 유전자는 곧 태어날 자신들의 생존 기계의 미래가 추위를 느낄 것이라고 예측할 수 있다. 그렇다고 해서 그 유전자가 그것을 하나의 예언으로서 생각해 내는 것은 아니다. 그 유전자는 생각이라는 것을 전혀 하지 않는다. 그저 두꺼운 모피를 만들 뿐이다. 왜냐하면 이것이 그 유전자가 과거의 몸 속에서 항상 해왔던 일이고 또 그 유전자가 아직도 유전자 풀 속에 존재하는 이유이기도 하기 때문이다. 또한 유전자는 땅에 눈이 뒤덮일 것을 예측하고, 그 예측으로 인해 북극곰의 모피는 백색이 되어 위장 색을 갖게 된다. 만약 북극의 기후가 급변하여 아기 북극곰이 열대의 사막과 같은 환경에서 태어난다면, 그 유전자의 예측은 빗나가고 그 유전자는 대가를 치를 것이다. 아기 북극곰은 죽고 소위 유전자도 사라질 것이다.

　선천적으로 주어진 특성들이 예측이며 기대이다. 인간의 경우 기대라는 것은 좀 더 복잡한 양상이 된다. 개체 수가 많아지면서 점점 더 복잡해진다. 그러나 인류가 보편적으로 타고난 인지적 기대라는 것이 있다. 많은 부모들은 자신의 아기가 천재라고 생각하는 경향이 있다. 전혀 기대하지 않았는데 불쑥불쑥 나오는 아기의 행동들에 깜짝 놀라고 하루하루 달라지는 모습이 경이롭게 느껴지기 때문이다. 이는 아이가 아무것도 모를 것이라는 어른들의 생각에서 비롯된 것으로 아이에게 인지적인 별다른 기대를 하지 않기에 갓난아이가 보여주는 똑똑한 행위들은 어른들을 잠시 기쁘게 만든다(부모들은 아이가 자라나면서 아쉽게도 현실을 깨닫게 된다). 그러나 갓난아기가 아무것도 모를 것이라 생각하면 오산이다. 태어나자마자 얼마 안 있어 곧 걷는다거나 그 종의 신체적 특징들을 바로 수행할 수 있는 포유동물들과는 달리 인간은 태어나서 바로 제대로 된 신체 활동은 하지 못한다. 혼자 엎어지고 기고 앉고 걷기까지 1년이라는 기간이 걸린다. 더군다나 제대로 된 음식을 먹으려 해도 갓난아기는 타인의 도움 없이는 먹을 수 없다. 거기에 사회라는 거친 세계로 나아가려면 수 년이 걸려 제대로 된 성인으로 되기까지 약 16년 정도가 소요된다. 그러나 신체적인 연약함과 긴 성장기간이 정신적인 것의 나약함을 대변하는 것은 아니다. 오히려 이것이 인간을 특별한 존재로 만드는 데 큰 기여를 했다고 보는 견해도 있다. 인간정신의 최고 능력 중 하나인 추론능력과 의미도출능력은 갓난아기 때부터 나타난다. 사물의 물리적 속성을 본질적으로 파악하는 것은 교육으로 이루어지는 것이 아니라 생득적인 것이다. 물리적 속성을 파악함과 동시에 그것과 연관된 추리능력도 나타난다. 이것은 사물들이 서로 연결되어 나타나는 현상에 연결된 규칙성을 찾고자 하는 기대패턴이다. 심리학자 스펠케Elizabeth Spelke는 수 차례 실험을 통해 얻어진 결과를 바탕으로 아이에게서 보여지는 여섯 가지 인지적 특징에 대해 제안한다.[16]

1. 생후 3개월 된 아기는 물체, 사람, 숫자, 그리고 공간에 대한 지식이 발달된다. 눈으로 보고 또는 만지면서 그 물체를 어떻게 다루어야 할지 아는 능력이 있는데 주변환경을 인지하고 그에 맞는 행동을 하며 추론하는 능력은 한 가지씩 단계적으로 발달하는 것이 아니라 한꺼번에 발현된다.
2. 아기들은 비록 인지하는 모든 사물들에 대한 특징을 이해하지 않는 것 같지만 최소한 물리, 심리, 숫자, 기하학이라는 네 가지 영역에 관해선 체계적인 인식을 한다.
3. 그러나 인간이 만들어 낸 개념을 이해하는 것이 아니라 그야말로 어떤 대상에 대한 기본 특징을 이해하는 것이다. 할머니 할아버지가 엄마 아빠의 부모라는 것을 아는 것이 아니라 다만 그들이 늙었다는 것을 본능적으로 아는 것이다. 식물이 커 가는 것을 아는 것이 아니라 단지 녹색을 띤다는 것을 안다. 즉, 아기들이 선천적으로 지닌 대상에 대한 지식이란 그들의 눈에 가장 확실하며 또한 누구의 눈에도 부정할 수 없는 진실한 것이다.
4. 이런 지식들은 선천적인 것이며 배워서 익혀지는 것과는 다르다.
5. 생득적이며 선천적 지식은 후에 성장하면서 알게 되는 핵심 지식의 기반이 된다.
6. 이러한 선천적인 지식들은 아이들이 인지적 수행을 하는 데 있어서 구체적으로 작용된다.

　이는 성격성향과는 다른 것이다. 아이에게서 보여지는 인지적 특징들은 학습되지 않았는데도 문화에 상관없이 모든 인류의 아이들에게 나타난다. 타고난 인지적 능력은 우리가 주변 사물에 대한 속성을 직관적으로 이해하며 후에 그 속성들이 변화하지 않을 것이라 추론하는 데 사용된다. 이는 같은 사물에 대해 행동을 가해도 같은 반응이 있을 것이라는 속성의 패턴을 기대하게 만든다는 걸 자연적으로 알게 됨을 의미한다. 예를 들면 동그랗게 생긴 가벼운 것들은 땅으로 내려치면 튕겨 올라오고 그것이 반복적으로 계속된다는 것을 아는 아기들은 그와 같이 생긴 것들을 보면 한 번씩 땅으로 내려친다. 다시 튕겨 올라올 것을 기대하며 말이다. 원초적인 기대의 패턴을 자기인식의 선험적 인식으로 사용하며 자신의 믿음과 외부의 정보를 합쳐 정합적 추리를 하며 현상을 이해하려 한다. 만약 동그랗고 가벼운 물체들이 마냥 위로 올라가기만 하고(풍선처럼) 혹은 튕겨나가지 않을 경우(야구공처럼)

아이들은 자신이 선천적으로 아는 믿음들과는 다르기에 신기하면서도 불편을 느낀다. 또한 그 물체들을 갖고 자신의 기대와 왜 다른지 만지고 물어뜯고 냄새를 맡는 등의 행동으로 오감을 사용하여 실체를 파악하려고 끊임없이 탐구한다. 이런 이유로 아이들은 말을 하기 시작하면서 하루에도 수도 없이 "왜Why?"라는 물음을 던진다. 자신이 알고 있는 것과는 너무나 다르다는 것을 알기 때문이다. 다르다는 것을 못 느끼면 "왜?"라는 물음을 하지 못한다. 성인이 되면서 다르다는 것은 당연한 이치라는 것을 깨닫고 질문의 횟수도 줄어들게 되며 자신이 알고 싶은 것에만 초점을 맞추어 집중적으로 묻게 되며 다름의 원인을 파헤치게 된다.

아이들에게 주어진 선험적 혹은 본능적 지식은 세계와의 관계를 이해하는 데 사용되고 이로써 구축된 나름의 지식들이 또 다른 현상을 이해하는 데 사용된다. 이를 이론이론Theory theory[17]이라 하며 이 이론의 핵심은 아이들도 과학자들이 사용하는 방법과 같이 자신이 이미 알고 있는 정보를 사용하여 외부로부터 들어오는 정보를 분석하며 현상을 파악한다는 것이다. 과학자들은 자신이 현상에 대한 정보를 종합하여 가설을 세우고 그것을 실험으로 검증하면서 자신이 세운 가설이 참인지 아닌지를 확인하며 현상에 대한 의미를 해석한다. 아이들 역시 나름대로 알고 있다거나 경험하여 얻은 지식들로 현상에 대한 가설 혹은 믿음을 형성한다. 만약 새롭게 유입된 정보가 자신이 갖고 있었던 정보와 일치되면 거기에 의미를 찾고 그렇지 않다면 이유를 찾으며 현상을 이해하려 한다. 현상에 대해 나름대로 믿음과 이해를 구축하며 그것을 바탕으로 다른 현상이나 혹은 미래를 예측한다는 것이다. 이런 이유로 인간의 추리능력은 교육되는 것이 아니라 타고날 때부터 지니고 있는 것이며 성장과 함께 뇌가 점점 커지며 인지능력도 더욱 발달된다고 보고 있다.

비록 아이들을 대상으로 실험하지는 않았지만 인간은 항상 선험적 지식을 보유하고 있으며 이를 근간으로 세상을 파악한다는 주장을 한 선대 철학자가 있었으니, 그는 계몽주의 철학의 아버지인 18세기 독일의 철학자 칸트Immanuel Kant다. 독일어로 쓰여진 최초의 철학서인 『순수이성비판』에서 인간지식의 선험성Priori을 제시하였다. 그는 이것을 모든 경험에 앞서는 것으로 초월적 인식들이라고 명명했으며 생각하고 경험하는 데 필요하지만 경험하지 않아도 알 수 있는 종합적 인식이라고 했다.[18] 이들은 자발적 발생으로 어디서 시작됐는지 알 수 없다. 오늘날 스펠케의 연구와 이론이론의 견지에서 본다면 위대한 철학가가 오로지 고찰로만 도출해 낸 이 개념은 참 혹은 진실로 증명되었다고 할 수 있다. 칸트의 초월적 인식들은 그가 주장한 대로 어디서 발생한지는 모르지만 결국은 태어날 때부터 갖추어진 인간의 인지능력임을 알 수 있다. 칼 포퍼는 칸트의 이러한 생각을 좀 더 진전시킨다.[1] 그는 인간의 인지와 지식능력을 하나의 생명체로 간주한다. 무수한 시행착오를 통하여 지금의 환경에 살아남기 적당하게 생명체가 발전하듯이 인간의 지식 역시 현실에 기반한 이론과 가설을 채택하고 불필요한 것을 제거하는 과정을 반복하면서 진리에 가까워질 수 있다는 것이다. 모든 생물은 어떤 이유든 태어날 때부터 환경에 적응하도록 태어났으며 이를 기반으로 모든 인식의 체계가 구축된다고 보고 있다. 또한 우리 지식의 99.9%는 생물학적으로 내재된 것으로 이는 감각으로 학습된 것이 아니라 이미 내재된 지식이라고 주장한다. 이는 사람뿐만 아니라 다른 동물과 식물에게도 나타나는 것이며 이세상에 나올 때 이를 기반으로 환경에 적응하도록 태어난다. 단세포 생물인 아메바는 아메바가 살기 적당하도록 이미 내재적 지식을 갖고 태어나며 사람은 사람대로 환경에 살아남기 적합한 내재적이며 일반적인 지식을 갖고 태어나는 것이다. 그러나 사람이 여타의 생물이나 동물과 다른 것은 자아인식이 있기 때문이며 이는 오류의 인식으로 이어져 고치고 수정할 수 있는 능력이 월등히 차별화되며 고차원적인 생각과 행동을 할 수 있게 한다. 대상을 인식하는 나를 주체로 하여 선험적·경험적 사고들이 서로 환경에 의해 결합되고 이것은 인식의 기반이 된다. 이 지식이 있기에 일상적인 상황에서도 현상에 대한 나름의 인과관계를 추리하는 것이다. 추리의 능력은 인간이 세상을 살아가는 데 주어진 문제를 풀어내고 안정을 얻기 위해 본능적으로 작동하는 것이다.

지식은 기대가 된다

다음 그림에 나타난 글을 빠르게 1초 안에 빠르게 읽어 보자.

어떻게 읽었는가? 혹시 "I LOVE PARIS IN THE SPRINGTIME"으로 읽지 않았는가? 만약 그렇다면 다시 한 번 주의 깊게 보자. 맞았는가? 대부분의 사람들은 SPRINGTIME 바로 앞에 있는 THE를 빠뜨리고 읽는다. 이런 착각이 나타나는 이유는 간단히 말해 부주의라고 할 수 있다. 인간은 스스로 충분히 똑똑하고 이성적이라 생각하지만 인지하는 모든 것에 주의를 기울일 수 있는 슈퍼 컴퓨터가 아니다. 특정한 주의를 기울이지 않는다면 자신이 아는 것과 '그럴 것 같다'고 예상하는 것만 인지한다. 저 그림에서 THE가 두 번이나 나올 것이라고 그 빠른 시간에 예상하기란 쉬운 일이 아니다. 눈에 훤히 보이는데도 불구하고 정확하게 보지를 못한다. 인지적 맹시Perceptual blindness 혹은 부주의 맹시Inattentional blindness라고 불리는 이 현상은 미국의 버클리 대학의 실험심리학자인 어빈 록Irvin Rock과 아리엔 맥Arien Mack이 1998년 '부주의 맹시Inattentional blindness[19]라는 제목으로 이에 대한 여러 연구결과들을

모아 저명한 저널인 MIT press에 게재하면서 세상의 이목을 더욱 끌게 된다. 부주의 맹시에 대한 실험으로 제일 많이 알려진 것 중 하나가 투명 고릴라 실험Invisible Gorilla Test이다.[20] 시카고 대학의 다니엘 시몬스Daniel Simons와 하버드 대학의 크리스토퍼 셰브리스Christopher Chabris는 피험자들에게 놀이로 하는 농구시합을 비디오로 보여주며 각 팀별로 몇 번이나 패스를 하는지 세라고 요구한다. 농구시합 중에 고릴라 분장을 한 물체가 지나가게 된다. 비디오를 본 후 피험자에게 고릴라를 보았냐고 물어본다. 실험에 참여한 많은 사람들은 보지 못했다고 답변했다. 정신 없이 주고받는 패스의 숫자를 세느라 고릴라를 볼 여력이 없었던 것이다. 만약 주의를 요하는 것이 고릴라였다면 대부분 고릴라를 보았을 것이지만 피험자들에게 요구된 것은 패스의 숫자였기에 뻔히 보여지는 고릴라였어도 기억하거나 인지할 수 없었던 것이다. 다른 예시를 하나 더 들어보자. 다음은 구약성경에 대한 상식적 질문 중 하나이다. 질문에 답해 보자.

모세는 한 종류의 동물당 몇 마리씩 방주에 실었나?

성경에 대한 기본적인 상식을 아는 사람들이라면 대부분 두 마리라고 대답한다. 그런데 질문을 제대로 읽었는가? 그렇다고 생각해도 다시 한 번 읽어보자. 혹시 모세를 노아라고 착각하지 않았는가? 에릭슨Thomas Erickson과 맷슨Mark Nattson이 1981년에 실행한 연구에 의하면 많은 사람들이 '모세'가 질문을 왜곡시킨다는 것을 깨닫지 못했다고 한다.[21] 왜곡된 말이 있을 것이라고 사전에 경고를 했고 넉넉한 시간을 주었으며 크게 소리 내어 읽었음에도 불구하고 사람들은 무엇이 잘못되었는지 정확히 알려줄 때까지 왜곡된 단어를 찾아내지 못했다. 모세와 노아는 닮은 점이 너무 많아서다. 구약성서에 나오는 사람들로서 신으로부터 계시를 받았고 또한 물과도 연관된 성인들이라는 점이 그렇다. 그래서 모세를 닉슨으로 대체했을 때는 사람들이 질문을 착각하지 않았다. 닉슨과 모세는 닮은 점이 거의 없기 때문이다.

우리가 본다거나 혹은 듣는 것 중에 우리 기억과 꼭 맞아 떨어지는 것은 흔하지 않다. 그래서 무엇인가를 볼 때 자신의 기억과 부분적으로 맞아 떨어지는 것Partial matching만을 인지하고 나머지는 인지된 것과 연결되도록 그럴싸하게 추리한다.[22] 우리의 일상적인 많은 인지의 과정이 위에서 제시한 문제인 모세의 착각Moses' Illusion과 흡사하다. 자신이 이미 알고 있는 것(친근감Familiarity)을 기본으로 한 판단의 지름길이 작용한다.

하버드 대학교 심리학자 제프리 스테이틴오버Jeffrey Statinover와 의사이며 신경생리학자인 조 디스펜자스는Joe Dispenzasms에 의하면 인간의 뇌는 오감을 통해 매초 4천억 개의 정보와 마주친다고 한다.[23] 그러나 우리는 그 중 2,000개만을 자각한다. 4천억 개는 어마어마한 숫자처럼 들리지만 가만히 생각해 보면 이해가 간다. 지금 당장 우리 바로 앞에 있는 것을 본다면 우리는 물체의 큰 덩어리만을 본다고 생각하지만 실은 그렇지가 않다. 그 물체를 구성하고 있는 여러 요소들을 분석해 보면 셀 수 없이 많다. 그러나 일상적으로 우리 앞에는 그 덩어리 하나만 있는 것이 아니다. 내가 이 글을 쓰고 있는 주변 환경만을 봐도 난 컴퓨터에서 자판만을 두들기고 있으니 그것만 본다고 생각하지만 나의 눈동자는 컴퓨터 이외에도 자판, 자판에 쓰여져 있는 글자(알파벳, 한글, 숫자, 그리고 여러 부호들, 그리고 그것을 구성하는 여러 단위들)와 색상을 본다. 그리고 눈 이외에도 다른 감각을 통해 정보를 받아들인다. 자판을 두드리며 느끼는 힘과 여러 가지 소리들(만약 클래식 음악을 듣고 있다면 그것의 구성요소들), 자판의 빛과 미세한 변화, 손가락의 움직임 등… 이런 식으로 주변의 물체를 파헤쳐 나가면 1초에 4천억 개라는 정보의 양이 점점 더 현실적으로 다가온다. 그러나 주지하다시피 이 모든 정보들을 우리가 전부 인지하며 의식하기란 현생 인류의 두뇌로는 불가능하다. 그래서 우리는 이미 알고 있는 것만을 부분적으로 보거나 혹은 알 것이라고 예상한 것만을 근거로 보고 판단하며 추론한다. 이는 진화론적으로 볼 때 기억과 인지를 작동시키는 가장 효율적인 방법일 수 있다고 보고 있다.

자기가 알고 있고 믿는 만큼 보이는 것은 심지어 신체생리적 작용에도 영향을 미친다. 하버드대학교 엘렌 랭어Ellen Langer 교수는 '믿는 것이 보는 것이다Believing is seeing'라는 실험에서 사람이 가진 사고방식Mind set이 신체활용도의 향상여부에 영향을 미치는지에 대해 실험하였다.[24] 피험자들 중 자신이 실제 비행기 조종사라 생각하고 모의 조종에 임한 사람들 중 40퍼센트가 시력이 향상되었음을 밝혀 냈고, 더불어 꾸준한 연습은 성장을 이루어 낸다는 믿음과 '하면 된다'는 동기화도 시력을 향상시키는 요인으로 작동했음을 알아냈다. 비행기 조종사는 시력이 좋을 것이라는 일반적인 믿음이 수행능력을 향상시킨 것이다. 또한 운동선수는 좋은 시력을 가졌을 거라는 믿음, 혹은 신체적으로 활동적인 사람들이 더 좋은 시력을 갖추었을 것이라는 사고 방식의 영향도 실험하였다. 20초 동안 15번을 힘차게 뛰어오르는 운동인 점핑 잭Jumping jack과 1분 동안 방 안을 가볍게 뛰는 운동을 비교한 실험에서 점핑 잭은 심장 박동수가 17.9회 증가한 반면, 가볍게 뛰는 운동은 21.6회의 박동수 증가율을 보였다. 그런데 피험자들의 100퍼센트가 점핑 잭이 더욱 활동적인 운동이라고 대답했다. 각각의 운동을 한 후 시력을 측정했더니 점핑 잭을 한 피험자들은 37.6퍼센트가 시력 향상을 보인 반면 가볍게 뛰는 그룹은 6.25퍼센트만 시력이 향상되었다. 심장 박동수의 증가율로 보자면 가볍게 뛰는 운동이 더 활동적인데 점핑 잭이 더 활동적이라고 믿는 사람들에게서 더욱 높은 시력 향상률이 나타난 것이다. 랭어 교수팀은 또한 우리가 일반적으로 시력 측정을 할 때 사용되는 시력차트를 피험자들에게 거꾸로 보여 주었더니 예전에 읽을 수 없었던 것까지 읽어낸다는 것도 알아냈다. 보통 사람들은 시력차트가 큰 것에서 작은 것을 보면서 측정하도록 되어 있어서 자신들이 위에서 몇 줄 만을 읽을 수 있으며 아래로 내려갈수록 읽을 수 없을 것이라 기대한다. 그런데 이 시력차트 판을 거꾸로, 즉 작은 것에서 큰 것을 보도록 했더니 예전에 읽을 수 없었던 글자나 숫자까지도 읽어 내었다. 이것은 피험자들이 아래로 내려갈수록 글자가 커지기 때문에 더 잘 읽을 수 있다고 기대했기 때문이다.

우리는 예상하는 것 이외에는 모든 사물들을 정확히 다 파악할 수 없는 인지적 한계성이 있다. 예상이 곧 기대이며 이는 자신이 갖고 있는 지식을 기반으로 한다. 갓난아이가 갖춘 직관적 물리학부터 시작하여 성장하면서 노출되는 여타의 환경들이 우리에게 지식을 심어 주고 이는 믿음이 된다. 자신이 아는 만큼 그리고 믿는 만큼 보인다는 것은 진리일 수 있다.

우리는 늘 생각한 대로 된다?

미국 할리우드의 대표적 연기파 배우 메릴 스트립Meryl Streep에게 아카데미 여우주연상을 안겨주었던 '철의 여인The Iron Lady'은 영국 최초의 여성 수상이었던 마가렛 대처Margaret Thatcher가 영국의 수상에 오르는 과정을 그린 영화다. 영화의 제목처럼 임기 동안 철의 여인이라 불리던 대처 수상은 성장기 동안 지역 정치가였던 아버지의 영향을 많이 받았는데 아버지는 대처 수상에게 항상 다음과 같은 말을 해 주었다고 한다.

> **생각**은 **말**이 되고 말은 **행동**이 되며 이는 **습관**이 되어 **인격**이 되고 인격은 **운명**이 된다. 따라서 우리는 늘 생각한 대로 된다.
>
> Watch your thoughts, for they become words. Watch your words, for they become actions. Watch your actions, for they become habits. Watch your habits, for they become your character. And watch your character, for it becomes your destiny. What we think, we become.

우리의 운명을 결정짓는 근원은 생각이라는 것을 강조하는 지혜로운 말이다. 우리를 움직이게 하는 것은 감정이고 생물학적으로 같은 메커니즘이 작동하지만 이 감정이라는 것은 사회문화적으로 어떤 영향하에 있었는지에 따라 다르게 평가되어 표출된다. 사랑을 느끼는 뇌의 부위는 같지만 사랑의 감정을 아무렇게나 표출하면 안 된다는 가치관 아래서 자라난 보수적인 사람들과 자유분방한 표현을 해도 되는 사회에서 자라난 사람들의 표출 방식은 당연히 다르다. 즉각적 감정은 인지적으로 한 번 더 평가되어 2차 감정을 형성하며 이는 행동으로 표출된다. 예쁜 아기를 본 순간 너무 사랑스러운 나머지 한 번 만져보고 싶지만 만지는 행위가 부도덕적이라고 평가된 가치관 아래서 자란 사람들은 사랑스러움의 1차 감정을 자제하고 도덕적 평가를 하게 되며 자신의 감정을 말로 표출하거나 맛있는 사탕을 주거나 한다. 그것에 성이 차지 않으면 부모에게 만져도 되는지에 대한 허락을 구한다. 반면 그러한 도덕적 가치관을 지니지 않는 사람들에겐 1차적 감정은 예쁜 아이들은 무조건 만져도 되는 것이라는 자신만의 인지적 평가와 함께 행동으로 표출된다. 따라서 어떤 문화에서 어떤 가치관과 생각을 형성하며 자랐는지가 개인의 행동, 습관, 인격, 그리고 더 나아가 운명을 좌우하게 된다는 것은 일리가 있다. 심리치료의 한 방법인 인지행동요법Cognitive behavioral therapy에서는 우울증에 걸린 사람들에게 생각을 바꾸는 연습을 시킨다. 대부분의 우울증은 자신의 상황에 대한 부정적인 생각에서 기인하기에 근본적으로 내재된 원인을 찾아내어 그것을 버리고 긍정적인 생각과 이에 따른 긍정적인 말과 행동을 연습시킨다. 인지행동요법을 '말이 씨가 된다'는 우리나라 속담과 연관하여 생각해보면 옛 선인들의 경험적 관찰이 얼마나 탁월했는지 알 수 있게 된다.

생각은 기대와 예상이며 그에 맞는 행동을 하게끔 한다. 어떤 예상을 하고 기대를 하였는가에 따라 결과도 달라진다. 캘리포니아 대학의 로버트 로젠탈Robert Rosenthal 교수와 그의 동료 레노어 제이콥슨Lenore Jacobson은 캘리포니아에 소재한 한 초등학교 선생님에게 간헐적으로 뽑은 아이들의 아이큐 테스트 결과를 말해주면서 이 아이들이 평균 이상으로 똑똑한 아이들이라고 말했다. 이후, 아이큐 테스트를 다시 한 결과 똑똑한 아이들이라고 말해준 아이들의 아이큐는 전보다 훨씬 많이 올라갔다.[25] 로젠탈 교수는 이를 그리스의 조각가 피그말리온의 이름을 따서 피그말리온 효과Pygmalion effect라 불렀다. (그리스 신화 속 피그말리온은 자기가 직접 조각한 아름다운 여인상과 사랑에 빠지게 되어 사람을 대하듯 하였고 계속해서 그렇게 했더니 조각상이 정말 사람이 되었다.) 이런 결과를 초래한 이유는 똑똑하다는 아이들에게 선생님들의 처우가 남달랐기 때문이라고 설명한다. 선생님들은 아이들이 나중에 훌륭한 학자나 의사가 될 것이라 예상했기에 그들에게 더욱 큰 관심과 배려 그리고 지도를 했고 그런 관심을 받는 아이들 역시 자신들이 남보다 똑똑하다고 생각하며 더 노력했다. 사실 로젠탈 박사가 준 아이큐 테스트 결과는 평범한 지능의 아이들 것이었는데 말이다. 위약효과Placebo effect도 비슷한 맥락이다. 이는 의학적으로도 매우 중요한 연구분야인데 환자들에게 비타민을 주고 우울증을 치료할 수 있는 약이라고 하면 정말로 우울증이 없어졌다고 생각하는 것이다.[26] 이와 반대의 양상을 보이는 노시보효과Nocebo effect는 진짜 좋은 약을 줘도 효과가 없다고 생각하면 약효가 나타나지 않는 증상이다.[27]

위의 효과들은 생각과 행위간의 유의미한 관계를 보여 주는 과학적 연구의 예시들이다. 자기예시효과와 위약효과들에 대해 실생활에 조금 더 근접한 구체적인 연구는 컬럼비아 대학의 심리학자인 엘리아 크럼Allia Crum 박사팀에 의해 진행되었다.[28] 우리는 대부분 청소를 몸을 찌들게 하는 노동이라 생각한다. 그러나 크럼 박사의 연구를 보면 이러한 생각을 바꾸기만 해도 청소라는 노동이 우리의 몸에 혜택을 주는 고마운 것이 될 수 있음을 알 수 있다. 호텔 객실 청소를 담당하는 직원들에게 자신들이 힘들게 하는 이 업무가 신체의 원활한 신진 대사를 돕는 가치 있는 활동적 운동과 같다는 것을 주입시킨 후 업무를 지속하게 했다. 4주가 지난 뒤 그들의 신체 상태를 측정하였더니 결과는 흥미로웠다. 직원들의 혈압이 내려갔고 체지방과 체중이 줄어 있었다. 이는 실제로 달리기, 등산과 같은 유산소 운동을 지속할 때 얻어지는 건강의 지표들이다. 반면 이러한 생각이 주입되지 않은 객실 청소부들에게는 어떤 변화도 일어나지 않았다. 이 연구결과는 반대로 운동을 귀찮고 힘든 것이라 생각하면 건강에 해로울 수 있다는 것을 암시한다. 크럼 박사는 수년 후 또다시 비슷한 연구를 진행하였다. 이번엔 우리가 좋아하는 먹는 것에 관한 실험이었다.[29] 실험 참가자들에게 처음에는 620kcal가 적힌 밀크셰이크를 제공하고 난 뒤 공복수치를 측정하였더니 그 수치가 급격하게 떨어졌다. 1주일 후 같은 참가자들에게 140kcal라고 적힌 셰이크를 제공하였더니 공복수치가 조금밖에 내려가지 않았다. (공복 수치가 낮아진다는 것은 포만감을 느끼게 된다는 것이며 그러면 더 이상 음식을 섭취할 마음이 생기지 않는다. 이 수치는 140

kcal의 셰이크를 섭취했을 때보다 620kcal가 적힌 셰이크를 먹은 후에 훨씬 많이 떨어지는 것이 당연하다.) 그런데 사실은 참가자들이 1주일 간격으로 먹은 두 개의 셰이크는 같은 열량인 380kcal였다. 이 실험결과가 의미하는 것은 생각이 생리적으로 긍정적 변화를 가져올 수 있다는 것이다. 자신이 높은 칼로리의 음식을 섭취했다는 생각만으로도 실제로 생리적인 변화(공복 수치)를 일으켰으니 말이다.

물론 위의 연구들에 참여한 참가자들을 그들의 삶이 거의 다 끝나갈 때까지 지속적으로 관찰하고 그 생각들로 하여금 그들의 운명이 어떻게 되는지 보고를 해야 더 많은 신뢰성을 얻게 되지만, 일단 우리가 알 수 있는 것은 단기간의 생각 변화조차도 생리적 변화를 야기시키므로 장기간 생각을 변화시킨다면 그 효과가 더욱 잘 발휘될 것이라 추측할 수 있다는 것이다.

위의 과학적 연구결과는 대처 수상에게 생각과 운명의 사슬관계를 체계적으로 설명해 준 그녀의 아버지가 현명한 사람이었고 과연 그녀를 수상에 오르게 할 만하게 교육시킨 훌륭한 부모였다고 추측하게 한다. 예상하고 기대하는 것은 곧 우리의 운명이 된다는 그의 조언은 과학적 실험을 거치지 않는 경험적 사고만으로 우리에게 진리를 가르쳐 줄 수 있다는 것을 말해준다.

닭이 먼저, 아니면 달걀이 먼저?

칼 포퍼Karl Popper는 그의 책 『추측과 논박Conjectures and refutation』[30]에서 우리의 패턴추구적 본능, 즉 인과관계를 추구하는 본능이 반복과 습관을 야기한다고 주장한다. 추론으로 인해 얻어진 결론으로 다음에 올 현상에 대해 기대하게 되며 이는 우리 행동의 주요 동기가 된다. 어린아이가 배고플 때 우는 이유는 그런 행동을 하면 엄마가 달려와 그의 배고픔을 채워준다는 것을 경험하였기 때문이다. 이 행동이 언제부터 시작됐는지는 모른다. 육체가 고통스러우면 울거나 얼굴을 찌푸림으로써 신호를 보내고 그렇게 하면 고통을 해소시켜 줄 것이라는 것 말이다. 다만 우리가 알 수 있는 것은 언제 시작됐는지 모르는 이것이 지금에 이르기까지 전해져 왔으며, 우리는 울면 배고픔의 고통을 해소시킬 수 있다는 규칙성을 뇌 속에 프로그램하고 태어난다는 점이다. 이런 의미에서 포퍼는 기대를 일종의 욕구라고 보고 있다. 기대라는 것이 자신의 욕구를 해소시켜 줄 수 있는 동기가 된 것이다. 만약 아이가 배고플 때마다 울지 않고 웃었다면 배고픔의 해결방법은 웃는 것으로 진화되어 왔을 것이다. 이것이 소위 시행착오이다. 웃기도 하고 울기도 하면서 어떤 것이 자신에게 가장 만족을 가져다 줄 수 있었는지를 꾸준히 실험한다. 그 결과 우는 것이 가장 적절한 해결방법이었으므로 그것을 택한다. 어떤 행동에 어떤 규칙성을 기대하며 그에 맞게 행동을 한다는 것은 그 행동이 자신에게 이득을 주는 결과를 가져왔기 때문이며 이는 반복과 습관으로 이어진다.

칼 포퍼는 규칙성을 기대하는 성향과 습관화에 대한 이 견해를 선대 철학자 영국의 데이비드 흄David Hume의 고찰과는 다르게 이끌어 냈다. 경험을 중시하는 것에는 맥을 같이 하지만 반복과 습관이 기대를 낳았다는 흄의 생각은 순서가 잘못되었다고 반박한다. 지식은 스펠케의 연구 혹은 진화론에서 말하는 것처럼 우리가 타고나는 것이기 때문이다. 그러나 달리 생각하면 어떤 행동의 습관화가 우리가 기대를 하게 만들었다는 것 또한 설득력 있게 들릴 수도 있겠다. 왜냐하면 우리가 아무것도 모르고 경험하지 않은 상태에서 뭔가를 기대한다는 것은 불가능해 보이니 말이다. 행동을 했고 경험했기에 비슷한 상황에서 비슷한 결과를 기대하게 된다. 기대라는 것은 외부 정보와 내적 정보, 그리고 이들의 상호작용으로 생겨나게 된다는 것은 주지의 사실이다. 아는 만큼 보인다는 말이 시사하듯이 무수한 외적 환경과 자극 중에서도 자신이 관심 있는 것만 보고 반응하게 되어 있다. 그럼 내적 정보라는 것은 어떠할까? 이는 인간이 인류로 진화하면서 얻어낸 선험적 지식이며 유전자와 뇌 속에 인식된 뿌리깊은 정보다. 거기에 교육과 여타 환경이 결합하게 된다.

포퍼는 닭이 먼저냐 달걀이 먼저냐의 물음에 대한 답을 '이전의 달걀'이라고 하고 있다. 내가 현재의 나일 수 있는 이유는 교육은 차치하고 조상의 유전자를 물려받은 탓이다. 유전자에 정보가 있다. 공부하는 유전자, 비만 유전자, 모험적인 유전자, 미학적인 유전자 등등. 이들은 선천적인 것이며 직계 조상에 따라 다르게 발현된다. 그러나 기대하는 유전자는 우리 인류가 공통적으로 갖고 있는 것이다. 위의 갓난 아기의 특징에서 보면 알 수 있다. 기대가 먼저냐 습관이 먼저냐의 문제를 포퍼의 방식대로 보자면 결국 행동을 낳게 된 기대가 먼저라는 결론이 나온다. 기대 없이는 아무 행동도 나오지 않는다. 그러나 심리학자 레온 페스팅어Leon Festinger는 달리 생각하였다. 그는 태도가 행위를 행하는 데 기본 전제가 되기도 하지만 행위 역시 태도에 많은 영향을 미친다고 하였다.[31] 우연히 한 행위가 공적인 것이라 여겨지며 자유의지에 의한 결과일수록 태도는 그 행위와 화합할 수 있도록 바뀐다는 것이다. 산책하다 땅에 버려진 휴지를 어쩌다 줍게 되었는데 그것이 자신이 살고 있는 공동체를 깨끗하게 하는 결과를 낳았다면 자신이 한 행위가 옳았다는 것을 알게 된다. 혹은 지역사회에서 매주 열리는 장터에서 산 흙 묻은 채

소가 무농약으로 길러진 질 좋은 농산물이라는 것을 알았을 때 이것이 마트에서 사는 것보다 우리에게 여러 가지 이점을 준다는 점을 깨닫게 된다. 이러한 예시는 주변을 살펴보면 많이 찾아 볼 수 있을 것이다.

현시점에서 행위가 먼저인가 혹은 기대와 태도가 먼저인가를 논하는 것은 의미가 없는 것 같다. 누가 왜 언제 인류에게 패턴을 추구하는 유전자를 심어 주었는지 정확히 알 수 없으니 말이다. 다만 아래의 그림처럼 기대와 행위 그리고 습관은 순환의 구조라는 것은 말할 수 있다.

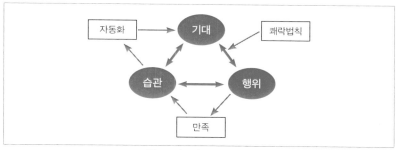

그림 1. 만족한 행동의 순환표

이 그림을 좀 더 설명하자면 우리는 기대하면서 행동하는데 이는 처음엔 쾌락의 법칙을 따른다. 쾌락 법칙은 뒤에 좀 더 자세히 다루겠지만 고통은 피하고 즐거움은 다가간다는 모든 동물이 행하는 행위의 기본전략이다. 피하고 다가가는 전략을 구사함으로써 어떤 것이 자신에게 최대의 만족을 줄 수 있는지 수많은 시행착오를 거듭하게 된다. 만족했던 행동은 다시 하려고 한다. 그리하여 비슷한 상황에서 계속 반복하여 행동하게 되며 이는 습성이 되는데, 이는 행동을 유발시키는 자극 없이도 어떤 상황에 직면하면 의식하지 않고도 자연적으로 그 행동을 하게 되는 자동화를 의미한다. 행동은 수없이 반복되는 동안 뇌 속에 프로그램 된다. 처음 주의를 요하는 행동과 기억을 할 때는 대뇌피질인 측두엽Medial Temporal Lobe 부분이 작동하지만 그 행동을 계속하게 되면 변연계에 포함된 선조체Striatum 부분으로 전이된다. 선조체는 자동화된 습관을 담당하는 부분으로 욕구를 행동으로 전환시키는 중요한 부분이다.[32] 그리하여 자동화된 패턴은 아주 오랜 시간 반복되어 뇌 속에 자취를 남긴다. 이기적인 유전자의 관점에서 보자면 쾌락의 법칙을 시행함에 있어서 지속적인 만족을 주었다는 것은 생존경쟁에서 살아남았음을 의미하니 이 행동을 유발한 유전자는 후대에 지속적으로 이어지게 된다.

현대 진화론에선 볼드윈 효과Baldwin effect를 지지한다. 자연선택이 아닌 획득된 형질은 유전되지 않는다는 기존의 다윈의 입장과는 달리 볼드윈 효과는 환경의 영향에 의해 후천적으로 발달된 형질도 우리 유전자에 자취를 남기며 본능으로 전환될 수 있다고 본다.[33] 그러나 본능의 발현은 우리가 적절한 환경을 제공할 때만 효과적으로 나타난다. 우리는 말을 하고 언어를 사용하는 것을 당연하게 생각한다. 그러나 늑대 무리에서 성장한 아이가 인간의 언어를 익힐 수 있다고 생각하는가? 오로지 환경이 조성될 때만 우리는 적절한 의사소통을 할 수 있다. 볼드윈 효과에 의하면 우리가 말을 할 수 있는 능력을 갖게 된 것은 다음과 같은 과정을 겪는다. 인간이 언제부터 말을 하기 시작했는지 알 수 없지만 변이의 결과 한 개체가 말을 할 수 있는 능력을 갖추게 된다. 이 말할 수 있는 능력으로 사람들간에 의사소통을 할 수 있다는 것을 알게 되며 이것이 다른 야생동물과 대적하는 데 최상의 무기가 될 수 있음을 알게 된다. 언어는 집단간의 의사소통을 원활하게 해 주어 정보교환을 통해 서로의 생존능력을 높여 주게 되었고 이 능력을 가진 개체들만이 살아남게 되었다. 결국엔 언어를 배우는 능력이 살아남은 개체들의 유전자에 남아있게 되어 후세에 전수된다는 것이다.

이는 다른 동물에게도 적용된다. 동물도 비슷한 행동을 계속 반복해서 한다. 그럼으로써 자신에게 최상의 것을 찾아간다. 예를 들면 개의 경우를 보자. 인간과 가장 가까운 동물인 개의 선조는 늑대다. 야생에서는 먹잇감을 놓고 싸우는 경쟁관계인 늑대가 어떻게 인류에게 가장 친근한 동물이 되었을까? 아주 먼 옛날 한 무리의 늑대는 우연히 먹이를 발견한다. 그 먹이는 한 무리의 인류가 먹다가 남은 동물의 내장과 뼈에 남은 살점이었다. 늑대는 피를 흘리며 싸우거나 혹은 지치게 사냥을 하지 않고도 인간 주변에서 어슬렁

대면 음식을 먹을 수 있다는 것을 알게 된다. 그래서 인간에게 다가가게 된다. 만약 다가갔을 때 그들에게 피해만 발생했다면 결코 인간에게 접근하지 않았을 것이다. 인간 또한 음식을 주면 그 늑대를 이용해서 좀 더 편안하게 야생 생활을 할 수 있다는 것을 알게 된다. 더 위협적인 것이 나타나면 늑대가 먼저 경계경보를 인간에게 알려주는 방식으로 말이다. 서로 다가가면 이득이 된다는 것을 알게 되면서 늑대와 인류는 가까워지게 된다. 오랜 동안의 반복과 시행착오의 결과다. 그래서 한 무리의 늑대는 지금 우리가 옆에서 키우는 개와 같이 순하게 변하고 인간 역시 먹이를 주면서 늑대와 싸우거나 피하지 않아도 된다는 것을 알게 되어 길들이게 된다. 그리하여 현재의 서로에게 친화적인 관계로 진화되게 된다. 피하고 다가가기를 하면서 서로에게 최상의 만족을 주게 되면 그 행동을 계속하게 되며 습관·습성으로 고착된다. 우연히 인간이 남겨 놓은 먹잇감을 발견하지 못했던 늑대들은 현재 여전히 늑대로 남아 있다.[34] 이런 식으로 봤을 때 동물원에 갇혀 있는 동물들은 나중에 좀 더 다른 모습으로 변할 수도 있겠다는 추측도 해 본다. 왜냐하면 그 동물들은 인간에게 너무 많이 길들여져 야생성을 잃어가고 있기 때문이다. 북극곰, 사자, 호랑이 등과 같이 난폭한 육식동물도 인간의 편의에 따라 길들여진다면 언젠가 개처럼 인간의 집에서 함께 생활할 수 있는 인간 친화적 동물로 진화되지 않을까?

환경변화, 그리고 또 다른 기대

한 가지, 우리가 발전할 수 있는 것은 똑같은 삼순환에 갇혀 있지 않기 때문이다. 그림 1의 삼순환은 기본적으로 변하지 않는다. 그러나 기후 혹은 다른 환경의 변화는 동물을 한 가지 습성에 젖어 있도록 가만히 두지 않는다. 빙하기를 거치면서 초원화되어 가는 환경에서 열대림과 같은 생활방식을 고수했다면 지금의 인류는 존재하지 않았을 것이다. 환경의 변화가 예전에 젖어 있던 생활에 불만을 인지하도록 만든다. 늑대와 개가 같은 조상을 공유하고 있는 것처럼 인간과 침팬지도 약 600만 년 전에는 조상이 같았다. 인간과 침팬지는 현재 추정된 유전자 배열의 98.6%가 동일하다고 한다.[35] 침팬지뿐만 아니라 고릴라, 오랑우탄, 침팬지, 보노보와 같은 유인원들은 같은 조상으로부터 갈라져 나왔지만 그 중 인류와 제일 늦게 분화된 것인 침팬지이다. 그렇다면 왜 같은 지역을 누비고 다녔던 침팬지는 여전히 침팬지로 남아 있으며 인간은 현재의 모습으로 진화하였을까? 여러 설이 있지만 강력한 이유 중 하나로 꼽는 것은 기후의 변화로 인해 아프리카 열대림이 점점 초원화되었기 때문이라고 한다. 침팬지와 인간의 조상 중 하나가 나무 꼭대기에서는 먹을 것이 없어 나무 아래로 내려왔는데 나무 아래서는 풀을 뜯어먹어도 안전하며 땅에 먹을 수 있는 것이 많다는 것을 알게 됐다. 그러자 나무를 탈 수 있는 긴 팔과 엄지발가락은 더 이상 쓸모 없어졌다. 대신 땅 위에서 생활하는 데 유리하도록 다리가 점점 길어지게 되며 이것이 직립보행으로 이어져 아프리카 열대림을 떠나 사바나 초원으로 나올 수 있게 된다.

그러나 초원의 삶도 녹록하지 않았으므로 살아남으려면 그 환경에 맞게 몸과 정신을 개선해야 했으며 그 과정에서 인간은 더욱 강하고 똑똑하게 진화되었다. 아프리카 열대림의 나무에서 내려오지 않고 계속 그 생활을 했던 조상은 그대로 침팬지로 남아 있다. 반면 먹잇감을 찾아 열심히 헤매던 조상들은 현생 인류의 최고 유산 중 하나인 걷기와 뛰기 능력을 키우게 됨과 동시에 두 손을 자유롭게 사용할 수 있게 되며 좀 더 좋은 먹잇감을 찾으려는 기대감으로 아프리카 탈출까지 감행함으로써 세계 곳곳으로 퍼져나가게 된다. 조상이 같아도 환경의 변화에 민감한 부류는 어떤 이유로든 만족하지 못한 상태였기에 먹잇감을 적극적으로 찾아 나선다. 침팬지의 직계 조상은 주어진 환경에 머물러 있었기에 지금의 상태로 존재하는 것이며, 인류는 환경을 벗어나 새롭게 그 환경에서 살아남기 위해 노력하며 적응했기에 지금처럼 똑똑하게 진화된 것이다.

그런데 기후변화의 영향으로 말라가는 열대림과 초원에서 먹잇감을 찾으려 이동한 것이라 하면 침팬지 역시 이동해야 하지 않았을까? 또한 여전히 아프리카를 떠나지 않고 그대로 살고 있는 인류도 있다. 오로지 인류의 한 무리만이 약 6만 년 전 아프리카 사바나 지역을 떠나 홍해를 건너 아라비아 해안을 따라 이동하게 되었고 여기서 또한 나뉘어져 호주, 아시아, 유럽 등지로 인류가 퍼져나가 온 지구를 자신의 서식지로 만들어 버렸다. 이에 대한 한 가지 매력적인 답변으로 보여지는 것 중 하나는 우리 선조들의 자취를 그대로 보존하고 있는 유전자분석을 통해서 알 수 있다. 모계에 의해서 후대로 전이되는 미토콘드리아 DNA는 세대를 거치면서 우연한 돌연변이가 출연하며 이 돌연변이는 없어지지 않고 또한 그대로 후세에 이어진다. 수렵채집 활동으로 생존해 가는 고대인들의 삶과 여전히 비슷한 생활을 하고 있는 현재 유목민족의 DNA를 분석해 본 결과 DRD4-7R이라는 돌연변이 유전자를 발견하게 된다.[36] DRD4-7R이라고 불리는 변이 유전자를 지니고 있는 사람들에게서는 새로움과 모험을 추구하는 성향이 발견된다. 이들은 새로운 장소, 새로운 음식과 새로운 관계를 추구한다. 이 유전자는 정착문화보다는 유목민족의 사람들에게 더욱 많이 발견된다. 유목민 중에서도 이 유전자를 지니고 있는 사람들이 그렇지 않은 사람보다 물리적으로도 강하며 가족을 더 잘 먹여 살리는 경향이 있다. 변이 유전자가 유목생활에 더 잘 맞는 것이며 이는 환경에 대한 적합도를 높여 인해 종족간에 좀 더 높은 지위를 차지할 수도 있다는 것을 시사한다. 이 돌연변이는 유전적으로 우성적인 형질로 고착되어 높은 빈도로 세대간으로 전수되었다. 또한 7R 유전자와 다른 변이 유전자인 2R를 같이 보유하고 있는 유목민들은 더욱 먼 거리를 이동할 수 있다.[37]

행위를 설명하는 데 있어서 기본 생물학적 정보를 근거로 한다는 것은 더할 나위 없이 훌륭한 것이지만 애초에 어떤 환경이 주어졌기에 이 유전자 변형이 일어나게 되었고 또한 이 유전자를 우세하게 만들었나 하는 원초적인 물음을 되새기게 된다. 이 변이 유전자가 정착생활을 하는 사람들에겐 소위 말하는 정신적인 문제를 일으키는 성질로 나타나는 것을 보면 달리 생각하게 된다. 주의력 결핍증ADHD의 환자들에게서도 이 변이 유전자가 발견된다.[38] 이것은 정신병과도 연관되어 있다.[39] 따라서 이것이 의미하는 바는 특정 유전자의 가치가 우세하게 발현되는 것은 환경에 의해 좌우된다는 것으로, 우리 인류가 아프리카를 떠나 다른 곳으로 진출하게 된 계기는 DRD4-7R이라는 변이 유전자 하나만으로 설명될 수 없음을 의미한다. 그래서 한 유전학자는 우리의 행동이유를 고찰할 때 유전적으로 인한 내적인 동기와 함께 그것을 가능하게 만든 방법도 함께 고려해야 한다고 주장한다. 직립보행, 손의 사용, 그리고 두뇌라는 실행적 방법이 유전적인 형질과 결합하여 인류를 모험가로 만들어 냈다고 주장한다. 두 손을 사용하고 직립보행을 하며 상상의 나래를 펼치는 인간의 정신이 모험과 새로움의 추구라는 유전적 본능과 함께 발현하면 모험가가 될 수 있으며 그는 환경에 적응하거나 혹은 환경을 개선하는 선구자가 된다.[40]

왜 인류에게 이 유전자 변이가 존재했으며 발생학적으로 직립보행의 기회가 주어졌는지에 대한 갑론을박이 많다. 그러나 분명한 것은 침팬지와 같은 조상을 공유하는 인류에게 미지의 세계로의 진출은 새로운 환경과 맞닥뜨린 전에 없던 기회였으며 동시에 험난한 새로움 속에서 살아남기 위해 최선을 다해야 하는 이유가 되었다. 이 과정이 우리를 한 가지의 상황에 한정하여 그림 1의 삼순환(기대, 행위 그리고 습관)에 머물러 있지 않게 하였고 새로운 기술이나 환경과 기후의 변화에 따르는 불만족과 그것을 극복하려는 노력으로 계속해서 발전해 나가게 했다. 항상 같은 자리에서 주어진 것만을 얻으려 했고 같은 만족만을 기대하며 행위를 택하는 행동만을 반복해 왔다면 동물의 습성과 같아졌을 것이다. 환경, 변이, 그리고 인간의 고차원적인 특질들이 기대를 벗어나는 상황을 만들어 내었으며 여기에 적응하는 과정에서 지금의 상태로 진화되어 온 것이다.

II

욕망의 형성

세계는 나의 표상

 앞서, 존재Being, 생성Becoming, 욕구Willing, 그리고 인식Knowing의 상호연관성이 현상에 대한 원인과 결과를 이끌어 내는 기본 요소라는 쇼펜하우어의 철학적 기반을 짧게 소개하였다. 존재와 생성에 있어서 우리 세계의 주체가 될 수 있는 것은 행동을 유발하는 동기인 욕구Willing이다. Will은 의지보다는 목적 없고 비이성적인 것으로써 욕구를 의미하며 본능으로 간주된다. 여기서 생겨난 세계 속에서 우리는 자아의 주체로서 인식을 하게 되며 내가 직접 경험한 것으로만 세계를 인지Knowing한다. 이런 순차적인 연관성은 세계는 나의 표상이라는 쇼펜하우어 철학의 기본 개념이 된다. 그는 이 개념을 『욕구와 표상으로서의 세계The world as will and representation』[1]라는 저서에서 한마디로 요약한다. "주관(자아) 없이 객관(세계) 없고 또한 객관 없이 주관 없다No object without subject, and no subject without object"는 말이 바로 그것이다. 마치 빅뱅이론은 우리가 인지하기에 존재하며, 우리가 존재하는 것 또한 빅뱅이 있기 때문인 것처럼 말이다. 모든 일에는 원인과 결과가 있지만 인식하는 주체가 없으면 세상의 모든 현상은 아무것도 아닌 것이며 존재하는 한 주관과 객관(세계)은 어떤 이유로든 시간과 공간 속에 서로 원인과 결과의 지속된 반복으로 긴밀하게 연결되어 있다. 그러나 모든 것에 원인을 제공하는 것은 나의 탄생과 함께 선천적으로 지니고 나온 나의 욕구다. 쇼펜하우어가 Will을 욕구라고 정의한 이유가 의지로 대변되는 생각들이 결국은 성욕, 식욕, 수면욕 등 생물학적인 우리의 필요와 같이 본능적이고 자연스러운 것이기 때문이다. 이를 주체로 하여 세상을 보고 경험하며 정의한다. 쇼펜하우어와 동시대에 살았으며 사상적으로 많이 대립되고 시대정신Zeitgeist이라는 전체주의적 사상으로 당시 철학세계를 주름잡았던 독일 철학자 헤겔 역시 "자의식이라는 것은 욕망"이라고 언급했다. 이는 세계를 인지한 자아가 욕망의 시작점이 됨을 시사한다.

선천적으로 인간 모두에게 주어진 기대라는 본능과 개인의 관심사에 의해 받아들인 외부 정보의 결합과 학습이 또 다른 불만족과 기대를 낳고 이는 인간이 가진 다른 욕구와 함께 행동의 동기가 된다. 인간이 보편적으로 지니고 있는 욕구를 이해하기 위해선 매슬로우Abraham Maslow의 욕구단계에 관한 이론은 많은 도움을 준다. 태어날 때부터 일정 나이에 이르기까지 오랜 보호 기간을 필요로 하는 인류에게 배고픔과 목마름 등 기본적인 생리학적 욕구Physiological needs의 충족은 학습을 통한 사회적 관계를 형성하는 데 도움을 줄 수 있다. 갓난 아이에게 배고픔은 직접적 욕구이지만 그것을 채우려면 도움이 필요하다. 생존에 필요한 기본 조건을 마련해 주는 부모는 아이들에게 큰 영향력을 행사한다. 이는 성장 후에 사회적 관계를 형성하는 데 있어서 생존에 필요한 사람들과 관계 맺는 데 영향을 줄 수 있다. 그런데 매슬로우는 생리학적 욕구를 만족하는 것은 필수불가결하지만 그것을 곧 타인에게 느끼는 사랑에 관한 욕구와 관련 지어 설명할 수는 없다고 주장한다. 예를 들어 배고픔을 만족시키기 위한 방법으로 사랑을 선택할 수는 없는 것처럼 말이다. 매슬로우는 그래서 욕구에는 생리적 욕구 이외에도 인간사회에서 살아가기 위한 다른 고차원적인 욕구가 있다고 주장한다. 안전욕구Safety needs, 사랑이나 소속감과 같은 사회적 욕구Social needs, 자아존중Self esteem, 그리고 자아실현Self actualization이다.[2] 이는 가장 아래 단계인 생리적 욕구부터 위쪽으로 올라가며 피라미드 형태를 지니고 있는데 가장 아래 단계의 욕구일수록 필수불가결한 동시에 많은 사람들이 비교적 채우기 쉬운 욕구이다. 현대 산업화 사회에선 이를 채우는 것이 비교적 수월하다. 그러나 인간의 욕구는 만족되었다고 해서 없어지는 것이 아니라는 것도 암시한다. 만족하고 나면 다시 생겨나는 것이 욕구이며 차원이 다른 형태로 계속해서 발현한다.

배고픔, 목마름, 성욕, 배설, 졸림 그리고 신체기관의 항상성 유지 등과 같은 살아있는 생물로써 채우지 않으면 건강에 이상이 올 수 있는 욕구를 생리적 욕구라 하며 이것들은 가장 중요한 아래 단계에 위치한다. 자연상태에 노출되어 있던 원시 사회에서는 생리적 욕구를 채우는 것이 아마도 삶의 주요한 목적이었을 것이다. 문명 사회에서도 이 욕구들은 가장 중요하지만 사람들은 이 욕구를 겉으로 드러내지 않는다. 문명화란 어쩌면 인간에게 포장지를 씌우는 것인지도 모른다.

가장 하위 욕구인 생리적 욕구는 한 생명체에 한꺼번에 발현할 수도 있지만 인간의 발달과정에 따라 달리 나타날 수 있다. 예를 들면 성욕이라는 것은 일정 나이에 이르러서야 욕구가 발현된다. 프로이트는 인간이 지닌 성적 에너지를 '리비도'라고 하여 이미 본능으로 주어져 있고 어린 나이에는 다른 형태로 표출된다고 주장한다. 예를 들면 아이가 엄마의 젖을 빤다거나 혹은 아이가 배변훈련을 하는 것 등이다. 그러나 성욕을 주관하는 실제 호르몬은 아이가 사춘기가 되어야 본격적으로 발현한다. 더군다나 어른이 된다 해도 이 욕구를 채우지 못할 수도 있다. 따라서 기본적인 생리적 욕구라 범주화되었지만 이는 어디까지나 인지적 혹은 이성적인 분류에 지나지 않는다. 또한 욕구 단계 중 맨 꼭대기에 위치한 자아실현의 욕구 역시 어린아이에게는 나타나지 않을 수 있다.

생리학적 욕구의 만족은 더 고차원적인 욕구를 불러 오는데, 안전에 대한 욕구가 그것이다. 생리학적으로 만족한 사람들은 외부의 거친 환경에서 몸을 보호해 줄 안식처를 찾는다. 집은 우리에게 기본적인 안식처를 제공한다. 생리적 욕구를 충족하기 위해서도 안정성은 요구된다. 그 외에도 집을 살 수 있는 돈을 마련할 안정된 직장, 질서를 유지함으로써 서로에게 해를 끼치지 않을 수 있게 하는 안정된 사회규율 등이 안정의 욕구를 채워줄 수 있다. 만약 안전의 욕구를 채울 수 없다면 우리는 그것을 계속해서 갈망하게 될 것이다. 그러나 어느 정도 채워졌다고 생각하면 소속감이나 사랑과 같은 유대감에 대한 욕구를 인지하게 될 것이다. 안정된 직장과 집이 있는데 내가 무엇이 더 필요할까? 만약 그것으로 만족할 수 있는 사람이라면 그것을 갖기 위해 노력했던 과정을 간과한 것이다. 안정된 직장과 집은 거저 주어지지 않았다. 그는 자신이 철저히 혼자라 생각하고 이들을 보장받기 위해 노력하는 과정에서 사람과 연결되어 있음을 잊어버렸을 수 있다. 아니면 권태감을 잘 참아내는 단조로운 사람일 수 있다. 사람은 태어날 때부터 혼자가 아니다. 태어나기 전부터인, 어머니의 자궁에 있을 때부터도 인간은 혼자가 아니다. 다른 동물보다 더 오랜 기간 동안 부모나 사회로부터 보살핌을 받을 필요가 있는 인간은 더욱 강한 사회적 욕구를 지니고 있다. 부모, 친구, 애인, 반려자, 자식, 그리고 더 나아가 친족들, 사회까지 이들과의 상호작용 속에서 인간은 태어나고 존재한다. 만약 사회적 소속감이 필요치 않다고 스스로 생각한다고 해도 그 혹은 그녀가 사회적 존재라는 것은 어떤 식으로든 부정할 수 없다. 그래서 하위욕구들을 충족시키기 위해 잊고 지냈던 사회적 욕구들은 하위욕구들이 만족되었다고 느끼면 다시 발현된다.

자아존중은 사회적 관계에서 생겨난다. 사회 속에서 내가 타인과 다르다는 것을 알기에 인정해 주기를 바라는 마음이다. 이 다름은 지위, 취향, 성별, 집단 등의 형태로 나타날 수 있다. 다름을 이해한다는 것은 상호 존중을 의미한다. 마지막 최상의 단계는 자아실현이다. 흔히 꿈이 실현되는 것을 말한다. 어렸을 적 우리는 정말 큰 꿈을 꾼다. 아인슈타인을 능가하는 과학자, 피카소와 같은 미술가, 링컨과 같은 대통령, 마이클 잭슨과 같은 대중 음악가 등 세상에 한 획을 긋고 간 사람들의 삶을 모범으로 삼아 미래를 꿈꾸며 이 욕구를 실현시킬 수 있는 기반을 마련해 나간다. 매슬로우는 후에 자신의 저서에서 자아실현보다 상위의 욕구를 한 단계 더 추가한다. 그것은 이타적 욕구이다. 다섯 가지의 욕구들은 자신에게만 결부된 욕구들이지만 이들보다 더 높은 단계에 있는 이타적 욕구는 봉사, 협동심과 같은 것을 일컫는다.

다섯 가지의 욕구들은 최고의 단계에 이르렀다고 해도 발현이 멈추지 않는다. 이 다섯 단계의 욕구들은 순서 없이 끊임없이 나타난다. 배가 고파 밥을 먹고 난 뒤 배가 부르지만 얼마 있다가 다시 배고파지는 것과 마찬가지다. 다만 어떤 욕구는 생리적 욕구처럼 비교적 짧은 시간에 만족되지만 자아실현과 같은 욕구는 만족되려면 비교적 오랜 시간을 필요로 한다. 시간을 인식하고 시간을 이용하며 시간에게 의미를 부여하는 인간은 욕구의 만족에 있어서도 자신의 중요도에 따라 다르게 분배할 줄 안다. 여기서 인간에게 있는 고유 특질인 만족지연의 특성은 좀 더 상위의 욕구를 채우기 위해서 아주 중요한 특질로 발휘된다. 상위욕구는 만족되기 위해 얼마간의 고통을 참아내야 한다. 매슬로우의 욕구단계설이 하위단계에서 상위단계로 올라가는 피라미드의 형식인 것도 위로 갈수록 더욱 많은 시간과 개인의 희생적 노력을 필요로 하며 성취하기 어렵기 때문이다. 또한 위의 단계는 아래 단계가 지속적 만족으로 채워질 수 있도록 유지하기 위해 존재하므로 어려울 수밖에 없다.

우리는 결국 더 잘 먹고 더 잘 자고 더욱 좋은 사람과 관계하기 위해, 즉 하위욕구를 만족하기 위해 자아실현을 위한 노력을 하는 것이다. 물질적 보상 없는 자아실현은 현실의 벽에 부딪쳐 좌절되고 만다. 특히 예술계통에서 자아실현을 이루려는 것에는 많은 희생이 따른다. 평생 누구도 알아주지 않은 그림을 그린다거나 시를 쓰고 작곡을 하게 될 수도 있다. 이런 경우 자아실현이 무슨 의미가 있겠는가? 누군가 알아주어야 자신의 작품에 대한 보상을 치를 것이고 그 보상으로 현실을 살아갈 기반을 마련할 수 있지 않겠는가.

원시시대의 자아실현?

　만약 매슬로우의 욕구설이 인류의 보편적인 특성이라면 원시수렵사회는 어떠했을까? 지금처럼 직업이 분화되지 않았던 시대에 자아실현이라는 것은 무엇을 뜻하는 것이었을까? 최근 아리조나 대학 심리학과 교수인 켄릭Douglas Kenrick은 그의 동료들과 더불어 이 욕구의 피라미드를 진화론적인 관점에서 재조명하였다.[3] 그들은 매슬로우의 욕구단계 이론은 욕구의 세분화란 견지에서 큰 공헌을 하였지만 너무 광범하며 어떤 욕구가 먼저 발현될지에 관해서는 약간 모호한 태도를 취하고 있다는 비판을 한다. 앞서 말한 대로 어린이에게 자아 실현의 욕구를 관찰하기란 어렵다. 또한 어른이 되어서도 생리적 욕구를 채우지 못하는 사람들이 있다. 그들은 매슬로우의 욕구단계가 기능적으로 다를 수 있는 욕구들을 하나의 카테고리로 분류해 놓고 있다고 주장하는데, 예를 들면 자아실현의 욕구는 기능적을 보았을 때 자아존중의 욕구와 다름이 없는 것이다. 따라서 매슬로우의 욕구 분류는 인간의 생애주기적 욕구 발현과 문명, 개인적 차이 등을 고려하지 않은 것이라고 주장한다. 그래서 켄릭과 그의 동료들은 매슬로우의 욕구단계설을 개선·보완한다.

　일단 매슬로우의 욕구단계설은 인간의 생리학적 발달이 그 기능을 기반으로 환경에 적절하게 적응된다는 진화론의 견지에서 보자면 매우 적절하게 잘 분류되어 있다. 그러나 다섯 가지 분류에서 좀 더 분화되어야 할 것과 다른 범주에 속해야 할 욕구들이 있다. 즉각적으로 만족해야 할 생리학적 욕구들 중에 매슬로우는 성욕을 포함시켰다. 그러나 성적욕구는 대부분 성인이 된 후 지속적으로 발현하지만 배고픔처럼 바로 만족시키지 않아도 되고 스스로 즉각적으로 만족시킬 수도 없는 것임을 안다. 문명화된 사회에서 성욕의 만족은 마음에 드는 파트너와 적절한 공간을 필요로 한다. 만약 시도 때도 없이 아무 이성에게 장소를 가리지 않고 특히 공원과 같은 공공장소에 서 성욕 만족을 시도하게 되면 풍기문란죄 혹은 범죄행위로 간주되며 혹은 정신에 이상이 있어 자신을 통제 못하는 병자로 치부된다. 이 성욕이라는 것 은 따라서 신체의 리듬과 항상성을 유지하기 위해 되도록 빠른 시간에 만족 시켜야 하는 식욕과는 좀 다른 차원으로 간주되어야 한다.

켄릭은 성적 욕구로 인한 동기를 생명체의 생애주기 발달Life cycle development 에 맞추어 고려해야 한다고 주장한다. 생명체는 일생 동안 자신의 에너지를 생존Survival, 성장Growth, 재생산Reproductive 세 곳에 쏟는다. 일생 동안 자신이 쓸 수 있는 에너지는 한정되어 있기에 생명체는 주변환경과 자신이 선천적 으로 지니고 있는 우월함, 현 상태의 발달과정에 따라 그 에너지를 적절하게 배분한다. 예를 들면 어릴 적에는 성장이라는 목적에 자신의 에너지와 특징 이 활용되며 성장 후에는 자신의 유전자를 전수하기 위한 재생산에 에너지 를 집중한다. 인간은 성장의 기간 동안 신체적 발달을 겪을 뿐 아니라 사회 적 관계와 사회 속에서 자신의 지위를 입증할 수 있는 여러 가지 경험을 하 게 된다. 사회 속에 웬만큼 자리를 잡은 후 자신의 짝을 찾아Mate acquisition 결 혼하여 짝과 계속 살려고 노력하며Mate retention 아이가 태어난 후에는 자신의

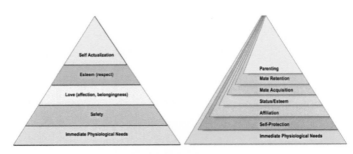

매슬로우의 욕구단계(좌)와 켄릭의 수정 보완된 욕구단계(우)

Source: Kenrick, D.T., et.al.(2010). Renovating the Pyramid of Needs:Contemporary Extentions Built Upon Ancient Foundations, Perspectives on Psychological Science, 5, 292-314.

유전자를 지닌 후손을 안전하게 지키기 위해 노력하게 된다Parenting. 따라서 생애주기적 발달과정의 견지에서 보자면 성적욕구의 충족이라는 것은 매슬로우가 제시한 다른 어떤 욕구단계보다도 상위단계에 자리 잡고 있어야 한다. 매슬로우의 욕구단계 맨 꼭대기에 자리 잡은 자아실현은 자아존중과 타인에 의한 존중과 같은 범주에서 발현되어 적절한 짝을 찾는 목적에 활용될 수 있는 것으로 간주된다. 이는 재생산보다 하위 단계에서 발현되는 욕구다.

켄릭에 의해 수정·보완된 욕구단계설은 위 그림과 같이 정리된다. 매슬로우의 자아실현의 욕구를 지위와 존중의 욕구에 의해 발현되는 부수적인 욕구로써 같은 단계에 포함시킨다. 그리고 그보다 상위욕구에 생애주기 이론을 기반으로 했을 때 발달과정에서 후에 나타나는 재생산의 일환인 짝 찾기Mate acquisition, 결혼 혹은 짝 유지Mate retention, 후손 돌봄Parenting을 놓아 세분화시켰다. 여기서 돌보는 후손은 자신이 직접 낳은 자식뿐 아니라 손주들도 포함한다.

아프리카에 탄자니아에는 인류의 원시시대 자취를 가늠해 볼 수 있는 하드자Hadza 족이 살고 있다. 이들은 아직도 수렵채집 활동을 하며 삶을 이어가고 있는데 그들의 삶을 연구해 온 인류학자인 크리스틴 혹스Kristen Hawkes는 '할머니 가설Granma hypothesis'[4]을 학계에 제시한다. 다른 포유동물과는 달리 인류는 생물학적 재생산이 불가능한 폐경기 이후에도 삼사십 년을 더 산다. 혹스는 그 이유가 자신의 혈연을 지키기 위한 것이라고 주장한다. 평균적으로 다섯 명의 아이를 낳는 하드자 족의 여인들은 남편이 고기를 구하기 위해 사냥을 하러 가면 혼자 아이를 키워야 한다. 그러나 수렵채집 생활에는 남자는 수렵, 여자는 채집이라는 분업이 고착화되어 있다. 따라서 이 여인들은 아이를 키우면서도 채집하러 다녀야 하고 아이들을 온전히 키우기 위해서는 절대적으로 누군가의 도움이 필요하다. 이때 하드자 족의 할머니들이 이들을 돕는다. 야생의 생활에서 경험을 통해 알게 된 지식을 자식을 돌보는 자신의 후손에게 전수하고, 음식을 주거나 같이 채집활동을 함으로써 도움을 주며 종족을 유지하도록 한다. 조부모의 역할은 현대생활에서도 한 가정을 온전히 유지하는 데 매우 중요하다. 결혼을 한 여성이 자식을 낳고 사회생활을 지속적으로 하기 위해서는 친부모님이나 시부모님의 도움을 받지 않을 수 없는 것만 봐도 이것을 알 수 있다. 켄릭은 피라미드의 구조를 조금 더 입체화시켰는데 이는 인간의 욕구란 단계적으로 한 가지만 나타나는 것이 아니라 생애를 거쳐 지속적으로 발현하며 다양한 욕구를 항상 지니고 있다는 것을 의미한다. 그래서 이 다양한 욕구들이 언제 어느 순간에 어떤 것이 먼저 나타나 행위로 이어지는지는 상황에 따라, 개인에 따라 다르며 처한 여건에 따라 가장 즉각적으로 만족해야 하는 욕구부터 발현되어 행위로 이어진다고 보고 있다.

사회적 생산체계의 산물
"전화 없이 어떻게 살았나 몰라"

　2015년에서 2016년으로 넘어가는 겨울에 방영되었던 '응답하라 1988'은 종합편성채널로서는 예외적으로 높은 시청률을 기록하게 된다. 지금은 잘 목격되지 않는 이웃간의 정감 등 당시 시대적 정서를 잘 그려내어 동시대를 살았던 현재 문화의 주 소비자들인 40대들에게 많은 향수와 공감대를 일으킨 것이 중요한 성공요인으로 꼽힌다. 이 드라마의 등장인물 중 동네 사람들이 모르게 은밀한 교제를 하고 있는 입시를 앞둔 고3 남학생과 서울대 다니는 여대생이 나오는데, 이들이 만날 장소를 전화로 약속하게 되는 장면이 있다. 이 장면에서 약속 장소를 정하고 전화를 끊으면서 남자 고등학생은 "전화기 없었을 땐 어떻게 살았는지 몰라"라고 말한다. 지금의 시각으로 보자면 답답하기 짝이 없는 아날로그 방식의 전화기인데도 말이다.

　'응답하라'로 시작되는 이 드라마는 일종의 시리즈로 제작되어 '응답하라 1988' 이전에 '응답하라 1994'로도 많은 인기를 끌었다. 당시의 시대상황을 비교적 잘 그려낸 소품이 많이 등장해 동시대를 살아왔던 사람들에 추억을 선사해 주었다. 그 소품 중 하나가 '삐삐Pager 또는 Beeper'라고 불리는 무선호출기다. 삐삐는 이것을 소유한 사람에게 발신자가 전화를 하면 그 전화번호가 삐삐에 찍히게 되고, 그러면 그 번호로 전화를 걸어 연결할 수 있게 해주는 기기다. 주변에 공중전화기가 있거나 전화가 있는 실내에서 호출을 받는다면 다시 응답을 해주는 데 별로 문제가 없겠지만 그렇지 않은 경우엔 호출을 하고도 기다려야 했고 응답을 해 주어야 하는 사람 역시 '전화 찾아 삼만리'를 시작해야 했다. 공중전화를 겨우 찾아내더라도 그 줄은 하염없이 길었고 간혹 양심 없는 사람이라도 있으면 그 뒤로 서 있는 사람들도 무시하고 오랫동안 통화를 했기에 더욱 짜증이 나게 된다. 그러나 그럼에도 경상도 사투리를 쓰는 여주인공은 말한다 "이 삐삐 없이 우리가 우째 엑스(X)세대라 할 수 있겠노?"라고. 시골에서 갓 상경한 새내기 대학생이 삐삐에 집착하는 장면도 나온다. 지금의 시각으로 본다면 상당히 불편한 물건이었음에도 불구하고 삐삐를 소유한 사람들은 이것이 신세대의 표상이며 시대를 앞서가는 물건이라고 간주했다.

삐삐가 대중화되기 전까지는 상대방이 전화를 해서 부재중일 경우엔 하염없이 기다려야 했다. 친구 집에 전화를 하면 가족 중 한 사람이 전화를 받아서 "잠깐만 기다려요. 곧 바꿔줄 테니"라는 말을 듣고 난 후 친구가 전화를 받기까지 기다려야 했고 기다리는 동안 그 집안에서 들려오는 많은 소리를 어쩔 수 없이 들어야만 했다. 혹은 가족들을 잘 알고 지내는 경우 원치 않는 안부의 대화도 해야 했으며 또는 몇 번이고 전화를 했는데도 계속 없는 경우에는 "언제쯤 들어오나요"라고 물어봐야 했으며 연결이 가능할 거라 예상한 시간에 전화를 해도 집에 없다면 더 이상 전화를 계속한다는 것이 부담스러워 이야기해야 할 내용을 다음날로 미뤄야 했다. 삐삐는 이와 같은 불편하고 불만족한 상황들을 많이 해결해 주었다. 더군다나 개인적으로 소유하며 휴대할 수 있는 통신장비가 매우 드문 시절에 이 자그마한 무선호출기는 특별해지고 싶은 욕망도 다소 해결해 주었다. 게다가 항상 '따르릉' 혹은 '띠리리리'와 같이 천편일률적으로 똑같은 소리만 내던 일반전화와는 달리 자기가 좋아하는 음악이나 또는 하고 싶은 인사말 등을 녹음하여 벨소리 대신 사용함으로써 차별화의 욕구도 해결해 주었다. 그렇다면 그것으로 만족한 것 아닌가? 더 이상 필요 없지 않나? 그러나 우리가 현재 쓰고 있는 스마트폰을 생각해 보라.

먹고 자고 자손을 번식시키는 기본 욕구는 까마득한 옛날부터 충족할 수 있었다. 그렇다면 거기 머물러 있어야 하지 않겠는가? 엔진을 단 자동차가 나오기 전까지 마차는 우리의 이동시간을 줄여 주고 생활권을 넓혀 주는 최상의 수단이었다. 마차를 이용한 사람들은 마차가 없던 시절에 살았던 사람들을 불쌍히 여겼다. 자동차가 발명되자 마차에 만족하고 있던 사람들에게 마차가 얼마나 미개한 것인지 인지시켜 사람들을 마차에 대한 불만족에 빠지게 했다. 부자들만 소유했던 자동차는 사회가 평등을 지향하면서 대중들이 부자들간의 간극으로부터 오는 불만족을 줄이고 싶은 욕망을 더욱 부추겼으며 이로 인해 수요가 늘게 된다. 자동차 회사는 많은 수익을 올리게 되지만 여기서 멈추지 않고 계속해서 차별화된 자동차를 만들어 내며 자신들의 제품을 갖는 것이 불만족을 해소시켜줄 것임을 여러 광고매체를 통하여 지속적으로 주입시킨다. 그 결과 많은 수익을 올리고 또다시 기술개발에 투자를 하게 된다. 그리고 알다시피 지금 우리는 비행기, 배, 자동차 등을 타고 오대양 육대주를 누비고 다니며 그것도 모자라 달나라까지 다녀왔다. 그래도 불만족스럽다고 난리다. 빠르면 몇 년 후에는 뉴욕과 서울을 3시간이면 갈 수 있는 초음속 비행기가 나온다고 하니 충분한 것에도 불만족스러워 머리를 계속 굴리는 우리 인간이 지금은 불가능해 보이는 텔레포트(순간이동) 기술을 마침내 성공시킬지도 모르겠다는 기대를 하게 된다. 서울에 살고 있는 사람이 갑자기 뉴욕의 소호거리에 가고 싶은 충동을 느낄 때 바로 그 자리에 갈 수 있게 되는 것이다. 물론 그렇게 되었을 때도 자본주의 생산체계는 소비자의 불만족을 일깨워 주는 것을 멈추지 않으리라 생각한다.

　매슬로우를 비롯한 심리학자들에게 있어서 욕구란 타고난 본능이며 필연적 성격을 지닌 동기이다. 반면 사회학자들은 욕구가 본능지향적이기보다는 사회지향적인 것이며 상호의존과 학습의 결과라고 생각한다. 에리히 프롬은 인간의 본능, 열정과 불안은 문화적 산물이라고 말한다.[5] 고정된 인간본성은 존재하지 않으며, 그렇기에 사회적 변화에 따라 변할 수 있는 것이라 보고 있다. 사회적 변화는 인간의 적응을 요구하는데, 그것은 두 가지로 분류될 수 있다. 하나는 정적인 적응이며 또 다른 하나는 동적인 적응이다. 정적인 적응은 말대로 변화를 무리 없이 그대로 받아들이는 것으로 부정적인 반응이 나타나지 않으며 개인의 내면에 어떤 영향을 끼치지 않기에 개인의 성격 형성과는 무관할 수 있다. 반면 동적인 적응은 개인의 심리와 성격에 영향을 주어 변하게 만든다. 자신의 본성과는 반대되는 행동을 하도록 외적인 혹은 사회적인 억압이 가해졌을 경우에 불만족과 불안을 겪게 되며 신경증이라는 병을 유발시키기까지 한다. 이는 외부 환경에 역동적으로 적응하는 과정에서 나타나는 것으로써 환경에 민감하게 반응하는 사람들에게는 더욱 심한 불안 증세를 초래해 약에 의존하게 될 수도 있다.

프롬은 이렇게까지 역동적으로 적응해야 하는 이유를 경제 환경의 변화에서 오는 것으로 보고 있다. 생물학적인 자기보존욕구를 충족시키기 위한 생활조건이 현대사회의 경제체제로 인해 급변하고 있기 때문이라는 것이다. 이는 프로이트가 인간의 문명화가 인간의 불안증을 증가시킨다는 『문명 속의 불만』에서 주장한 바와 비슷한 맥락이다. 그는 인간이 스스로 이룩한 문명 속에서 사회적 질서를 유지하기 위해 본능의 포기를 강요받게 되고, 이로 인해 불안과 신경증이 유발된다고 말한다. 키에르케고르는 문명의 발전과 불안의 증가는 비례한다고 주장한다.[6] 즉, 불안이 크면 클수록 그 문화는 깊이를 갖게 된다는 것이다.

욕구의 사회적 체계의 산물에 대한 보다 급진적인 생각을 피력한 학자는 사회학자인 쟝 보드리야르Jean Boudrillard인데, 그는 저서 『소비의 사회』에서 사회적 가치체계 속에서 구축된 인간의 욕구를 논하고 있다. 그는 현대사회에서 욕구란 사회적 생산체계의 산물이며 생산체계가 없으면 욕구는 존재하지 않는다고 주장한다.[7]

입장은 다르지만 사회학자와 심리학자들의 의견들은 서로 배타적인 것이 아니다. 서로 상호적인 관계를 지속시켜 나가면서 변화를 주도한다. 개인적으로 욕구하는 것, 즉 자기 보존 욕구인 성욕, 식욕, 수면욕 등은 문명화된 현대사회에서 학습과 사회화 과정을 통해 좀 더 세련된 형태로 나타나며 세련된 형태로 충족된다. 현대 소비사회에서는 기술의 진보와 자본주의 생산력이 결합하여 인간의 본능적 욕구를 우아하게 충족시켜줄 수 있다는 생각을 사람들에게 끊임없이 주입한다. (경영에서의 마케팅을 생각해 보라. 얼마나 현혹적이며 다채로운지!) 식욕이 왕성하다는 것, 혹은 식탐이 있다는 것은 현대사회에서 환영 받는 속성은 아니다. 소식을 미덕으로 아는 현대에서 식탐을 내보이면 미개인 취급을 받는다. 사실 우리가 가끔 게걸스럽게 먹곤 하는 것은 수렵채집 활동을 하던 원시 미개인의 유산이다. 언제 다시 음식을 먹을 수 있을지 몰랐기 때문에 음식을 발견하면 될 수 있는 한 그 자리에서 많이 먹어 치우는 것이 당시의 상황을 생각했을 땐 합리적인 생명유지 수단이었을지도 모른다. 그러나 그렇다고 원시사회의 유산을 그대로 답습할 수는 없다. 더 먹고 싶어도 참는 모습을 보이든지 아니면 원래 별로 많이 먹지 않도록 타고난 것처럼 보이든지 해야 교양 있는 사람처럼 보이고 존경 받는다. 그래서 음식광고를 할 때도 되도록이면 게걸스럽게 먹는 모습이 아니라 날씬한 사람들이 조금씩 천천히 그러나 맛있게 먹는 모습을 보여준다. 우아하게 본능적 욕구를 충족하라면서 말이다. 먹는다는 욕구를 충족시키지만 먹어도 살이 찌지 않을 것처럼 광고한다. 미개한 속성을 숨기면 숨길수록, 자연적 환경과는 반대되는 것에 적응할수록 문명화된 것이며 사람들은 이를 '교양'이라 생각하고 따른다. 그러나 그런 인간에게도 원시적 본능은 여전히 살아 있기에 문명과 교양이라는 명분은 우리를 더욱 생리학적인 불안증에 빠뜨린다.

광고를 좀 더 들여다보면 이것이 욕구를 자극하는 것보다 소비자가 의식하지 않아도 되는 불만족을 일깨우는 것에 더 혈안이 되어 있다는 것을 알 수 있다. 그들은 이것을 '잠재적 욕구의 발굴'이라 표현한다. 소유하지 않아도 될 것들을 만들어 내고 그것을 갖지 못하면 시대에 뒤떨어지거나 한 물 간 사람처럼 느끼게 만든다. 소비자들에게 불만족을 많이 느끼게 만들수록 훌륭한 경영인 혹은 마케터라 칭송 받는다. 현대의 생산체계는 사람들이 불편해하는 현재의 불만족과 제품을 안 쓰면 해결되지 않을 것 같은 불안정의 상태를 각성시킴으로써 자신들이 만든 제품이 이와 같은 심리적 불편감을 해소시켜 줄 것이라고 환상을 심어 주는 것에 대해 아무 죄책감이 없다. 광고의 대부분은 불만족이라 말하지 않고 '욕망'이라 표현한다. 아름다워지고 싶은 욕망, 빨라지고 싶은 욕망, 이기고 싶은 욕망, 지위에 대한 욕망 등으로 말이다. 현대사회에선 욕망을 추구한다는 것이 더 이상 추한 것이 아니라 오히려 사회적 성취를 이루는 데 필수불가결한 덕목으로 여겨지기 때문이다. 생산체계에서는 타고난 자연스러운 상태의 욕구를 가만두지 않고 비교하게 만들어 차이를 인지하게 만들도록 부추기고 자신의 상태를 불만족한 시선으로 보게 만들어 놓은 후 자신들의 제품을 통하여 자신들의 불만족과 불안정을 해소시키라고 만족시키라고 한껏 부추긴다. '당신은 지금 만족한 상태가 아니다. 뭔가 필요한데 그 뭔지 모르는 어떤 것을 우리들이 해결해주겠다'고 자신만만하게 말한다. 우리 제품을 사용한다면 당신은 만족스러운 상태가 될 수 있다는 상상을 한껏 불어넣는다.

욕망을 형성하는 데는 이러한 사회적 생산체계가 큰 영향을 끼친다. 태어나면서부터 부모로부터 시작하여 형제자매, 친족, 친구, 이웃 동료 등 수많은 관계로 확장되는 사회적 관계와 교육으로부터 얻어지는 정보, 그리고 대중매체를 통해 부지불식중에 인지되는 상업적 광고에 노출되어 살고 있으면 어쩔 수 없이 욕망과 불만족은 지속적으로 생겨날 수밖에 없다. 욕구란 불만족과의 끊임없는 상호작용에 의해 생성된다고 볼 수 있다. 현대 소비사회는 나와 다른 남에 대한 호기심, 선망, 질투 등이 모든 것이 욕구로 전환되어 소비제품들이 이를 만족시켜줄 수 있다고 기대하고 자신의 제품들을 욕망하도록 사람들을 세뇌시킨다.

아는 게 병, 모르는 게 약

따뜻하게 데워진 젤리 도넛… 그걸 오븐에서 꺼냈을 때 나는 냄새를 당신은 알고 있어요. 도넛을 한입 베어 물었을 때의 젤리의 맛… 기름종이를 타고 흘러 떨어지는 부드러운 젤리… 부드럽고 둥근 빵을 덮고 있는 하얀 설탕… 자, 이제 정말 중요한 겁니다. **도넛에 대해 아무것도 생각하지 마세요!** 그랬을 때 무슨 일이 일어날까요?

젤리 도넛 은유Jelly doughnut metaphor는 수용-전념치료Acceptance and Commitment Therapy의 창시자인 미국 네바다 대학교 심리학과 교수 스티븐 헤인스Steven Hayens가 불안장애를 치료하기 위한 노출요법의 하나로 고안한 것이다.[8] 도넛의 맛을 알고 있고 경험해 본 사람들은 상상하거나 말로 듣기만 해도 입에 침이 고이는 등의 생리적인 반응을 나타낸다. 도넛을 생각하지 말라고 해도 이미 이 생리적인 느낌을 조절하거나 통제하기 힘들다. 만약 생각을 계속 억제한다면 불안증세가 된다.

현대인은 너무 많이 안다. 그래서 불안하다. 아무것도 모르는 사람들은 욕구하지 않는다. 알면 알수록 보면 볼수록 욕구한다는 말은 나의 실제와 타인의 세상이 다르다는 것을 깨닫게 되어 이 괴리를 극복하고 더 나은 상태를 이루고 싶어 하게 된다는 것을 뜻한다. 빨간 구두를 보기 전에는 그것이 무엇인지, 예쁜지, 무엇을 의미하는지 모른다. 그래서 욕구하지 않는다. 그러나 보고 나면 갖고 싶다는 생각을 하게 되는데, 그 이유는 구두가 아름답다고 느꼈기 때문이다. 그리고 그것을 갖지 못했다는 것을 몸소 확인했기 때문이다. 만약 그 빨간 구두가 원래 날 때부터 있었던 것이거나 바로 얻을 수 있는 것이라면 구두에 대한 욕망은 없다. 그러나 없었던 것이고 어떤 식으로든 쉽게 가질 수 없는 것이기에 불만의 상태가 되며 계속해서 욕망하지만 그 성취에 대한 제한을 알거나 느끼기에 불안을 느끼게 된다. 즉, 갖게 될 수 있는 가능성을 가늠해 보는데, "가능성이 우리를 불안하게 만든다"는 키에르케고르의 말이 진실임을 느끼게 된다.

눈에 좋아 보이는 것, 좋은 소리, 좋은 냄새, 촉감, 우리가 인간으로써 갖추고 있는 이 감각들로 인해 욕구와 욕망을 느낀다. 문명이 발전할수록 오감으로 느껴지는 많은 것들이 더욱 많이 생산된다. 더불어 이에 대해 아는 것도 많아지고 생각도 많아지게 된다. 생각이 많아진다는 것은 어떤 의미에선 문명의 발전에 도움을 주지만 인간의 본능을 억제하는 통제력을 행사하기에 개인에게 부정적 영향을 끼치기도 한다. 그래서 키에르케고르는 정신, 즉 생각은 불안과 관련되어 있으며 마음과 육체 사이의 훼방꾼이라고 말하고 있다.[6]

> 정신(생각)이 존재하는 한, 그것은 어떤 의미에서는 적대적인 힘으로서 존재한다. 왜냐하면 정신은 마음과 육체 사이에서 줄곧 훼방을 놓기 때문이다. 마음과 육체는 관계가 있다고도 할 수 있고, 정신이 가해져야 비로소 관계가 생긴다는 의미에서는 관계가 없다고도 할 수 있다. 정신은 다른 면에서 이 같은 관계를 중재하려 하고 있는 것이다.

젤리 도넛 은유가 의미하는 바도 이것이다. 육체는 도넛의 감미로운 맛을 경험으로 알고 있다. 그래서 듣는 순간 즉각적으로 신체반응을 일으켜(육체) 먹고 싶은 욕망이 일지만(마음), 정신(생각)은 그것을 통제하고 있다. 그래서 이 부조화가 불안을 일으키게 된다. 많은 정보에 무제한 노출되어 그것의 진위에 대해 항상 모호성을 떠안고 사는 현대인들에게 불만족과 불안은 아마도 필연적일 수 있다.

자동화

욕구는 행동의 원천이지만 많은 욕구들은 세대를 지나면서 자동화되었다. 기대하지 않고 하는 행위는 없다. 의식적이든 무의식적이든 행위를 하기 전에 우리는 기대라는 것을 한다. 무의식적인 기대는 이미 모든 생물이 태어날 때부터 종의 특성에 맞게 지니고 태어난다. 이는 나름대로 생존에 필요한 적합한 지식에서 오는 것이다. 육식동물이 고기만을 먹고 초식동물이 식물만을 먹으며 잡식동물은 고기와 식물 모두 먹는 것은 누가 가르쳐서 그렇게 되는 것이 아니다. 각각의 생물은 그렇게 살도록 태어나게 되었으며 이는 원초적인 기대가 된다. 육식동물은 사냥을 하러 다니고, 초식동물은 풀만을 찾아 헤매며 같은 방식으로 생존을 위한 투쟁을 끊임없이 이어간다. 마치 물리의 세계에서 관성의 법칙이 작용하는 것처럼 말이다. 한 방향으로 움직이는 물체는 그 방향으로 계속해서 움직이려고 한다. 정지되어 있는 것도 마찬가지다. 별다른 외부 압력이 가해지지 않는 한 그 상태로 머무르려 한다. 관성의 법칙과 비슷한 속성이 모든 생물에게도 있다. 이것을 현상유지Status quo라고 한다. 현재의 상태가 괜찮다면 굳이 바꾸려 하지 않는 습성이다. 행위가 만족할 만한 결과를 가져왔다면 같은 상황에서 다른 선택을 하지 않을 것이다. 그것이 습관과 현상유지 성향으로 이어진다. 모든 생물은 지금의 상태가 최적이기에 현재를 살고 있다.

인간의 자동화란 태생적인 것 이외에도 성장하면서 하는 각성과 노력의 정도에 따라 결정되는 경향이 있다. 자동화로 인해 사람들은 자신의 행동 혹은 타인의 행동을 예측할 수 있다. 한 남자가 아침에 일어나 얼마 전 구매한 비싼 오디오 시스템으로 클래식 음악을 켠 뒤 시사주간지를 넘기면서 따뜻한 커피와 빵을 먹는 행위로 인해 하루의 능률이 올라가는 것을 경험했다면 계속해서 그 행위를 할 것이다. 생활의 패턴이 생기는 것이다. 다른 사람들은 이 패턴 덕분에 매일 아침 그가 무슨 행동을 하는지 예측하고 그가 어떤 직업을 갖고 있는 사람인지 추론할 수 있게 된다. 그 행위자는 다른 사람들에게 아침을 우아하게 보내는 사람으로 범주화되어 인식된다. 클래식 음악을 듣는 행위는 대중 음악을 듣는 행위와는 차별화되어 있다. 또한 아침에 클래식 음악을 들을 수 있는 여유는 흔한 것이 아니기에 그의 행동은 소수가 하는 우아한 행동이 될 수 있다. 행위자가 우아한 사람이라고 범주화하고 나면 우리는 그 사람의 전반적 행동이 어떨지까지 대충 예상한다.

예상할 수 있다는 것, 혹은 패턴인식은 우리에게 인식의 편안함을 가져다 준다. 주변의 사물들이나 세상의 일들을 자기 나름대로 범주화시켜 놓고 예측을 하는 것이 인간의 습성이다. 편견, 선입견, 고정관념 혹은 스테레오 타입 등이라 불리는 것들이 인간의 이런 습성에서 비롯되었고 노벨 수상자인 허버트 사이먼Herbert Simon은 이런 습성이 생기는 이유를 제한된 합리성Bounded rationality 때문이라 했다.[9] 우리는 상황을 판단하고 선택할 때 모든 정보를 고려하면서 분석하지 못한다. 우리가 숭배하는 이성은 결국 한계가 있기에 우리는 자신이 경험한 것을 바탕으로만 사물을 인지한다. 경험하지 않은 패턴은 인지하지 못한다. 우리가 무엇인가에 기대를 하는 이유는 어떤 방식으로든 그것에 대한 정보가 있기 때문이며 어떤 패턴이 나름대로 인식되었기 때문이다. 기대하지 않은 행동이나 패턴이 감지되어 그에 대한 반응의 결과가 좋은 것이면 채택한다. 그리고 이것이 패턴을 바꾸는 동기(기대)가 된다. 반면 그 결과가 부정적인 것이라면 피하게 된다.

예상된 행동패턴이 습관화되며 잘 없어지지 않는 이유를 우리의 뇌의 작용에서 알아낼 수 있다. 수십 년간 인간의 뇌를 연구해 온 MIT 신경학과 교수인 그레비엘Ann Graybiel 박사는 대뇌기저핵Basal ganglia 부분이 이 역할을 담당하는 것을 발견했다.[10] 기저핵은 전뇌Forebrain에 위치해 있으며 여러 피질핵 부분을 포함하고 있다. 기능적인 분류로 보았을 때 미상핵Cauate nucleus, 조가 비핵Putamen, 편도체핵Amygdalar nucleus, 미상핵미The tail of caudate nucleus, 측좌핵 Nucleus accumbens, 시상하부핵Subthalamic nucleus 등을 포함한다. 기저핵에 입력된 반복된 행위는 그 행동을 야기한 상황이나 비슷한 상황과 마주치면 발현되게 된다. 그레비엘 박사는 이 행동은 보상이 없어지면 소멸되게 되지만 만약 같은 보상이 주어지면 특별한 주의나 각성 없이도 자동적으로 나타난다는 것을 알아냈다. 이것은 습관화된 행동의 자동화를 말하며 이 행동은 보상이 없어지면 휴면상태에 들어갈 뿐 완전히 없어지지 않음을 의미한다.[10]

그레비엘 박사는 행동의 '청킹Chunking'이라는 개념을 제시했는데 이는 한 행동의 연속성을 뜻하며 관련된 것들은 한 중심을 축으로 모으는 것을 말한다. 최초의 개념은 1956년 심리학자인 밀러George Miller박사가 제시하였고 인간이 유입한 정보를 기억할 때 쓰이는 방법으로 내적으로 연관성이 있는 것들을 하나로 뭉쳐서 외우는 것을 의미한다.[11] 예를 들면 졸리다, 하품하다, 기지개를 펴다, 코를 골다, 잠꼬대를 하다 등등을 처음 외울 때 '자다'라는 핵심 행위를 중심으로 한 묶음으로 연관 짓게 되면 수월해진다. 즉, 잔다라는 단어를 통해 연관된 단어들을 역으로 떠올릴 수 있게 된다. 그레비엘 박사는 이는 기억뿐만 아니라 행위를 설명하는 데도 유용하다고 말한다. 한 가지 행동을 할 때 같이 하는 부수적인 행동들은 하나의 단위다. 차를 타면 자동적으로 안전벨트를 착용하고 시동을 걸고 접혀 있던 사이드미러를 펴고 주위를 살펴보고 천천히 움직이는 것이라든가 힘든 하루를 보내고 집으로 들어와 리모컨을 들어 텔레비전을 켜고 손을 씻고 부엌으로 들어가 냉장고를 살피는 행동 등을 말한다. 학습에도 청크의 개념이 많이 이용된다. 특히 외국어를 배울 때 단어의 의미를 필수불가결하게 외워야 할 경우 단어 하나하나를 개별적으로 외우는 것이 아니라 의미 있는 조합을 만들어 내어 외우면 자동화의 덕을 볼 수 있다.

자동화는 어떤 것이 우리에게 커다란 손해를 끼친다는 생각을 하지 않는 한 계속적으로 같은 상황에서 같은 행동을 하게 한다. 처음엔 주의를 요하는 새로운 정보들을 지속적으로 반복하다 보면 쉬워진다는 것을 알게 된다.

언어습득, 타이핑, 수학공식 외우기, 피아노나 바이올린과 같은 악기 연주, 운전 등 셀 수 없이 많다. 주로 학습을 통하여 얻는 많은 지식들이 지속적인 노출과 반복적 행위로 인식의 자동화를 이루게 되며 이는 무의식적인 기대 감으로 이어지고 생각의 자동적 범주를 이루게 된다. 바이올린을 처음 접할 땐 너무 어렵다. 수학공식도 그러하며 외국어 학습도 처음엔 너무 어렵다. 그러나 계속적인 반복학습이 일어나면 어느 정도 수월해지게 된다. 보상과 처벌이라는 자극으로 반응한 초기의 행동들이 상벌이 없이도 행해지고 신체 어떤 기관에도 자극되지 않게 이루어진다면 자동화가 된 것이다.

그런데 자동화는 지속되면 어느 순간 적응이 되며 그것이 더 이상 새로움을 주지 못했을 땐 어떤 감흥도 일으키지 않는다. 자극이 신체의 어떤 기관에 대해 반응하지 않게 되었기 때문이다. 감흥이 떨어진다는 말이 이때 사용되는데 인간은 같은 자극에 지속적으로 노출되면 결국에는 어떤 반응도 보이지 않게 된다. 무심해진다. 우리 몸의 기관들이 자극에 적응되었기 때문이다. 또한 자극에 반응하는 기관들이 스스로 훈련되어 자동시스템으로 넘어가서 그 행동을 할 때 예전처럼 특별한 주의나 에너지를 필요로 하지 않는다.[12] 눈을 감은 채 정확하게 음을 집어내는 바이올리니스트나 피아니스트 등의 연주가들을 보면 경이롭다. 만약 이 자동화가 없다면 우리는 멋진 음악 연주를 들을 수 없었을 것이며 세계는 전혀 말이 통하지 않는 단절된 사회가 되었을 것이고 어려운 수학문제는 영원히 풀지 못했을 것이다.

자동화와 문명

완벽히 자동화된 행동으로 우리는 무엇을 기대하는가? 손가락을 완벽히 움직이며 박자와 강약을 맞추는 것은 모든 피아니스트들에게 당연히 요구되는 스킬이다. 자동화된 손가락의 움직임으로써 피아니스트가 성취하려는 것은 숙련도를 자랑하는 것이 아니다. 자신이 느낀 감흥을 공유하는 것이다. 이것이 그들에게는 기대가 된다. 자기가 피아노를 칠 때 느낀 감정을 다른 사람과 나누고 싶다는 욕구나 기대 없이 치는 피아노 곡은 그저 잘 프로그램 된 기계가 연주하는 것과 다름없다. 감정의 공유가 피아니스트나 그 외 음악가들이 이루고자 하는 목표이다. 그것을 우리는 관심 혹은 열정이라고 일컫는다. 30년 간의 운전경험, 혹은 30년 간의 타자 경험 등은 감정의 공유라는 것과 상관 없다. 이것들의 자동화는 그것을 바탕으로 한 다른 것을 기대할 수 있다는 의미가 있다. 30년 간의 타자 경험은 빨리 스쳐 지나가는 생각들을 좀 더 정확히 잡아내어 글 쓰는 속도를 높이기 때문에 작업을 수월하게 하여 결과물을 좀 더 일관되게 제시할 확률을 높인다. 30년 간의 운전경험은 많은 길을 숙지했기에 다른 길로 가는 것에 대한 두려움을 없애 주고 운전할 때 주변상황을 좀 더 빨리 정확하게 포착할 수 있기에 위험을 줄일 수 있게 된다. 이는 이성적인 행동이 아니다. 물론 처음 시도할 때는 특별한 주의력을 요하는 어려운 행위였겠지만 수많은 반복과 노력 끝에 주의를 요하지 않고도 할 수 있는 능률적인 것이 되었다. 만약 이 자동화된 패턴에 갑자기 이성적인 인지가 끼어든다면 혼란스러울 것이다. 쉬운 예로 자주 로그인하는 웹사이트의 비밀번호나 집 현관문의 비밀번호를 떠올리면 된다. 번호를 누르는 손가락은 웹사이트가 나타나면 예전에 향했던 방향으로 자연스레 움직이게 된다. 집 현관 비밀번호도 마찬가지이다. 그런데 갑자기 누가 비밀번호를 물어본다거나 하면 떠오르지 않을 때가 있다. 혹은 노래 가사를 통째로 외워 자동적으로 나올 만큼 연습했는데도 중간에 무슨 사유로 인해 끊기거나 하면 처음으로 다시 되돌아가는 경험을 해 보았을 것이다. 자동화는 무의식의 과정이므로 인지적인 사건이나 상황을 자동화에만 맡겨 버리면 난처한 경우에 처하거나 극단적으로는 죽음을 초래하는 끔찍한 사건을 겪게 될 수 있다. 이러한 이유로 뇌를 연구하는 과학자나 심리학자들은 인지의 자동화에 대한 경고를 한다.

그러나 자동화가 우리에게 주는 이점을 간과하면 안 된다. 자동화는 빠르고 좀 더 정확한 직감을 발달시키는 초석이 된다. 주지했다시피 자동화를 이루어 놓은 행동에 이성적인 개입을 하면 오히려 일관성을 잃어버린다. 행동경제학자인 댄 에이리엘리Dan Ariely는 그의 동료들과 함께 이것을 실험하였다. 그는 상품의 선택에 있어서 상품을 보고 빠르게 느낀 감정적 판단과 직관이 상품의 선호에 대한 지속적인 일관성을 낳는다고 결론을 내린다.[13] 진화심리학은 감정과 직관이 일종의 자동화된 뇌의 패턴이라 여긴다. 어떤 상황에 느끼는 감정과 그에 대한 자동화된 행동은 수백만 년 동안 비슷한 상황에 노출되어 다가가고 피하기를 반복하면서 뇌에 프로그램된 것이다. 따라서 대상과 상황에 대한 판단은 영겁으로 반복되었을 경험으로 프로그램된 뇌의 작용으로 이뤄지며 이는 감정적이며 직관적이지만 이성보다 더 빠르고 더 정확하다는 입장이다.[14] 진화심리학에 대한 학자들의 관심으로 직관과 감정이라는 자동화의 정확성이 많은 실험으로 증명되었지만 이것은 과학이 지금처럼 발달하기 이전에도 철학자들이 이미 숙고했던 것이다. 쇼펜하우어는 『의지와 표상으로서의 세계』[1]에서 감각의 정확도와 이성개입의 단점에 대해 논한다.

이성, 즉 반성이 개입되면 주의가 분산되어 사람을 혼란시키기 때문에 행동이 불안정하게 된다. 그 때문에 사고하는 데 그리 익숙하지 않은 야만인이나 미개인은,

사실 숙고로 인해 마음이 흔들리고 주저하느라 반성적인 유럽인이 도저히 따라갈 수 없는 정확성과 속도로 몇 가지 신체 운동을 하고 동물과 싸우며 활을 쏘곤 한다. 예컨대 유럽인은 올바른 장소나 지점을 그릇된 양극단의 등거리에서 찾으려고 하지만, 자연인은 옳은 길에서 벗어나지 않을까 반성하지 않고도 직접 올바른 지점을 맞히기 때문이다.

이성적인 능력은 상황을 인지하고 판단하는 데 아주 중요하며 인간이 발전을 이룰 수 있도록 해준 일등공신이지만 감정과 직관적 평가만큼 선호도와 자동화에 영향력을 행사하지 않는다. 이성은 직관이나 감성을 설명하기 위해 존재한다. 오감을 통해 느껴지는 정보의 전달은 이성보다 빠르며 직관이란 것은 자신의 경험을 나름대로 뇌 속에 범주화시켜 필요할 때 주관적으로 쓰는 분석이다. 경험했던 것을 나름의 직관으로 사용하게 되는데 만약 빠르게 결정해야 하는 순간에 외부의 잡다한 정보까지 긁어 모아 판단하려 한다면 그만큼 결정력이 느려지게 되며 기회를 잃게 된다.

만약 자동화 상태에 머물렀다면 동물의 습성과 비슷해졌을 것이지만 행동을 명령하는 인간의 뇌는 여러 이유로 현상유지에 대한 권태감을 느끼게 만들었다. 권태감은 인간이 자극을 찾아 헤매게 만든다. 자극으로 인한 각성으로 인해 행동하게 하는 것이다. 자극이 없는 삶은 통증으로부터 오는 각성 증상처럼 고통스럽다는 것을 안다. 너무 많은 자극과 그로 인한 높은 각성은 불쾌하다. 찢어지는 듯한 소음, 어디서 들려오는지 모르는 공구 소리, 사고로 인한 신체적 고통은 인지적·신체적 각성을 초래하며 인간은 이것들을 최대한 빨리 없애고 싶어한다. 그런데 지속적인 자극이 없는 상태도 이러한 고통을 야기한다. 건강한 사람이 빛이나 소음 등이 차단된 깜깜한 방에 오래 갇혀 있다고 생각하면 이해하기 쉬울 것이다. 각성을 잠재우려 잠시 동안 명상을 위해 자발적으로 들어가 쉴 때면 어느 정도 효과를 얻을 수 있겠다. 그러나 어떤 이유로든 이런 자극 없는 환경에 길게 노출되어 있으면 고통을 느끼게 된다. 실제로 실험을 통해 오랫동안 자극이 없는 상태에 있었던 사람들은 불안감이나 우울증을 겪게 된다는 연구결과도 있다.[15, 16]

권태감과 지루함을 안겨 주는 자동화는 감정적으로 불만족한 상태로 만들기에 우리는 항상 새로운 것을 찾아 나서게 된다. 새로운 물건, 타지로의 여행, 새로운 인간관계, 새로운 공간, 새로운 지식 등 인지적으로 혹은 감성적으로, 육체적으로 새로운 것을 끊임없이 원한다. 자동화는 우리가 고도의 문명을 이룩할 수 있도록 하였지만 습관적인 행동을 반복한다는 것에 대한 지루함과 권태감을 경험하지만 이를 느낀다는 것은 살아있음을 뜻하는 것이며 이는 새로운 성장동력이 된다. 인간은 자유로운 두 손과 긴 다리, 영리한 두뇌를 이용하여 인지적으로 혹은 지리적으로 한 곳에 머물러 타성에 젖는 나태함을 타파하고 성장을 이루어 내도록 설계되었다. 이러한 특성은 인류가 자연으로부터 오는 혜택에 만족하지 않도록 했고, 동시에 자연재해로 오는 재앙에도 굴복하지 않으며 환경을 이용하여 문명을 이룩하도록 했다. 결국 지구 상 모든 동물의 최상위 포식자로 군림하며 살아오고 있는 원동력이 된 것이다.

기대와 불만족

만족과 불만족을 가늠하는 단순한 법칙이 있다.

기대 - 현실적 결과 = 만족, 아니면 불만족

만약 현실의 결과가 기대만큼이라면 만족의 상태가 되며, 결과가 기대보다 높았다면 의외의 만족 상태가 되어 그 결과를 초래하게 된 행위들은 강화된다. 그러나 현실적 결과가 기대만큼 못 미치면 불만족의 상황이 되고야 만다. 따라서 기대를 어떻게 형성시키느냐가 행동의 결과에 많은 영향을 주게된다. 물론 행위를 어떻게 하는가도 관건이겠지만 기대는 행위에 앞서기 때문에 기대를 조율할 수 있는 능력이 만족도를 더욱 많이 좌우할 수 있겠다. 실제 심리치료 중 하나인 인지행동요법 중에서도 기대치와 목표를 낮추는 것이 개인의 만족감을 높이는 행복수련의 항목으로 되어 있다. 그러나 문제는 얼마만큼의 기대치가 적절한지 알 수 없다는 것이다. 포기하면 삶이 쉬워질수 있다고 한다. 포기한다는 것은 기대를 없애고 주어진 상황대로 사는 것이다. 특별한 목표나 기대 없이 그냥 현재에 만족하고 더 이상 무언가를 바라지 않을 때 마음의 평화가 찾아올 수 있다. 그러나 그것이 진정한 만족일까? 포기함으로 오는 만족은 일시적인 것이다. 또한 그것은 자신의 생각과 행위를 정당화시키는 한 방편일 뿐이다. (정당화는 신이 인간에게 주신 최대의 선물인 것 같다.) 태어날 때부터 생득적으로 사물에 대한 기대를 갖고 태어나는 우리는 항상 더 좋은 것을 바라게 되어 있다.

그러나 모든 사람이 같은 기대를 하고 있는 것이 아니다. 앞서 논의한 대로 타고난 추리능력, 인지능력과 그리고 그것의 한계, 내재적 동기 그리고 자동화가 기대를 낳으며 이 기대는 환경에 따라 다양해진다. 기대를 형성하는 이러한 변수들이 사물, 사건에 대한 태도와 통제력에 영향을 미치게 되며 결국은 실제행위를 하는 단초가 된다. 심리학자 아이섹 아젠Icek Ajzen은 합리화된 행동이론Theory of reasoned action과 계획된 행동이론Theory of planned behavior에서 행위를 실제로 하게 되는 이유는 마음가짐, 즉 의도Intention인데 이 의도는 태도Attitude와 주관적 규범Subjective norm, 그리고 지각된 행동적 통제Perceived behavioral control 등에 의해 영향을 받는다고 주장한다.[17] 태도라는 것은 사물, 사람 혹은 사건에 대한 믿음과 호불호를 말한다. 주관적 규범은 자신을 둘러싼 주변인들에 의해 영향받는 정도를 말하며 지각된 행동통제는 실제 특정 행위에 대해 자신이 인지한 수월성의 정도를 말한다. 예를 들면 프랑스로 여행을 떠나는 것을 생각해 보자. 정말 내가 프랑스를 갈 것인지는 의도에 달려 있는데 프랑스에 대한 선호도가 강할수록, 주변인이나 혹은 타인이 내가 프랑스로 여행을 떠나는 것에 대해 부러움이나 혹은 긍정적인 반응을 보인다고 생각할수록 여행을 가려는 의도는 강해진다. 그리고 그 여행을 하는 데 드는 자금이나 시간, 동행자 등의 다른 여건들을 얼마나 수월하게 마련할 수 있느냐가 더해지면 의도는 더욱 강해진다. 의도가 강해질수록 아주 특별한 경우를 제외하면 행위로 이어진다.

태도, 주관적 규범, 지각된 행동통제 등 의도를 형성하는 변수들은 경험과 정보를 분석하는 개인적 능력의 산물이다. 같은 상황이라도 다르게 처신하는 것은 사람들이 가진 유전자와 그것을 바탕으로 한 행위에 대한 믿음과 평가, 외적인 환경이 다르게 형성되었기 때문이다. 프랑스라는 나라와 여행에 대한 선호도나 믿음은 사전에 본인이 그것들에 대해 무엇을 알고 느꼈느냐에 따라 다르다. 주관적 규범 역시 주변인들이 어떤 사람이며 자신이 무엇에 의해 영향을 받는지가 다를 수 있고, 지각된 행동통제 역시 시간과 돈이 많다고 여행을 하려는 의도가 강해지는 것이 아니므로 다양화될 수 있다. 어떤 이는 여유로운 자금과 시간을 다른 데 투자할 수도 있다.

의도의 구성요소인 태도, 주관적 규범, 지각된 행동통제를 좀 더 분석하다 보면 더 깊숙이 내재되어 있는 법칙을 추출해 낼 수 있는데 다음 장에 소개하려는 쾌락법칙과 현실법칙이다. 쾌락법칙은 행동을 함에 있어서 즉각적인 만족을 추구함을 말하며 현실법칙은 타인 혹은 사물간의 관계를 좀 더 장기적 안목으로 파악하여 계획하며 그로 인해 행위에 대한 만족을 지연시킬 수 있는 것을 의미한다. 후자는 호모 사피엔스, 그러니까 현생 인류의 독보적 특징이다.

태도를 형성하는 것은 결과에 대한 믿음과 선호도라 하였는데 이는 쾌락법칙을 따라 여러 번 반복하게 되면 자동화로 이어지게 된다. 그리고 행위의 수월성도 반 정도는 설명될 수 있다. 대부분의 동물들이 이것에 의해 행동한다. 생존경쟁을 해야 하는 야생 생활에서 동물적 감각은 환경에 적응한 결과로써 각각의 종들이 살아남기 위해 최적화된 조건들이다. 특히 행위의 수월성은 목표에 다가가고 피하는 기본 법칙을 가늠한다. 쉬우면 다가가고 어려우면 피하는 것이다. 주관적 규범은 현실의 법칙과 연관이 있다. 이는 타인의 생각, 행동, 혹은 외부적 환경을 잘 분석해 내야 함을 의미한다. 나와 다른 타인의 생각과 활동이 나의 행동에 영향을 줄 수 있다는 생각을 하며 계산을 하는 것이다.

어떠한 행위를 하건 만족 혹은 불만족을 낳게 된다. 습성화 혹은 습관화된 동물의 행위는 만족의 결과물이다. 습관화된 행위는 동물의 세계에서는 환경이 변화하지 않는 한 쉽게 바뀌지 않는다. 이와는 달리 불만족은 다른 행위를 야기시킨다. 아무도 불만족한 상황을 계속하려 하지 않는다. 그래서 그 행위는 피하게 되며 결국 소멸되고 만다. 그러나 달리 생각해 보면 불만족한 상황에서 어떻게 행동하느냐가 동물과 사람을 구분하게 만들며 나아가 사람들 사이에서는 인생을 좌우하게 만든다. 맨 위에 제시한 단순한 법칙을 볼 때(기대-현실적 결과=만족, 불만족) 만약 기대가 없다면 현실은 의미가 없어진다. 동물은 생물학적으로 타고난 기대, 즉 종족의 특성과 유전적 속성인 본능을 따라 움직이기에 현실적 결과물은 정해진 환경에 따른 본능의 충족

그 이상의 것도 아니다. 그러나 인간은 기대를 만들어 내는 재주를 갖고 있기에 불만족이 더욱 두드러지게 존재할 수밖에 없다.

불만의 각성

열매를 따 먹고 생활하는(한때 인류와 같은 조상을 공유했던) 아프리카 침팬지는 현재도 근근이 삶을 이어가고 있다. 기후가 메말라 가고 있다고 해도 여전히 아프리카 초원의 삶은 그들이 새로운 먹이를 찾아 습관을 변화해야 할 만큼의 자극을 주지는 않는가 보다. 아니, 열매나 조그마한 초식동물을 먹을 수 없을 만큼 궁해진다고 해도 과연 그들이 인류처럼 아프리카를 탈출할 생각을 하겠느냐 하는 것은 의문이다. 더 이상 아프리카 열대림과 초원이 먹을 것을 주지 않는다면 아프리카에 사는 침팬지는 전멸하지 않을까? 그러나 인류는 다르다. 아니 달랐다. 250만 년 전 오스트랄로피테쿠스라는 인류의 선조는 호모에렉투스와 네안데르탈인으로 진화했고 각각 아프리카를 빠져 나와 에렉투스는 아시아, 네안데르탈인은 지금의 유럽을 자신들의 서식지로 만들어 버렸다. 그리고 약 7만 년 전 현생 인류인 호모 사피엔스도 아프리카를 떠나왔다. 호모 사피엔스는 더 나아가 호주까지 진출하는데, 역사학자들은 이를 인류의 달 착륙과 비교할 정도로 획기적인 역사적 사건이라고 말할 정도다. 아프리카를 떠나 다른 대륙으로 이동한 인류는 주로 걸어서 목적지에 도달했지만 호주는 지리적으로 볼 때 그것이 불가능했다. 대륙과 너무 멀리 떨어져 있는 섬이었기 때문이다. 당시엔 배도 항해기술도 없었다. 그렇다면 뗏목과 같은 것을 만들어 가야 했다. 오랜 시간이 걸려야 도달할 수 있는 그곳에 어떻게 험난한 바다를 극복하고 뗏목 같은 것으로 호주에 도착했는지 경이로울 정도다.

아프리카를 떠나왔을 때 여러 번의 빙하기를 거쳐서 예전보다는 먹잇감이 부족했을 수 있지만 그래도 살아갈 수는 있었다. 그런데 네안데르탈인도 에렉투스도 사피엔스도 다 떠났다. (에렉투스와 네안데르탈인은 호모 사피엔스가 자신들의 서식지인 유럽과 아시아에 도착하면서 멸종하고 만다.) 물론 같은 호모라도 신체적 특징은 조금씩 달랐지만 가장 중요한 직립보행, 불의 사용, 도구의 사용이 가능하다는 면에서는 같았다. 결국 승자는 호모 사피엔스로 현재 지구의 70억 인구를 자랑하며 먹이사슬의 맨 꼭대기에 위치해 있다. 앞서 언급했지만 아프리카를 탈출하게 된 여러 가지 요인이 존재할 수 있다고 했다. 신체적 장점과 유전적 요인 등이다. 그러나 점점 더 전진했던 이유는 만족하지 않았기 때문이 아닐까? 또한 기대라는 미래를 향한 욕구로 인한 불안도 한몫 했을 것이다. 만족의 상황에서 사람들은 행동을 바꾸려 하지 않고 편안함에 기대어 경험적 판단과 사고를 하는 행동경향이 있는 반면 불만족과 문제의 상황에서 사람들은 더욱 분석적이 되며 많은 정보를 여러 각도에서 판단하려는 인지작용이 활발해지게 된다.[18] 불만족하며 우울한 정서를 갖고 있는 사람은 설득적 메시지를 더욱 체계적으로 사용하며 편견이나 정형화된 정보에 의존하지 않는다.[19]

또한 모험도 단행한다. 행동경제학이 밝혀낸 인간 행위의 선택 특성으로 보자면 불확실한 상황에선 인간은 위험을 감수하여 더 많은 것을 얻을 수 있는 선택을 한다.[20] 예를 들면 1억을 얻을 5퍼센트의 선택과 30만 원을 얻을 100퍼센트의 선택 중 대부분의 사람들은 전자를 선택한다. 확실히 얻을 수 있는 30만 원 보다는 위험을 감수하고라도 1억 원을 얻을 수 있는 작은 확률에 희망을 거는 것이다. 만약 확실히 30만 원을 얻었다 해도 자신에게 주어졌던 1억을 얻을 기회를 놓친 것을 더 후회하게 된다. 이로 미루어 볼 때 잃을 것이 별로 없었던 수렵채집 활동을 하던 원시인들에겐 조금이라도 희망을 주는 기대나 메시지가 있었다면 위험을 감수하는 모험적 행동을 마다할 이유가 없었을 것으로 추측할 수 있다.

인간의 불만족을 통한 인지작용의 발달과 모험심과 더불어 자신들이 가진 신체적 특징이 탈출을 부추겼을 수도 있다. 무엇인가 더 좋은 것이 있을 거라는 기대의 감정은 언어를 사용하여 여러 가지 상황을 상상할 수 있는 능력을 지닌 사람들에게 아프리카 저 너머에는 굳이 힘들게 사냥을 하지 않아도 먹을 것이 풍부한 낙원이 있을 수 있다는 생각을 하게 했고 이것이 현실세계에 대한 불만족을 가중시켰을 수 있다. 그래서 그럭저럭 만족했던 사람들은 남아 있게 되었고 새로움에 대한 동경으로 불만족을 크게 느낀 사람들은 탈출을 하게 되었을 것이라는 생각이 든다.

변화의 요인

2005년 스탠포드 대학에서 했던 애플사의 창립자 스티브 잡스Steve Jobs의 졸업연설은 대부분의 사람들이 부정적으로 생각하는 죽음과 불만족의 중요성을 인지시킨다.

> 내가 곧 죽을 것이라고 기억하는 것은 내 생애에 중요한 선택을 했을 때 나를 도와준 가장 중요한 무기이다. ⋯ 당신이 죽을 것이라는 것을 기억하는 것은 당신이 허무하게 잃게 될 무엇인가에 대해 집착하는 것을 피할 수 있는 최선의 방법이다. ⋯ 죽음은 모든 생물에게 있어서 가장 좋은 발명품과 같다. ⋯ 죽음은 변화시키는 요인이다. ⋯ 죽음은 오래된 것을 쓸어내고 새로운 것에 길을 내어준다. ⋯ 여러분은 지금 새로움에 속하지만 아쉽게도 점점 늙어갈 것이며 결국은 없어질 것이다. ⋯ 이것은 너무나 극명하다.

만약 필자가 제시한 기대, 행동, 습관의 삼순환에서 한 가지 예외가 있다면 바로 죽음을 대하는 우리의 태도다. 죽는다는 것은 누구도 부정할 수 없는, 행위의 마지막 단계이다. 행위의 반복과 습관이라는 것은 더 이상 이어지지 않는다. 그런데 우리는 죽는다는 것을 알면서도 마치 영원히 죽지 않을 것처럼 하루하루를 살아간다. 그러면서 진정한 내 것을 찾지 못한 채 외부적인 것들에 이리저리 흔들리며 시간을 낭비하며 보낸다. 잡스는 그의 연설에서 췌장암 말기라는 진단을 받아 6개월밖에 살지 못한다는 사형선고를 받은 것이 죽음의 중요성을 각성하는 계기가 되었으며 오늘 하루가 인생의 마지막 날인 것처럼 살게 되었다고 말한다. 내가 언젠가 죽을 것이라고 항상 인지하는 것은 필연적으로 다가오는 나의 한계를 앎으로써 이 세계에서 보내는 시간을 좀 더 가치 있게 여기게 할 수 있다. (그러나 우리 대부분은 이 부분을 간과한다.) 그는 졸업연설을 자신이 젊었을 때 감명 깊게 읽었던 책 『The whole earth catalog』에서 나온 문구를 인용하며 마친다. "만족하지 말며, 바보 같을 정도로 우직하라Stay hungry, stay foolish." 유한한 우리의 인생이기에 자신이 좋아하는 것을 위해 더 많이 갈구하고 자신이 사랑하는 것을 위해 주변의 어떤 시련에도 흔들리지 말라는 것이다. 잡스는 철학자는 아니었지만 그가 이루어 놓은 업적과 스탠포드 연설만으로도 이해하기 어려운 다른 어떤 이론이나 철학보다 더욱 많은 것을 우리에게 말해준다. 잡스의 죽음과 불만족에 대한 중요성의 강조가 그 어떤 철학자들의 사변보다 설득적이고 감동적인 이유는 그가 문명의 발달에 한 획을 긋고 간 사람들 중에서도 가장 최근의 사람이며, 우리가 가장 가까이서 경험하고 있는 문명의 편의(스마트 기기)가 그에 의해 더욱 확대된 것이기 때문 아닐까?

잡스의 연설은 슘페터의 '창조적 파괴' 이론과 견줄 만하다. 다만 잡스는 가까이 경험한 죽음을 개인적인 안목으로 새로움의 탄생과 연관관계라는 면에서 관찰하였고, 슘페터는 자본주의 체제의 본질로 오래된 것의 파괴와 새로움의 탄생을 설명하고 있다는 점이 다르다. 잡스는 죽음을 대하는 우리의 자세에서 필연적인 것(죽음)과 견줄 수 있는 것은 결국 멈추지 않는 정신뿐이라는 것을 강조한다. 최종단계의 안정은 모두에게 피할 수 없는 것이기에 안정을 추구하지 말고 자신이 좋아하는 것을 찾아 끊임없이 매진하라고 설득한다. 끊임없다는 것은 어떤 식으로든 불안정과 불만족을 뜻하며 안정을 찾아가려는 우리 본능의 발로이다.

만족하지 않는 정신, 즉 불만족을 어떻게 다루고 극복하느냐가 다음의 기대에 영향을 주며 새로운 습성을 낳게 된다. 그림 2에서 보이는 것처럼 만족되지 않은 현실의 행위는 불만족으로 이어지며 이는 인간의 이점을 활용하며 극복하게 하고, 극복한 뒤에는 새로운 기대를 낳게 된다. 이 과정을 무한 반복하면서 인류의 역사는 지금껏 이어져 오고 있다. 불만족의 인지는 인류를 성장시키는 동력이며 그래서 이런 인류를 필자는 호모 디스컨텐트(Homo

Discontent), 불만의 인간이며 동시에 갈망하는 인간이라 부르고 싶다. 동물 역시 생리학적 불만족이 있다. 하지만 유독 인간에게만 있는 고유의 것인 양 '호모'라는 접두어를 붙인 이유는 불만의 상태에서 인간의 신체적 혹은 정신적 특성이 다음의 기대와 행동양식을 현격히 좌우하기 때문이며 불만을 다루는 방식으로 인해 다양성과 의식적인 변화가 생겨나면서 지금의 문명을 이루어냈기 때문이다.

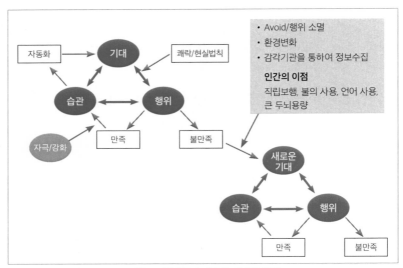

그림 2. 불만족과 새로운 기대의 형성

III

행위의 법칙

쾌락 법칙

삶의 목적을 결정하는 것은 쾌락 원칙의 강령일 뿐이다.[1] - 프로이트

기쁨을 위한 삶

왜 사는가? 요즘 한창 유행하는 진화생리학적으로 답하자면 살아남아 종족번식을 하기 위해 산다고 대답할지도 모르겠다. 그러나 인간의 삶은 과정이다. 누구도 죽기 위해 살아간다고 대답하지 않을 것 같다. 삶의 종착역은 누구나 알지만 그것을 언급하기 꺼리는 것과 같이 단지 종족번식을 위한 것만이라고 대답하면 다양한 인간의 행위와 그리고 그 감정의 역사를 무시하는 것 아닐까? 삶을 과정으로 여기며 한 순간 한 순간 기쁨을 유지하고 싶은 것이 인간의 욕구다. 왜 사는가에 대한 답변은 세계 70억 인구 수만큼 많을 것 같다. 그 사람들의 삶의 과정이 제각기 다르기 때문이다. 아이들의 입장에선 놀려고 살고 학생들의 입장에선 공부하고 좋은 성적을 내기 위해 살고 부모의 입장에선 아이들을 돌보기 위해 살고 직장인의 입장에선 돈을 벌고 생계를 유지하기 위해 산다. 은퇴한 할머니, 할아버지는 손주를 돌보고 여가생활을 하기 위해 살아가고 있을 수 있다. 주어진 상황이 그러해서, 다들 그렇게 하니까, 라고 무미건조하게 말하는 사람이 있을 수 있겠다. 그러나 그들도 마음 한편 어딘가에는 기쁨을 얻고 싶은 욕망이 있으리라. 물건을 사거나 여행을 하거나 사교활동 혹은 취미생활을 하면서 적극적으로 기쁨을 찾아 나서기도 한다. 그래서 삶의 목적이라는 거창한 문제를 제기했을 때 제각기 삶의 과정이 달라 정확한 답은 내릴 수 없게 된다. 그러나 만약 어떤 사람

이 살아가는 이유가 기쁨을 찾기 위한 것이라고 말한다면 이를 부정할 사람이 있을까? 다만 무엇을 통해 그 기쁨을 얻는지가 사람마다 달라 이해당사자 간에 충돌이 일어날 수는 있을 것이다. 하지만 기쁨은 순간적이다. 그래서 측정하기 어렵다. 다만 우리는 이것을 삶의 전반적인 만족도로 대체하고 있을 뿐이다. 기쁨의 상태가 삶에 지속적으로 유지되고 있다면 그는 삶의 만족도가 높을 것이며 매사에 긍정적이고 환경에 너무 민감하게 반응하지 않는 사람임을 뜻한다. 우리는 이런 사람을 보면 행복할 것 같다고 생각한다. 행복은 사전적으로 봤을 때 감정적, 정신적으로 건재Wellbeing한 상태를 의미한다. 이는 단순한 만족의 상태에서부터 강렬한 환희까지 포함하고 있다. 따라서 행복을 추구한다는 것은 기쁨의 상태를 지속적으로 유지하고 싶어하는 마음을 뜻한다.

행복의 열쇠인 기쁨을 얻거나 느끼는 상황은 개인마다, 문화마다 다르다. 같은 상황이라도 그것을 해석하는 인지적 작용에 따라 감정의 표출 방식은 개인마다 다를 수 있다. 인지평가이론Cognitive appraisal theory은 인지적으로 평가되어 표출되는 감정이 상황에 대한 개인의 주관적인 중요도와 연계성에 따라 다르게 생성된다고 보고 있다. 자신이 아는 만큼 보이고 아는 만큼 느낀다고 하는 경우가 여기에 해당될 수 있겠다. 단적인 예가 미술감상의 경우다. 현대미술은 그 의미를 모르면 감동하기 쉽지 않고 제대로 된 가치를 평가할 수 없다. 예를 들어 추상화가 마크 로스코Mark Rothko가 그린 'Orange, Red, Yellow'라는 추상화를 보자면 사방 2미터가 넘는 큰 캔버스를 몇 개로 분할해서 형체 없이 제목 그대로 3가지 색칠만 해 놓은 그림이 그토록 비싸게 거래되는 이유를 알 수 없다. 예술은 가격에 상관없이 감상자에게 특별한 인상과 감동을 남길수록 좋다. 그런데 색 몇 개만을 사용해서 엄청난 크기로 그려낸 아주 단순해 보이는 그림이 800억을 호가한다니. 미술의 가격을 측정하는 방법을 모르는 평범한 생활인들에게 위화감을 조성하며 불쾌함을 초래할 수 있다. 오히려 미술을 전공한 내 친구가 그려준 화려한 꽃이 나에게는 더욱 의미가 있고 더 큰 감동을 선사할 수도 있다. 그러나 색채추상의 완성이라는 역사적 가치, 큰 화면에서 오는 관객을 빨아들이는 듯한 화면의 극적인 중요성, 그리고 작품을 전시한 장소 혹은 소장했던 사람의 명성 등의 의미를 알고 로스코의 그림을 보았다면 자신이 아는 것과의 일치되는 감정으로 인해 희열을 느낄 수 있다. 더 쉬운 예는 연예인에 대한 호불호다. 같은 연예인임에도 불구하고 어떤 사람들은 좋아하고 어떤 사람들은 그렇지 않다. 후자의 경우는 관심이 없어서일 수도 있지만 화면에서 나오는 이미지와는 다른 행동을 하는 것을 안다든가 그 연예인이 자신이 싫어하는 어떤 사람이나 형체를 닮아있다든가 여러 이유가 있을 수 있다. 이런 이유로 인지평가이론에서는 감정생성과 표출이 사전에 조절 가능하다고 주장하고 있다.[2]

또한 상황에 내재한 개인적 동기와 책임의 무게에 따라 다른 감정이 생겨날 수 있으며 상황의 확실성의 여부에 따라서도 개인차에 따라 느낄 수 있는 감정이 다양하다.[3] 앞서 행위를 유발시키는 동기는 행위의 결과가 가지는 중요도와 관심이라고 했다. 중소기업에서 연 매출 100억이라는 공동 목표를 설정해 두었다고 사장을 비롯한 사원들이 목표를 향해 나아가는 데 같은 책임을 질 것이라고 생각하지 않는다. 100억 목표를 사장은 회사가 계속 성장할 수 있는 기반을 마련하고 10년의 먹거리를 장만할 수 있는 결정타라고 생각하겠지만 이로 인해 그가 느끼는 책임의 무게는 100억 달성 후 성과급을 바라며 일하는 일반 사원이 느끼는 책임의 무게와 다를 수 있다. 사장은 더 많은 사람을 책임지고 미래를 바라봐야 하기에 한시도 마음 놓을 수 없을 만큼 초조할 수 있지만 일반사원은 목표를 달성한다고 해도 그냥 월급과 보너스가 올라가는 정도이기에 집에 들어가면 돈 걱정 안 하며 편히 쉴 수 있다. 또한 사장은 100억 목표가 환경의 변화에 따라 달라질 수 있다는 불확실성을 항상 감지하고 있기에 더욱 초조함을 느낀다. 그래서 더욱 열심히 생각하고 일할 수밖에 없다.

각기 다른 문화에서 어떤 가치에 중점을 두느냐에 따라 감정을 조절하거나 표현하는 방식이 다르다. 예를 들면 개인주의에 많은 가치를 두는 북미지역이나 서유럽에서는 감정이 개인적 경험을 근거로 하여 발현되는 내적인 작용이라고 정의하는 반면, 집단에서의 삶을 중요하게 생각하는 일본과 중국의 경우에는 감정의 생성을 사람들과의 관계와 외부적인 요인으로 파악하는 경향이 있다.[4] 이는 자아에 대한 관점이 자신 중심인가 아니면 타인과의 관계 중심인가에서 비롯된 차이이다. 개인 지향적인 감정은 자아에 대한 독립적 개념의 성향이 강한 유럽과 북미지역의 사람들에게 더욱 많이 발견된다. 반면 타인 지향적인 감정은 타인과의 상호의존적인 개념을 지닌 동아시아 사람들에게서 많이 나타난다.[5] 자아에 대한 동·서양의 관점 차이는 자신의 감정뿐 아니라 타인의 감정을 해석함에 있어서도 표출된다. 일본의 경우는 표정 등 타인에게 보여지는 감정의 표현을 판단할 때 사회적 맥락에서 해석하려는 경향이 서양인들보다 훨씬 강하다.[6] 또한 감정의 조절과 적응에 있어서도 문화적인 영향을 받는다.[7] 23개국 3,389명의 대학생들을 대상으로 조사를 한 결과 사회적 위계질서와 장기적 사회질서의 유지를 강조하는 사회에서는 감정의 억제에 큰 가치를 두었으며 반면 개인 감정 표출의 자율성과 평등주의를 강조하는 사회에서는 감정억제에 대해 낮은 가치를 부여했다.

이렇듯 감정의 표출 방식은 문화와 개인에 따라 차이가 있다. 그리고 이 차이는 모두 의미의 차이이며 이 의미는 이전에 어떤 상황을 겪어왔느냐에 따라 달라진다. 그러나 의미와 방식은 달라도 자극을 받아 기쁨 혹은 불안, 공포와 같은 감정을 느끼는 뇌의 부위는 다르지 않다. 변연계Limbic system가 그것인데 이는 편도체Amygdala, 해마Hippocampus, 측좌핵Nucleus accumbens, 시상하부Hypothalamus, 뇌간Brain stem 등 뇌 전체에 폭넓게 위치하며 인간의 감정과 동기, 학습능력 등을 관장한다. 특히 이 중에서 아몬드 모양을 한 편도체는 위의 모든 일에 관여하는 중요한 핵심 기관으로 감정적 자극과 학습, 기억 등에 깊게 관여하며 감정적 균형을 유지하는 곳이다. 이 부위가 손상된 사람은 공포를 느끼지 못한다.[8] 측좌핵 부위는 기분을 좋게 해 주는 신경전달물질 도파민의 영향을 받아 기쁨을 느끼게 한다. 공포와 기쁨의 감정은 각각 우리를 위험으로부터 보호하고 성장시켜 주는 필수불가결한 역할을 한다. 공포의 감정을 인식하는 편도체의 역할이 없다면 우리는 호랑이나 도둑,

강도가 나타나도 도망치지 않고 유유자적하다가 다치거나 목숨을 잃게 될 것이다. 꽃을 보고 아름다움이나 기쁨을 느끼지 못한다면 문화와 예술은 발전하지 않았을 것이고 아기의 귀여움이나 연약함을 느끼지 못한다면 보호해 주어야 한다는 동기도 작동하지 않을 것이므로 종족번식은 이룰 수 없었을 것이다. 어떤 학자는 아기의 귀여움이 인류를 협업하게 만들고 문명을 발전시킨 주 요인이 될 수 있다고 주장한다. 아기를 보면 행복감을 느끼고 보살핌과 감정이입에 관련된 호르몬인 뇌 전달 물질인 옥시토신이 분비됨을 관찰했다고 한다. 이는 자신의 아기가 아니라도 해당된다.[9]

쾌락법칙: 피하기 혹은 다가가기

감정은 인간의 결정에 중요한 영향력을 행사한다. 위의 연구결과에서 보듯이 개인과 문화에 따라 감정의 생성요인과 표출 방식은 다르다. 그러나 행복의 상태인 기쁨을 추구하는 욕망을 지닌다는 것은 같다. 감정적이고 정신적인 기쁨을 얻기 위해 모든 생물들에게 주어진 타고난 기본 전략이 있다. 피하거나Avoid 다가가는Approach 것이다. 이를 쾌락법칙Pleasure principle이라 한다. 자신에게 즐거움Pleasure을 주는 상황이나 사람들, 물건들에게는 다가가고, 고통Pain을 주는 것들은 피한다Approach pleasure and avoid pain. 이는 그리스 철학자인 에피쿠로스Epicurus의 기본사상으로 최대의 기쁨만을 최고의 행복으로 간주하는 헤도니즘Hedonism과는 달리 기쁨의 추구와 함께 고통의 부재도 행복의 원천임을 강조한다. 쾌락 법칙은 고대 그리스로부터 현재에 이르기까지 인간의 동기를 이해하려는 학자들에게 생각의 척도로 주요한 역할을 하고 있다. 최근 인지과학의 발달과 찰스 다윈Charles Darwin의 진화론을 배경으로 하여 인간 본능의 유래와 직감이 학문의 주요 관심사가 되면서 이 법칙은 인간을 비롯한 모든 생물의 기본 생존전략임이 과학적 연구결과로서 확인되고 있다.

철학자들의 사색으로 명맥을 유지하던 쾌락의 법칙은 19세기 말과 20세기를 살다 간 정신분석학의 시조 프로이트에 의해 크게 조명받게 된다. 그는 정신분석학 연구에서 쾌락법칙의 개념을 적극적으로 활용한다. 프로이트에 따르면 쾌락의 법칙이란 생리적·심리적 욕구의 즉각적인 만족Immediate gratification을 위해 취하는 행동으로 앞서 말한 추구 혹은 다가가기Seeking or approach와 피함Avoid을 전제로 한다. 배고픔, 목마름, 졸음 등은 몸의 항상성을 유지하기 위해 필연적으로 만족되어야 하는 욕구들이다. 추구 혹은 다가가기는 이 욕구들을 즉각적으로 만족하기 위해 하는 행동으로 즉각적으로 만족되지 않으면 감정적·신체적 불쾌감과 불균형을 초래한다. 우리 몸에 만족의 상태를 제공하기에 적극적으로 다가가는 행동이다. 반면 우리는 배설물, 썩은 음식, 불쾌한 냄새를 감지했을 경우에는 혐오나 불만족 등 감정적인 고통을 경험하지 않기 위해 피하게 된다. 프로이트는 "우리의 심리적 활동은 기쁨을 찾고 고통을 피하도록 예정되어 있으며 그것은 자동적으로 쾌락의 법칙에 의해 조정되는 것 같다"[10]라고 하며 쾌락법칙이 우리에게 미치는 결정적 역할에 대해 강조하고 있다.

다가가고 피하는 것은 모든 생물에게 적용된다. 벌레와 곤충의 세계에서도 이 전략은 적용되며 오랜 기간을 통한 학습의 결과라는 연구도 있다.[11] 감정을 일으키는 상황은 개인에 따라 차이가 존재한다고 앞서 말했지만 비슷한 감정을 불러 일으키는 몇 가지 공통적인 요인이 있기는 하다. 예를 들면 귀여운 아기, 아름다운 꽃과 같은 것은 기쁨을 주고 바퀴벌레, 뱀, 배설물과 같은 것은 혐오를 부른다. 특별한 상황이나 평균에서 벗어난 인간형이 아니라면 위를 대할 때 같은 비슷한 감정을 일으키고 비슷한 행동을 하게 된다. 귀여운 아기나 아름다운 사람 혹은 꽃을 보면 다가가서 만지고 싶다. 그들은 우리에게 기쁨과 위안을 준다. 뱀 등과 같은 것을 보면 소리를 지르며 도망치게 된다. 위험한 생물이라는 것을 알기 때문이다. 그런데 어떻게 문화에 관계 없이 공통적인 행동을 하게 되었을까? 꽃은 다가가도 되는 것이고 뱀이나 바퀴벌레 같은 것은 위험하여 피해야 된다는 것을 어떻게 알게 되었을까? 자연선택과 적응이라는 다윈 진화론의 중요 메커니즘이 이에 대한 수긍

할 만한 답을 제공한다. 현존하는 모든 생물들은 지금의 그 상태가 혹독한 환경에서 살아남아 종족보존Reproduction을 하기 위한 최적의 조건이기에 현재까지 존재하는 것이다. 일종의 학습된 것으로 몇 백만 년 동안 살아남기 위해 애를 썼던 우리 선조들의 지혜의 소산으로 유전자에 깊게 뿌리내리게 된 결과다.[12] 자연환경은 혹독하다. 빙하기나 화산폭발, 지진과 같은 엄청난 재해가 발생하며 항상 변화한다. 이 과정 중에 어떤 생물은 살아남고 어떤 생물은 멸종한다. 험난한 자연환경에서 살아남은 종들은 살아남기 위해 사용했던 어떤 형질의 유용함을 알게 되어 계속 사용하며 보존하게 된다. 살아남기 위해 필요한 유용한 형질이 선택·보존·진화를 거듭하며 지금의 상태에 이른 것이다. 적자생존Survival of the fittest으로, 강한 것이 살아남는 것이 아니라 살아남는 것이 강한 것이 된다. 따라서 다윈은 자연선택을 "형질상의 미약한 변화Variation라도 만약 그것이 살아남기 위해 유용하게 사용된다면, 보존되는 법칙"[13]이라고 정의한 것이다. 이 과정에서 여러 상황에 대해 피하고 다가감을 경험하면서 최적의 상태를 깨우치게 된다. 야생의 세계에서 말, 기린, 코끼리 같은 초식동물은 사자, 하이에나, 호랑이의 출현을 감지하는 즉시 피한다. 오랫동안 생존하면서 초식동물들은 그들의 생존을 위협하는 존재가 어떤 것인지 알게 된다. 대체적으로 육식동물은 강하고 빠르니 맞대응 해서 싸우는 것보다 피하는 것이 살아남기 위해 좋은 전략이라는 것을 안다. 반대로 육식동물들은 초식동물이 자신들에게 최적의 먹잇감이라는 것을 알게 된다. 그리하여 다가가기에 좋은 빠른 앞다리와 목 조르기 좋은 날카로운 송곳니가 발달하게 된다. 많은 동물에게서 나타나는 이러한 행위들은 경험한 것을 순차적으로 저장하는 과정적 기억Procedural memory의 역할이다.[14] 이 과정적 기억들은 습관과 자동적 기술이 된다. 본능적인 피하고 다가가기 전략은 의식적이지 않은 행동이다. 오랫동안 반복하면서 행동의 과정들이 장기기억 속에 남게 된 것이다.

인간에게 있어서 살아남기 위한 선택의 과정은 더 다양하게 적용된다. 썩은 음식이나 배설물, 기생충, 불쾌한 냄새를 풍기는 것들을 피하는 이유는 그것들이 결국 우리에게 해가 됨을 경험적으로 습득하였기 때문이다. 아주 옛날, 지금과 같은 위생관념과 청결 시설이 부재하던 시절에 겪은 시행착오로 그것들이 우리에게 질병을 옮기며 비참한 상태를 초래하여 몸과 마음이 괴롭게 된다는 것을 알게 됐다. 한 번 직접적으로 체험한 불쾌하고 역겨운 감정(이를 일반적으로 혐오감이라 일컫는다)을 일으키는 물건이나 대상의 속성은 뇌리에 남아서 계속해서 영향력을 행사하게 된다. 바퀴벌레의 혐오스러운 속성을 알고 있는 사람들은 바퀴벌레가 접촉된 어떤 대상물도 피하고 싶어 한다. 로진Paul Rozin과 그의 동료들의 실험에 의하면 깨끗이 소독된 바퀴벌레가 5초 동안 잠겨 있던 사과주스를 피험자들이 마시기 꺼려 한다는 것을 발견했다. 주스를 상당히 좋아하는 데도 불구하고 말이다. 감염의 법칙The principle of contamination이라 일컫는 이 이론은 한 번 접촉한 것은 계속적인 접촉의 상태로 남아 있게 된다는 의식적 믿음이다. 접촉이 멈추게 되더라도 이미 혐오스런 것에 접촉된 사물이나 생명체는 그 속성을 접촉에 의해 이미 전이 받았기에 그 역시 혐오스러운 대상이 되고 만다고 생각한다.[15] 이는 저 유명한 인류학적 명저인 프레이저James Frazer의『황금가지The Golden Bough』에서 원시적 믿음체계와 의식이 전통적으로 맥을 유지하는 원인을 추적하며 그 근거로 제시한 전염의 법칙The law of contagion 이론의 명맥을 이어받은 것이다.[16] 또한 직접적 접촉 뿐 아니라 혐오감을 주는 비슷한 것을 보더라도 피하게 된다. 배설물의 속성을 알고 있는 사람들은 그것을 연상하게 하는 어떤 것도 먹는 것을 꺼려 한다. 이를 유사성의 법칙Law of similarity이라 한다. 배설물 모양을 한 초콜릿 과자를 먹기 꺼려 하는 것처럼 말이다. 섭취하는 음식은 소화를 통해서 자신의 살과 피가 되는 직접 접촉물이기에 혐오의 영향력에 대한 믿음이 다른 어떤 것보다 더욱 강력할 수밖에 없다. "당신은 당신이 먹는 것이다You are what you eat"라는 격언에 공감이 간다. 그러나 음식에 대한 혐오의 감정이나 위생관념은 5세에서 7세가 되기 전까지 나타나지 않는다. 그 이전의 아이를 관찰해 보면 모든 것을 입으로 확인하는 것을 알 수 있다. 심지어 배설물까지 말이다.[17] 그런데 자연의 순환법칙을 보면 우리의 배설물이 결국은 우리의 몸 속에 들어오는 것을 알 수 있다. 그 순환은 바쁜 현대인인 우리가 의식하며 살아가기엔 너무 복잡하고 오래 걸리기에 잊고 있는 것뿐이다. 영화 '마션Martian'을 보면 화성에 홀로 남은 주인공이 감자를 심어 양분을 공급하는데 우주선 안에 저장해둔 자신과 동료들의 배설물을 양분으로 사용하여 수확에 성공하였다. 수확한 감자로 화성에서의 삶을 이어 나간다. 그런데 만약 감자 이외에 먹을 것이 있었다고 한다면 자신과 타인의 배설물로 키워낸 감자라는 것을 명확히 인지하고도 먹을 수 있었을까? 어린아이는 배설물이 무엇을 의미하는지 아직 모르기에 입으로 가져갈 수 있는 것이다. 오감을 통해 물질의 정체를 확인하려는 아이들에게 배설물은 신기한 것이지만 이를 지켜보는 어른들은 그렇지 않다. 아이들은 이런 어른들의 보호 아래서 안전하게 커 간다.

그런데 만약 혐오의 감정을 생성하는 원인이 우리가 시각·후각·미각으로 직접 경험해야 하는 것에 국한되었다면 좀 더 편하게 살 수 있었을 것 같다. 문제는 인간의 행위에서도 혐오감을 느끼는 것이다. 혐오감은 생물학적 생존에 중요하며 사회적 기능을 수행하는 데에서도 더욱 중요한 기능을 수행한다. 몸을 괴롭게 하는 나쁜 음식 섭취를 꺼리게 만드는 혐오의 감정은 인간관계로 확장된다. 우리는 혐오의 감정을 일으키는 사람들의 행위에 대해 너그럽지 않다. 사기꾼, 노상방뇨자, 살인자, 주정꾼, 부도덕한 사람 등을 보면 피하게 된다. 가까이 하면 손해다. 이런 사람들과 가까이 하면 자신도 그들의 행위에 오염될 것 같다. 나쁜 행위를 한 사람의 물건을 손에 대기만 해도 자신이 오염될 것 같은 착각을 불러일으킨다. 이를 사회적 감염Social contagion이라 일컫는데 혐오에 대해 꾸준히 연구한 로진은 실험을 통해 사람들은 자신이 싫어하는 사람이나 병에 걸린 사람이 잠깐이라도 걸친 스웨터를 입는 것을 꺼려 한다는 것을 알아냈다. 그 스웨터가 소독의 과정을 거쳐 깨끗하다는 것을 안다고 해도 말이다. 자신이 사랑하는 사람이나 섹시하다고 느끼는 사람들이 입었던 스웨터를 소유하고 싶어 하는 욕망과 큰 차이를 보이고 있었다.[18] 인간에게 이렇게 더욱 복잡한 피하고 다가가기 전략이 있는 것은 삽화적 기억Episodic memory 때문이다. 삽화적 기억은 자신이 경험했던 일들을 여러 맥락에 맞게 구성하여 기억하는 인간의 기억능력이다. 앞서 말한 과정적 기억(자동적 기억)과는 달리 삽화적 기억은 자신이 경험한 것들을 육하원칙(누가, 언제, 어디서, 무엇을, 어떻게, 왜)에 따라 기억할 수 있다.[19] 따라서 인간의 이러한 삽화적 기억능력은 동물들에게는 불가능한 것으로 보여지고 있다.[20] 삽화적 기억이 작용하는 뇌의 부분은 인간에게 유달리 발달한 대뇌 신피질 부분이다. 특히 대뇌 변연계의 해마Hippocampus 부분은 감정적 학습의 중추적인 역할을 담당하고 있는데 대상 및 상황의 특징을 감정적인 평가와 연결시키고 이러한 감정경험 평가를 저장한다.[21] 히틀러의 스웨터는 범죄자가 입었던 것으로, 그 범죄자는 수많은 죄 없는 사람들의 학살을 주도한 역사적 악인의 대표적 인물 중 하나이다. 삽화적 기억은 스웨터의 출처를 맥락적으로 구성해서 혐오라는 감정적 평가를 낳게 했다. 삽화적 기억 능력이 없었더라면 정신적 오염은 존재하지 않았을 것이며 다른 동물처럼 배부르고 등 따뜻한 것에만 집중했을 것이다.

맛있는 주스나 멋진 스웨터 등 쾌락을 추구해서 얻은 기쁨은, 바퀴벌레가 잠시라도 잠겨져 있던 주스나 범죄자가 입었던 스웨터가 주는 정신적 오염에서 오는 고통을 피하지 못해 얻은 손실이나 피해로 인한 불쾌감보다 덜하다. 인간은 불쾌감을 더 크게 느끼며 이는 더 오래 뇌 속에 남는다. 이는 요새 한창 유행하고 있는 학문인 행동경제학의 골자이다. 최대의 만족과 기쁨을 추구하기 위해 합리적 결정을 한다는 호모 이코노미쿠스Homo economicus의 전제하에선 인간의 혐오감정에 의한 행동을 설명할 수 없다. 경제적·합리적 인간이라면 소독된 바퀴벌레가 잠깐 잠겨 있었던 사과 주스라 하더라도 마셔야 한다. 자신이 좋아하는 것이며 몸에 전혀 해롭지 않고 오히려 활력을 주는 것이니까 말이다. 또한 멋지고 깨끗한 스웨터를 입어야 한다. 아무리 악마 같은 사람이 잠깐이라도 걸쳤다는 것을 안다고 해도 말이다. 자신이 좋아하는 것이고 자신을 멋지게 보이게 하면 남들이 좋아해 주니 말이다. 이를 감염 휴리스틱Contagion heuristic이라 한다. 좋아하는 물건이나 대상도 그 이전의 소유자 혹은 이전에 어떤 것에 접촉했느냐에 따라 사람들의 피하고 다가가는 전략이 달라진다. 이는 평상시 자신의 선호도와는 상관이 없다.

피하려고 하는 쾌락법칙의 전략은 인간을 문명화시켰다. 프로이트는 혐오의 감정이 문명의 기반이 되는 청결의식을 낳게 했다고 말한다.[22] 비누의 사용이 문명의 현실적인 판단기준이 될 수 있다고 주장하는 프로이트의 생각에도 쉽게 동의할 수 있다. 불결한 것을 인지하고 피할 수 있도록 프로그램된 우리의 몸과 마음은 청결의식과 연관된 위생개념을 낳게 하여 생존은 물론이고 수명을 연장시키려는 과학적 발전에 결정적인 역할을 한 것이다.

다가가고 피하는 쾌락의 법칙은 외부환경에 대한 감정적 반사작용이다. 이는 경험의 작용이다. 만약 세상에 좋은 것만 있었다면 쾌락의 법칙이라는 것은 존재하지 않았을 것이다. 그냥 다가가면 되는 것이기 때문이다. 고통을 일으키는 불결하고 위험한 것을 감지할 수 있는 능력이 생명을 보호하게 했다. 초식동물들이 가진 육식동물에 대한 두려움이 그러하다. 바퀴벌레와 범죄자들이 여러모로 악영향을 끼쳤다는 것을 알기에 그들로부터 직접적인 해를 당하지 않고도 언젠가는 당할 수 있거나 그것에 의해 오염될 수 있다는 생각을 하게 되고 그것을 피하게 된다는 사실만 봐도 이것을 알 수 있다. 쾌락의 법칙은 또한 다가가도 되는 것들에 대해서는 기쁨과 만족이라는 행복감을 선사해 주었다. 이 법칙은 수백만 년 동안 혹독한 환경에서 살아남기 위해 시행착오를 거듭하며 알아낸 생존방법인 것이다.

쾌락법칙의 강화

우리 인생의 전반적인 목적은 쾌락법칙(기쁨은 추구하고 고통은 피한다)을 통한 행복의 추구이다. 많은 것을 경험할수록 그것들에 의해 얻어진 결과에 따라 쾌락의 법칙은 우리의 뇌와 육체에 깊숙이 각인된다. 쾌락의 법칙은 본능과 직관이 형성된 것으로 이들은 경험에 의한 것이다. 습관화된 행동적 양식이기에 직관적이며 본능적인 행동은 일관되어 보이는 사항들에 더 잘 작용하여 예전에 해 왔던 방식을 고수하게 된다.[23] 자신에게 쾌감을 주었던 경험은 의도적으로 만들어서라도 비슷한 기쁨을 얻으려 노력하며, 불쾌했던 경험은 우리의 삶에 끼어들지 않도록 피한다. 이 쾌락의 법칙을 습득하고 강화함으로써 우리는 기쁨을 유지하려 노력한다. 아주 똑같은 상황이 아니더라도 비슷한 상황에서 쾌락의 법칙이 작용한다.

프로이트와 동시대인인 러시아의 생리학자이자 의사인 이반 파블로프Ivan Pavlov는 행동주의학파의 초석을 다진 과학자로 추앙되고 있다. 개를 이용한 그의 실험은 고전적 조건화Classical conditioning 이론[24]으로 알려져 있는데 이 이론은 교육을 비롯한 사회경제 정책과 마케팅 등에 많이 응용되고 있다. 행동을 하기 위해서는 자극Stimulus과 반응Response이라는 기본적 단위가 필요하다. 자극 없이 행하는 행동도 있는데 사실 그 행동이 자동화가 되기까지는 애초에 자극이 있고 이에 따른 특정 반응이 있었으며 이는 비슷한 상황에서 계속 반복되어서 자극 없이도 반응하게 된 것이다. 예를 들면 운전, 피아노 치기, 타자 치기 등이 속한다. 여기에 조건화되지 않은 자극Unconditioned stimulus와 조건화된 자극Conditioned stimulus, 조건화되지 않은 반응Unconditioned response과 조건화된 반응Conditioned response이라는 개념이 추가된다. 맛있는 음식을 보거나 향을 맡으면Unconditioned stimulus 입에 군침이 돈다Unconditioned response. 이는 상식이다. 자연적인 것이다. 그래서 인위적이지 않은, 조건화되지 않은Unconditioned 것이라 한다. 그런데 기억을 떠올리는 것Conditioned stimulus 만으로도 군침이 돈다Conditioned response. 직접적이지 않은 자극(중성적 조건, Neutral stimuli)도 조건화(기억)가 되면 생리학적으로 경험한 조건적 반응이 일어난다는 것이다. 파블로프는 이를 개를 이용하여 실험하였다. 개에게 음식을 보여준다(조건화되지 않은 자극). 개는 침을 흘린다(조건화되지 않은 반응). 이는 생리학적 작용으로 배가 고프다거나 음식의 향이 매력적이면 생겨나는 것이다. 다음으로 개에게 종소리를 들려준다(중성적 조건). 개는 침을 흘리지 않는다(자신과 아무런 관계도 없기에 어떤 반응도 일어나지 않는다). 다음에 종을 치고 난 후 음식을 준다. 침을 흘린다. 이를 계속적으로 반복한다. 종국에는 종소리(원래는 중성적 자극)만 들어도(조건화된 자극) 침을 흘리게 된다(조건화된 반응). 개의 생리적 반응과는 아무 상관이 없었던 종소리가 음식과 함께 지속적으로 노출됨으로써 개의 침샘을 자극하게 되는 결과를 본 것이다. 파블로프는 종소리 대신 포크, 나이프, 혹은 실험실의 조교 등을 이용하여 실험을 반복하였다. 같은 결과가 나왔다.

파블로프의 고전적 자극조건형성 실험방법은 공포와 불안도 조성할 수 있다는 이론을 뒷받침하는 데도 사용되었다. 행동주의 학파의 선두주자인 존 왓슨John Watson은 생후 9개월 된 아이를 대상으로 이를 실험한다. 소위 '꼬마 알버트 실험Little Albert experiment'으로 알려진 유명한 실험인데 인간의 감정은 조건형성에 따라 학습될 수 있다는 것을 시사해 준다. 왓슨이 이 실험에서 사용한 것은 처음에는 흰 쥐였다. 꼬마 알버트는 처음에 쥐를 보여 주었을 때는 함께 잘 놀았고 아무 거부 반응이 없었다. 그 후 실험자는 알버트가 쥐를 만질 때마다 매달린 강철막대기를 큰 망치로 쳐서 깜짝 놀랄 정도로 시끄러운 소리를 들려준다. 알버트는 울기 시작했고 결국엔 시끄러운 소리 없이 흰 쥐만을 보여줘도 비슷한 공포반응을 표출하였다. 왓슨은 이 실험을 쥐 대신 다른 여러 가지 사물이나 동물들을 사용하여 실험하였다. 원래는 공포와 아무 상관이 없었던 쥐와 그 외의 중성적 자극들이 공포의 대상으로 바뀌었다.

고전적 조건화 이론이 시사하는 바는 크다. 이것은 특히 인간이 행동함에 있어서 학습, 감정, 기억의 연관성을 훌륭하게 각인시키고 있다. 자신에게 즐거움이나 고통을 주는 것은 지속적인 노출과 학습의 산물로써 인간의 감정은 길들이기 나름이라는 것을 보여 주고 있다. 쾌락의 법칙도 그러하다.

파블로프가 생리학적인 고전적 반응에 대한 실험을 한 반면 스키너Burrhus Skinner는 보상과 처벌이라는 환경적 자극을 조작하여 행동유형을 강화할 수 있다는 것을 밝혀 낸다. 조작적 조건화Operant conditioning[25]라 불리는 그의 이론은 차후 심리학이 실험적 학문으로 발전하는 데 큰 영향을 미치게 된다. (그 이전까지 심리학은 철학적 물음에 대한 사변적 답변에 불과했다.) 배고픈 쥐를 실험용으로 고안된 특별한 상자(이것은 '스키너의 상자'라 불리게 된다) 안에 풀어둔다. 상자 안에서 이리저리 돌아다니던 쥐는 우연히 레버를 누르게 된다. 그러자 뜻하지 않게 음식이 나왔다. 이런 상황이 몇 번이고 계속되자 쥐는 배가 고프면 레버를 누르면 된다는 것을 알게 되어 배가 고플 때마다 같은 행동을 하게 된다. 이를 긍정적 보상Positive reward에 대한 긍정적 강화라 한다. 그는 환경이 열악할 때 어떤 식으로 행동해야 하는지도 실험하게 된다. 스키너의 상자 안에 전류가 흐르게 되면 쥐는 기분이 나빠지게 된다. 상자 안을 어슬렁거리다 우연히 누른 레버가 전류를 멈추게 한다는 것을 시행착오를 통해서 경험하게 된다. 즉, 자신의 몸을 괴롭히는 전류를 멈추게 하려면 레버를 누르면 된다는 것을 학습하게 된다. 이는 부정적 보상Negative reward으로써 고통 받고 있는 것을 제거하기 위해 취해야 하는 행동을 배우게 된 것이다. (여기서 '부정적'이라는 말은 '없앤다'의 의미로 해석한다.) 특정 행동을 강화시키기 위해 긍정적, 부정적 보상을 이용할 수 있다는 것을 밝혀 낸 것이다. 또한 강화된 행동들은 보상으로써 반복된 행동들이기에 보상을 없애면 행동도 점차 소멸하게 된다.

더 나아가 스키너는 간헐적 조건화도 실험하게 되는데 이는 얼마나 자주혹은 얼마만큼의 간격으로 보상과 처벌을 해야 행동의 강화와 소멸이 일어나는지 연구한 것이다. 즉, 레버를 누를 때마다 음식을 주는 것이 아니라 어쩌다 한 번 준다. 예상치 않은 보상을 받은 쥐는 상을 받기 위해 레버를 누르는 행동을 더 하게 되며 언제 상이 주어질지 모르게 때문에 행동은 쉽게 없어지지 않게 된다. 즉, 주기적 보상보다는 간헐적 보상이 행동을 더욱 강화시키며 더 늦게 소멸하게 된다. 스키너는 쥐 이외에도 비둘기, 닭 등을 비롯한 다른 동물들로 대체하여 실험을 하였고 같은 결과를 얻어냈다. 이 결과는 기쁨은 다가가고(보상으로 인한 기쁨을 얻기 위해 레버를 누르는 것) 고통은 피하는 것(전류의 흐름을 막기 위해 또한 레버를 누르는 것)은 학습될 수 있다는 것을 보여 주고 있다.

파블로프와 스키너의 실험으로 쾌락법칙은 환경적 학습에 의해 형성될 수 있다는 것을 알아냈지만 과연 그 행동을 유발시키는 우리 몸이나 뇌 안에서는 무슨 일이 일어나고 있는지에 대한 궁금증은 여전히 남아 있었다. 그러나 다음의 연구로 인해 그 궁금증은 서서히 풀리기 시작한다. 1954년 제임스 올즈James Olds와 피터 밀너Peter Milner는 스키너 박스를 이용하여 실험용 쥐에게 미로를 탈출하는 방법을 학습시키는 연구를 진행하게 된다.[26] 쥐의 뇌에 특별히 실험용으로 고안된 전기침을 심어 놓고 쥐의 행동반응을 관찰한다. 음식과 같은 실질적인 보상이 없어도 쥐는 낮은 전류가 흘러 뇌를 자극시키는 레버를 몇 시간 동안 눌러대는 것을 발견하게 된다. 뇌 부위의 자극 자체가 쾌락의 느낌이라는 보상의 동기로 작용하여 그 행동을 지속적으로 하게 된다는 것이다. 이 부위는 복피개Ventral tegmental area로 알려졌는데, 그는 뇌의 이 부위를 쾌락중점Pleasure center이라 지칭하고 행동의 강화에 깊게 관여한다는 것을 밝혀 낸다. 이 연구는 뇌의 부위에 보상 시스템Reward system이라는 것이 존재한다는 것을 알게 해 준 실험으로써 물질적 보상뿐 아니라 내적 기관의 자극만으로도 행동을 강화시킬 수 있다는 것을 알게 되었다. 보상 시스템은 동기, 기쁨, 보상 강화 등을 관할하는 신경계통이다. 시스템의 작동은 신경전달 물질인 도파민과 깊이 관련되어 있다. 도파민은 우리 몸의 활력과 행복감을 선사하는 중요한 물질이라고 알려져 있다. 또한 도파민은 세로토닌과 오피오이드와 같은 다른 신경전달 물질과 상호작용하면 심리적인 안정이나 흥분을 조절할 수 있는 특별한 세포간의 기능을 할 수 있는 신경감각기관으로 결합된다.[27] 이 도파민이 통과하는 신경계인 중간변연 통로Mesolimbic pathway는 보상에 대한 쾌락적 느낌을 직접적으로 선사하는 통로라 알려져 있다. 이는 중뇌에 위치한 복피개에서 시작하여 측좌핵Nucleus accumbens을 연결하는 신경통로이다. 복피개로부터 전달받은 도파민은 측좌핵 안에 존재하는 신경들(약물, 섹스, 음악 듣기, 운동 등과 같은 자기 보상 활동을 함으로써 활성화된다)의 활동을 조절하게 된다.[28] 측좌핵은 보상 시스템에 있어서 핵심역할을 하는 부위로써 욕구에 따라 행동함과 동시에 행동에 관한 보상을 미리 예견할 수 있는 역할도 한다.

이 발견은 의미가 깊다. 보상으로 행동을 강화시키는 것은 한계가 있다는 것을 알기에 다른 어떤 요소가 행동을 강화할 수 있으며 그것을 습관으로 물들게 하는지에 대한 단서를 제공해주었기 때문이다. 예를 들면 물질적 보상인 경우는 도덕심을 발휘하여 행동하는 경우나 다른 이타적인 행동을 할 때 전혀 기능을 발휘하지 못한다. 한 연구에서 병원에 봉사활동을 간 아이들에게 보상으로 한 그룹의 아이들에게 장난감을 나눠 주었고 다른 한 그룹은 나눠 주지 않았다. 나중에 다시 봉사활동을 가고 싶냐고 물었을 때 장난감을 받은 아이들의 44퍼센트는 그렇다고 대답했다. 장난감을 받지 않은 아이들은 100퍼센트 다시 가겠다고 대답했다.[29] 보상시스템의 발견은 행동을 강화시키기 위해선 물질적인 것뿐만 아니라 내적 동기를 유발시킬 수 있는 자극이 필요함을 시사한다.

보상 시스템의 발견으로 사람이 왜 어떤 특정행동을 계속하게 되는가라는 질문에 대해 그 행동이 우리에게 기쁨을 주기 때문이라는 에피쿠로스 철학과 그 후 프로이트로 이어지는 답변(삶의 목적을 결정하는 것은 쾌락법칙의 강령이다)이 전반적으로 사실일 수밖에 없는 이유가 설명된다. 단순히 철학적 고찰과 행동의 관찰로만 유추했던 답변들이 거부되지 않는Not reject 사실로 자리잡게 된다.

쾌락의 법칙: 감정으로 기억한다

쾌락의 법칙은 흔히 말하는 감정에 충실한 행동을 말한다. 즉각적인 만족감을 가질 수 있는 것은 상황에 있을 때의 기분에 좌우되기 때문이다. 최근 감정에 대한 연구가 활발하게 진행되고 있는데, 첨단기술을 사용하여 감정을 유발하는 뇌를 포함한 신체구조를 좀 더 면밀히 분석할 수 있기 때문이기도 하지만 우리가 굳건히 믿고 있었던 인간이 이성적이고 합리적이다Homo economicus라는 가정하에서 설명될 수 없는 현상들이 존재한다는 것을 과학자를 비롯한 많은 사람들이 인지하게 됐기 때문이 아닌가 한다.

감정이란 설명하기 복잡하고 어려운 것이다. 감정의 정의를 논한다는 것 또한 새삼스러운 일이다. 어릴 때부터 우리는 '감정'이란 말을 수도 없이 써왔다. 그것이 무엇인지 짐작할 수 있지만 정확히 꼬집어 명확한 정의를 내린다는 것은 어려운 일이다. 이는 학자들에게도 마찬가지여서 그것에 대한 정확한 정의를 내리기보다는 그것을 분류하는 것과 그것을 야기하는 이유에 대해서 연구하고 있다. 다만 현재 대부분의 동의를 얻은 개념은 감정과 이성이 완전히 다른 방향으로 작동하는 것이 아니다라는 것이다. 특히 인간이 동물과 달리 가장 우세하다고 여겨진 이성보다, 감정이 의사결정에 더욱 결정적 역할을 한다는 학설이 설득력을 얻고 있다. 감정 없이는 이성적 판단도 존재할 수 없다.

뇌신경학자인 안토니오 다마시오Antonio Damasio는 그의 동료들과 함께 아이오와 도박실험Iowa gambling task을 고안해서 실험을 한다. 이 게임의 목적은 처벌, 보상, 불확실한 결과를 고려하는 방법에 관련한 의사결정을 카드도박게임을 사용하여 시뮬레이션 하는 것이다.[30] 실험 결과, 건강한 피험자들은 도박게임에서 몇 십 번의 시행착오 끝에 최대한의 이익을 얻는 방법을 깨우치게 된다. 반면 복내측전전두피질Ventromedial prefrontal cortex이라는 뇌의 특정 부위에 손상을 입은 사람들은 돈을 많이 잃을 수도 있는 카드를 계속적으로 선택한다. 안토니오 다마시오는 『데카르트 오류Decartes' Error』라는 그의 저서에서 이에 대해 좀 더 세밀하게 논의한다.[31] 전두엽에 위치한 복내측전전두피질 부위는 편도체와 함께 우리 뇌에서 감성적 경험의 축적 평가와 감정적 계산 등을 관할하는, 즉 감정기능의 중추를 구성하는 핵심적 부위이다. 이 부위에 예전에 경험한 신체적 지표Somatic marker가 축적된다. 그렇다면 이 부위가 손상된 환자는 감정적 수행만을 제대로 할 수 없어야 하는데 환자들은 좋고 나쁨이라는 인지적 가치평가에 대한 결정적 상황과 마주할 때 적절한 결정을 할 수 없는 상태가 된다. (그러나 다른 지적 능력, 즉 수학적 계산이나 사고력 혹은 기억력은 예전과 다름 없다.) 이것이 시사하는 것은 가치판단이라는 어려운 이성적 기능은 복내측전전두피질에 축적된 감성적인 경험을 바탕으로 수행된다는 것이다. 특히 어린 나이에 이 부위가 손상되면 굉장히 자기 중심적이

돼서 사회적 지식과 가치를 습득하는 데 매우 치명적이다. 따라서 성인이 되고 난 후에도 적절한 도덕적·사회적 관념에 대한 판단이 어렵게 된다.[31] 결정을 내리기 전에 현재의 상황과 같거나 혹은 비슷했던 경험들이 뇌 안에 축적되어 감정이나 직관과 같은 본능적 반응이 우선시된다. 따라서 이와 같은 감정의 축적 작용이 제대로 이루어지지 않는다면 부차적인 이성적 분석은 따라오기 힘들다. 가치평가란 맞는다고 생각하기 전에 본인이 좋다고 생각하는 것으로 흘러가는데 만약 뇌에 있어 감정평가를 하는 주요부분이 손상되면 적절한 판단을 내릴 수 없다. 안토니오 다마시오는 이를 '신체적 지표가설 Somatic marker hypothesis'이라고 이론화한다. 우리 몸이 기억한다는 말이 이 가설에서 나왔다. 가치평가에 대한 결정의 상황과 마주할 때 감정이 핵심역할을 한다는 것이다. 어떤 행동을 수행할 때 예전의 경험들이 감정적으로 뇌 속에 각인되어 비슷한 상황에 처해 있을 때 혹은 다른 상황에서 몸에 익숙해진 것이 자신도 모르게 표출된다. 바퀴벌레나 징그러운 곰팡이처럼 위험하고 혐오스러운 것을 보면 피하거나 귀여운 아기나 향기 나는 꽃처럼 아름답고 기쁜 것을 보면 나도 모르게 다가가는 것 말이다. 이는 오랜 경험의 결과다. 이런 경험들이 복내측전전두피질에 저장된 신체적 지표이다. 이들은 다가가고 피하는 쾌락법칙의 형태로 결정의 상황에서 표출된다. 아이오와 겜블링 테스크의 결과에서 본다면 복내측전전두피질 부위가 손상된 환자들은 다가가고 피하는 적절한 쾌락법칙 능력을 잃은 사람들로써 자신이 손해를 보고 결국엔 파탄 날지도 모르는 선택을 계속해서 해 간다.

안토니오 다마시오가 데카르트를 언급한 이유는 17세기 프랑스인 철학자이며 수학자이고 의학자이기도 한 르네 데카르트Rene Decartes가 이성을 숭상하는 대표적 학자이기 때문이다. 그는 몸(신체)과 마음(정신작용을 비롯한 영혼적인 것)을 분리하여 몸을 마음의 하위단계에 두었다.[32]

> 영혼(정신과 마음)은 신체(몸)으로부터 완전히 분리된 것이다. … 그리고 신체는 존재하지 않을지라도 영혼(정신)은 그 본질로 존재하기를 멈추지 않을 것이다.

이는 인간의 이성에 대한 절대적인 숭배를 의미한다. 이러한 그의 생각을 후대 철학자들뿐만 아니라 과학자, 수학자들이 수용하게 되며 이성을 사용하는 과학분야에 꽃을 피우는 철학적 기반이 된다. 그러나 데카르트도 후에는 생각함에 있어서 감성의 중요성을 깨닫게 되며 『영혼의 열정The passion of the soul』이라는 저서에서 감정의 역할을 서술하고 있다. 결국 이성 우위의 절대성을 주장한 위대한 철학자 조차도 감정의 중요성에 대한 철학적 과학적 고찰을 멈추지 않았고 이는 현대 과학기술의 발달, 특히 인지 과학분야에 굳건한 기반을 마련해 주고 있다. 뇌의 기능에 대한 발견으로 우리는 인간의 행동에 대한 이해가 한 발자국씩 진일보하고 있음을 알았다. 파블로프와 스키너의 보상과 처벌에 대한 역사적인 실험적 연구성과는 최근 뇌를 촬영하는 자기 공명 단층촬영장치fMRI를 통하여 그 부위를 확인하여 검증되었고 신체적 지표 가설도 행동의 근원인 뇌의 작용을 분석하여 얻은 결과물이다.

인간의 행동은 경험의 학습과 강화를 통하여 습관화가 되는 과정이라 할 수 있다. 이는 이성이 아닌 감정의 기억으로 뇌 속에 특정방식으로 저장된다. 따라서 습관화로 나타나는 즉각적 행동, 즉 쾌락의 법칙은 우리 뇌 작용의 반영이다. 그래서 감정도 학습되는 것이라 주장하는 것도 일리가 있다. 이러한 감정은 생물이 살아가는 데 생존을 위한 필수적 요건이 된다. 감정 이론의 대가인 리처드 라자러스Richard Lazarus는 감정의 중요한 역할을 세 가지로 요약한다.[33]

1. 감정은 자극된 환경과 상황에서 조치를 할 수 있도록 몸의 에너지를 분배한다. 예를 들면 분노와 공포의 상황에서는 각성을 하게 되는데, 뇌와 근육들을 통과하는 피의 양은 증가하는 반면 소화기관에서는 감소하게 된다. 심장박동과 혈압이 올라가 강력한 호르몬이 분비되어 이 각성의 상태가 위험의 상황에서 에너지를 유지해 안전하게 피할 수 있도록 돕는다.

2. 감정을 느끼면 뇌는 그것을 설명하고 대처할 방법을 모색한다. 위험을 감지할 경우 그것에 대처할 이성적 에너지를 집중하여 상황을 이겨내고 생존하게 만든다.

3. 감정은 얼굴의 표정을 통해 드러나 다른 사람의 감정상태를 가늠하게 한다. 화가 나 있는 사람들은 피하게 되고 온화하게 웃고 있는 사람들에겐 다가가게 된다.

우리는 판단을 할 때 우리의 경험에 비추어 많은 것을 결정한다. 특별한 주의나 정보가 없는 이상 자신이 지닌 렌즈로 세상을 먼저 바라보고 분석한다. 이 렌즈란 자라온 환경과 천성적인 기질에 따라 다양한 형태로 교육을 받으며 지니게 된 자신의 세계관이라 할 수 있다. 무분별하다고 생각했던 감정도 알고 보면 오랫동안 생존하기 위해 축적되어 온 경험이고 우리의 삶을 좌지우지하는 중요한 요소이다. 감정은 가치판단에 개입하며 선택의 상황에서 결정적 역할을 해 왔으며 수없이 반복되어 오면서 쾌락의 법칙으로 전환된 것이다. 쾌락 법칙의 경험과 그에 따른 뇌 속 프로그램의 작용으로 감정은 우리의 결정에 작용할 수밖에 없게 된다. 프로이트가 삶의 목적을 결정하는 것, 즉 가치판단이란 쾌락법칙에 따른다고 한 주장은 진화론과 그것을 기반으로 한 후속 연구분야의 뒷받침으로 사실임이 입증되어 가고 있다.

현실의 법칙

개인의 욕망은 좀 더 높은 이상을 실현하기 위해 미뤄져야 한다. - 플라톤

자아 인식

인간 이외의 동물들은 쾌락의 법칙만으로도 행동의 대부분을 설명할 수 있다. 동물은 미래의 욕구에 대한 준비나 미래의 필요 상태를 예측하는 능력이 없기에 현재 지금 당장 필요한 생리적 욕구의 충족이 그들 생의 전부이다.[34] 그러나 인간의 행동은 쾌락의 법칙만으로 이해하기엔 너무 복잡하다. 너무 많은 다른 사람들이 존재하며 다른 사람들의 행위로부터 서로의 상호작용으로 다양한 현상들이 생겨난다. 서서히 자신이 다른 사물이나 사람들과 같지 않다는 것을 깨닫게 된다. 이는 인간에게 축복일까? 현상을 이해하기 위해 노력하는 과정에서 더 고등동물로 진화되었다는 주장이 억측이 아닐 수도 있다. 자연의 혹독함이 생물들의 생존능력을 강하게 만들었다는 적자생존의 법칙을 떠올리면 된다. 환경이 어려울수록 인간이 더욱 똑똑해질 수 있는 기회(어려움의 인지와 방법론 모색)가 많다. 환경이 변화하지 않고 자연에서 원하는 모든 것을 얻을 수 있는 상황이 지속되었다면 변해야 한다는 동기나 자극이 결여되었기에 원시시대의 삶이 지금까지 그대로 유지되고 있었을 수도 있다.

인간에게 이 환경이란 타인과의 관계도 포함된다. 자아인지는 남과 다른 나를 깨닫는 것으로, 사회적 상호작용의 기본전제다. 다름은 신기함과 호기심을 불러일으킨다. 친숙한 것에는 안정지향만 있을 뿐이다. 위의 침팬지

의 경우처럼 말이다. 다름의 인지에서 오는 신기함과 호기심은 탐색으로 작용한다. 빠르면 두 살 정도의 아이에게서 타인의 행동을 관찰하고 그 행동을 유발시키는 원인을 추정하는 능력이 나타난다. 관찰하는 이유는 뭔가 다르기 때문이다. 아이는 튀어 오르는 공을 보면 신기해서 어쩔 줄 몰라 한다. 계속 만지고 관찰하고 바닥에 내리 꽂는다. 직관적으로 모든 것은 아래로 향해야 한다는 것을 알기 때문이다. 아래로 내려왔으면 가만히 있어야지 왜 또 위로 올라가는지 아이로선 신기할 수 있다.

또한 아기를 자세히 관찰하다 보면 아기는 엄마 혹은 자신을 돌봐 주는 사람의 행위를 물끄러미 쳐다보고 있다가 비슷한 행동을 한다는 것을 발견할 수 있다. 예를 들어 엄마가 눈웃음을 지으면 같이 눈웃음을 짓고 엄마가 말을 하면 입 모양이라도 따라 하면서 아아 소리를 내기 시작한다. 이는 우리 신경계에 존재하는 거울뉴런의 작용 덕분이다. 1996년 이탈리아의 과학자 리졸라띠Giacom Rizzolatti와 그의 동료들이 원숭이의 행위를 관찰하다 발견한 거울신경은 남이 하는 행동을 보면 활성화되는 뇌의 신경계통이다.[35] 인간에게도 거울신경이 존재할 뿐만 아니라 원숭이보다 훨씬 광범위하게 분포되어 있으며 더욱 복잡하게 우리의 행동에 영향을 미치고 있다는 것이 밝혀졌다. 타인의 행동을 보고 모방할 수 있는 능력을 우리에게 부여할 뿐 아니라 우리가 말하는 행위와 감정의 관찰, 이해, 행위의 예측까지도 담당한다.[36, 37] 아기의 모방 행동은 사회적 상호작용의 시작이다. 모방이라는 것이 나와 남이 다르다는 것을 인지하기에 나타나는 현상이다.

자의식은 남과 다른 나를 깨닫는 것이다. 2살도 채 안된 아기가 자신의 얼굴을 거울로 자세히 들여다 본다고 생각하는가? 아기는 거울 속에 비추어진 자신의 모습이 자신이라는 것을 인지하지 못한다. 이를 인지하기까지는 약 2년이 걸린다. 거울 자기인지 실험MSR_Mirror Self Recognition은 동물들의 자아인지 능력을 실험하기 위해 미국의 심리학자 갤럽Gordon Gallop 교수팀이 개발한 것이다.[38] 거울에 비친 자신의 모습이 익숙하도록 시간을 준다. 그 후 거울을 없애고 동물의 얼굴에 스티커를 붙이거나 점 같은 것을 그려 둔다. 그 다음

다시 거울을 보여 준다. 거울에 비친 달라진 모습을 인지하는 동물들은 점을 만지려고 하거나 스티커를 떼어 내려고 얼굴에 손(발)을 갖다 댄다. 침팬지를 비롯한 원숭이, 오랑우탄, 범고래, 코끼리 등은 거울 테스트를 통과한 듯 보였지만[39] 후속연구를 거듭한 끝에 모든 영장류가 다 이 능력을 보유한 것은 아니며 같은 종이라도 간헐적으로 나타남이 밝혀졌다.[40] 특히 많은 오랑우탄이 통과하는 이 테스트를 우리와 유전자상 더욱 비슷한 고릴라는 통과하지 못했다는 것은 의미가 있다.[41] 그러나 두 살 전후의 모든 인간의 아기는 이 테스트를 통과했다. 너무 간단한 능력이지만 갓 태어난 아기한테는 보여지지 않는 능력이 대략 두 살 정도의 아기한테는 나타난다는 것은 인지적 성장이 일어났고 내가 누구인지 아는 자아 인식이 형성된 것이라 해석할 수 있다.[42]

행위의 관찰도 마찬가지다. 인간은 5살 정도만 되면 자신과 타인에게 다른 시각, 관념, 욕구 등의 정신세계가 있다는 것을 온전히 이해한다. 정신세계는 직접적으로 관찰되지 않기 때문에 사람들에게 나타나는 행위로 그 이유를 추론하며 이해하려고 한다. 이를 마음이론Theory of mind이라 한다. 생후 18개월 정도부터는 마음이론이 적용되며, 다른 사람의 입장에 선 자신을 상상하는 관점수용 능력도 발달한다.[43] 이 마음이론이 적용되면서 아이는 다른 이들의 심리적 정신적 상태를 유추하며 그에 맞게 행동을 기대한다. 즉, 예측하려고 하며 또한 왜 그런지 설명하려고 한다. 이는 인간 고유의 특성이다. 아지트 바르키Ajit Varki와 대니 브라워Danny Brower는 저서 『부정Denial』에서 마음이론이 존재하기에 생겨나는 인간 고유의 능력을 소개하고 있다. 연기, 부끄럼, 아기와 노인 돌보기, 사후의 평판에 대한 관심, 죽음과 관련된 의식들, 다른 이들을 위해 음식 마련하기, 할머니의 손자 돌보기, 병자 치료, 호의 베풀기, 상속, 법과 정의, 강연, 여러 악기를 이용한 음악, 조직화된 스포츠, 종교, 낭만적 열병, 부권의 사회통제, 가르치기, 고문, 상호거래 등이다. 이 행위들의 특성은 모두 인간이 남과 다른 내 자신을 인지하는 데서 기인한다.[44] 일부 침팬지는 일련의 행동으로 초보적 인과관계를 이해할 수 있지만 왜 그런

지 이유를 추론하지는 않는다.[45]

그런데 다른 사람의 행동이 마음과 정신에서 기인한다는 사실을 인지하는 것과 관점수용 능력을 넘어 추론하려는 능력은 더 복잡하고 어려운 사회현상을 출현하게 한다. 마음이론과 관점수용능력이란 다른 사람의 감정을 잘 인지할 수 있다는 것도 의미하는데 이 수용적 차원은 다분히 개인적인 범위에 제한을 둔다.[46] 같은 상황에서 고통을 느껴본 사람이 그 고통을 알며 기쁨 역시 마찬가지다. 뼈가 부러져 그 아픔을 경험한 사람은 타인이 같은 상황에 처하게 되면 그 고통을 더 쉽게 이해할 수 있으므로 얼굴을 찌푸리기도 한다. 감정은 앞서 말한 바와 같은 자신의 연관성과 중요도에 따라 다르게 해석된다. 타인이 스타벅스 커피를 마시는 행위는 보는 이의 특성에 따라 다르게 작용한다. 잠을 깨기 위해 커피를 마시는 어떤 사람의 눈에는 이 모습이 각성제 역할을 하므로 마시는 것만 봐도 각성을 느끼게 된다. 반면 스타벅스에 대한 안 좋은 경험을 갖고 있거나 보수적인 어떤 사람에게는 유행을 좇는 허세로 보여 경멸을 느낄 수 있다. 그러나 정작 스타벅스 커피를 마신 사람은 스타벅스가 가까이에서 커피를 살 수 있는 최적의 장소라는 실용적인 면에서 그 커피를 선택한 것일 수 있다.

다른 사람의 행위가 정신에서 나온다는 것을 이해하는 것은 아주 훌륭한 고찰이다. 그러나 타인의 사고 과정을 유추하는 것은 온전히 자신의 주관이며 이 주관은 대체로 감정적이라는 것이 문제다. 남을 이해한다는 것은 온전히 자신의 잣대로 남을 판단하는 것이며 바로 여기서 이성적으로만 이해할 수 없는 복잡한 사회적인 문제가 발생한다. 이성적으로 상황을 분석하려 하지만 그렇게 하는 데는 대단한 주의를 필요로 한다. 대부분 사람들은 자신이 듣고 겪은 일화적인 일들을 근거로 사실을 판단하기에 때문이다.[47] 남들이 스타벅스 커피를 마시는 단순한 행위가 위의 세 가지 혹은 그보다 다양하게 인식될 수 있다는 것만 봐도 그렇다.

너에 대한 나의 생각으로 기대했던 너의 행동이 다르기에 수많은 사람들이 살고 있는 지구 위에서 일어나는 일들이 복잡할 수밖에 없다. 나는 너를 전반적으로 착하다고 생각하고 있었는데 만약 그 범주에서 벗어나면 괴리감이 든다. 그런데 타인을 착하다고 여기는 생각은 그가 착하다는 행동기준에 맞는 행위를 보여 주었기에 형성된 것이다. 그러나 타인은 변한 게 없다. 착각이란 이런 것이다. 즉, 남의 행동에 대한 이유를 자신의 주관적 해석에 맡겨 버린다. 이렇게 너도 착각하고 나도 착각하니 진실한 정신과 행동은 알수 없다. 그러나 우리는 마음이론에 의하면 남의 행동의 근원을 이해하고 있다고 생각하며 서로 맞는다고 생각한다. 또한 내가 아는 것을 남도 알고 있다고 생각하고 나와 같은 행동을 하기를 기대하며 다른 사람들이 나보다 더 똑똑하거나 어리숙하다고 판단했기에 그들의 행위에 더 높은 혹은 낮은 기대를 할 수도 있다.[48] 관점수용 능력이 있지만 그것으로 항상 남의 기분을 좋게 만드는 행동을 하리라고 믿지 않는다. 자신이 좋아하는 사람이면 그들의 관점을 따라주지만 혐오하는 사람이라면 그가 콩으로 메주를 쑨다고 말해도 인정하기 싫다. 오히려 인간은 자신의 이기심을 위해 마음이론과 관점수용능력을 이용하기도 한다. 몸에 고통을 가하는 고문을 보라. 몸을 고통스럽게 하면 의지가 약해짐을 알기에 타인에게 고통을 줌으로써 자기가 원하는 것을 얻는 것이다.

관점수용능력과 마음이론은 감정이입을 가능하게 한다. 남이 겪는 고통과 기쁨을 보는 것만으로 자신이 직접 그 고통과 기쁨을 느끼는 것 같다. 그래서, 타인의 고통과 기쁨을 실감함으로써 우리가 할 수 있는 행동은 무엇인가? 남을 나와 같이 생각하여 도움을 줄 수 있겠지만 도울 수 있는 한계를 넘어서면 이 또한 무용지물이다. 또한 나 자신에 대한 확신이 서지 않으면 남의 고통을 느껴도 도와주기 힘들다. 그래서 아직 감정조절이 서툰 어린 아이들은 더 쉽게 감정이입을 하지만 타인의 고통을 느낄 때 더 잘 도와 주지 못한다.[49] 감정이입을 잘 하는 의사들은 환자들의 고통을 통감한 나머지 치료해 주고 싶다는 마음보다는 회피하고 싶은 마음을 느낀다.[50] 마음이론과 관점수용능력은 남을 이해할 수 있다는 면에선 분명히 좋은 것이지만 나의 이득과 관련된 것 혹은 나를 괴롭게 하는 것에 있어서는 사회적으로 마냥 행복을 주는 역할을 한다고 볼 수 없다. 마음이론이 있기에 우리는 다른 사람이 나쁜 마음을 먹고 있다는 것도 안다. '육룡이 나르샤'라는 무협사극을 보면 조선왕조의 기틀을 잡은 태종 이방원이 고려 말 정국이 혼란할 때 정적을 무너뜨리기 위해 이 방법을 많이 쓴다. '내가 그였다면…'이라고 생각해 보고 자신과 여러모로 닮아 있는 정적의 생각을 추리한다. 결국 정적의 생각을 간파하기에 이르며 그의 생각과는 반대의 전략을 구사하여 작전에 성공한다.

관점수용과 마음이론의 능력이 있는 자아는 지극히 이기적이다. 자신만을 생각하고 세상을 자신의 관점에서 해석한다. 자신이 하는 모든 행동들은 자신의 이해를 위한 것이다.

이타성

우리는 종종 남이 하는 행위를 보기만 해도 가슴이 뿌듯해지는 경우가 많이 있다. 특히 남을 돕는 모습을 목격하면 꼭 내가 한 듯 마음이 훈훈해진다. 무거운 짐을 짊어지고 가는 노인을 대신하여 짐을 들어주는 청년들, 공공장소에서 누가 시키지 않았는데도 자발적으로 남이 버린 쓰레기를 주워 치우는 사람들, 구세군에 기부하는 사람들, 힘들어 보이는 장애인을 돕는 사람들 등. (TV에서 보는 정치적이거나 고의적인 모습은 제외다. 누가 하느냐에 따라 가끔 혐오를 일으킬 때도 있으니까.) 세상을 많이 겪어 본 어른들일수록 이러한 모습들에 더욱 감동한다. 이기적인 이해관계에 고통 받아 본 사람일수록 남을 돕는 모습에서 의외성을 느끼며 더욱 감동한다. 아직은 살 만하다고 생각하면서 말이다.

남을 왜 돕는가? 종교에서 말하는 '네 이웃을 네 몸과 같이 사랑하라'는 가르침은 자신과 타인이 다름 없다고 생각하면 어려운 일이 아니다. 남을 돕는 것이 나를 돕는 것이고 남을 사랑하는 것은 결국 나를 사랑하는 것이기 때문이다. 그런데 앞서 말한 자아의식은 남과 내가 다르다는 것을 인지하는 것이라 했다. 그렇다면 자의식이 있으면서 자신과 타인이 비슷하다고 생각한다는 것은 무슨 의미인가? 물론 인류는 같은 종이다. 이 점에서 같다(이렇게 생각하면 단세포 생물에서 시작해서 수백만 년 동안 진화되어 온 모든 생물은 같을 수밖에 없지만). 그런데 현대인은 그런 생각을 할 틈이 없다. 나를 비롯한 주변에 있는 것만 생각하기에도 바쁘다. 제일 중심이 되는 자기 자신에서 뻗어 나가면 가족, 친구, 사회적 이해관계에 얽힌 사람들, 국가, 세계가 있는데, 아마도 맨 마지막에 인류라는 거대한 집단에 대해 생각하게 될 것이다. 인류에 대해 생각하는 것은 같은 위기 상황에 처해 있을 때가 아니면 하기 힘들다. 지구의 환경문제는 목전에서 바로 발생하는 심각한 것이 아니기에 평상시 의식하며 극복하기 위해 행동하기 어렵다. 오히려 이런 면에 있어선 초등학생들이 더 월등하다. 어른들과는 달리 생활이 단조롭고 대부분의 시간을 학교에서 지내며 수업시간에 도덕심과 윤리의식을 배워 가기 때문에 그것이 아이들의 모든 것이 될 수 있다. 횡단보도를 건널 때 여기저기 살피며 오른손이나 왼손을 들고 건너는 아이들을 많이 목격했을 것이다. 그런데 어른들이 그러는 것을 보았는가? 그것을 가르치는 선생님조차도 손을 들고 건너는 것을 보기는 어려운 일이 아닐까 싶다. 어른들은 자신들이 무단횡단을 하고도 사고가 나면 오히려 운전자에게 덤터기를 씌운다. 아마도 자신의 문제를 제쳐 두고 인류를 생각하려 한다면 영화에서처럼 유인원이 인간의 지능을 갖고 인간에게 대적하여 싸운다거나, '터미네이터'나 '아이로봇'에서 나오는 것처럼 인간이 만든 사이보그가 인간의 능력을 넘어서 우리를 위협한다거나, 하늘에서 지구만한 운성이 떨어질 위기에 처해 있을 때 정도라 할까? 그만큼 현재 직면한 자신의 일을 제쳐 두고 거대 집단인 인류의 생존과 이익을 먼저 생각하기는 힘들다는 말이다.

그러나 거꾸로 생각해 보자. 인류가 환경의 심각한 오염 문제에 처해 있다. 전세계적으로 공기오염과 쓰레기로 뒤덮여 있다. 목전의 일로 바빠 아무도 신경 쓰지 않고 개선하려고 하지 않았다. 지구 위에 살고 있는 나는 결국 삶의 질 저하로 행복해질 수 없다. 결국 나의 이기심 때문에 좀 더 넓은 관점을 취하지 않고 타인을 생각하지 않는다면 그 결과는 나에게로 돌아올 수밖에 없게 된다. 나는 남과 다르지만 결국 같은 지구 위에서 비슷한 지능을 갖고 비슷한 생리적 활동을 하는 같은 부류이다. 남의 집 대문 밖으로 쓰레기를 버려서 나에게 오는 이득이란 것은 당장의 쾌락, 즉 내 집안이 깨끗해졌다는 느낌뿐이다. 자신의 집은 깨끗해졌지만 자신과 동종인 남의 집이 더러워졌다는 생각을 못하는 지극히 동물적인 행동이다. 그러나 내 집안의 쓰레기를 규정대로 처리하고 이 쓰레기가 제대로 된 과정으로 처리된다면 나의 집뿐만 아니라 타인의 집, 더 나아가 사회 전체가 좀 더 깨끗한 환경에 살 수 있다. 문명화된 사회의 사람들은 자기 집만 깨끗하고 동네는 지저분한 것을 원하지 않으니까 말이다. 이런 깨끗한 환경에서는 수명이 더 길어지고 새로 태어나는 아이도 생존율이 높다.

이타성은 자신을 인식하며 자신에게 좋은 것이 무엇인지를 인지하는 것에서 출발한다. 그래서 학계에서는 이타성도 진화된 것이라고 주장한다. 수렵 채집활동을 하던 고대 인류는 힘 센 짐승이나 상대를 이기고 먹잇감을 획득하려면 힘을 모아야 한다는 것을 경험적으로 터득한다. 남을 도와서 한 행동이 내가 살아남을 기회를 더 많이 주었기에 선택된 것이다. 이것은 자신을 위하는 마음에서 출발했다. 타인만을 위해 온전히 행하는 이타적 행동은 없다. 심지어 부모가 자식을 위해 하는 모든 희생들 역시 자신에게 보람과 기쁨, 희망을 주기 때문에 기꺼이 감수한 것이다. 야생의 세계에서는 부모의 정 역시 자신의 생존을 위협할 정도로 굶주려 있는 경우에는 사라져 버리는 경우가 있다. 북극곰은 사냥을 하다가 마땅한 먹잇감을 찾지 못하게 되어 생존을 위협받게 되면 새끼도 잡아먹는다.[51] 파충류인 악어도 그러하다.

생물학자들은 혈연 선택Kin selection이 이타적 행동을 설명할 수 있다고 보고 있다. 혈연 선택이란 피를 나눈 한 혈연 집단에서 개인보다는 집단에게 유리한 방향으로 종족번식을 하며 종을 유지시킨다는 유전학적인 견해다. 남을 도움으로써 종족번식에 유리하게 작용하기 때문에 자신을 희생하여 남을 돕는다는 것이다. 즉, 혈연 선택에 의한 이타적 행동이란 나와 동일한 유전자를 갖고 있는 확률이 높은 사람들을 돕는 것으로써 자식, 형제자매, 일가 친척 등을 돕는 것을 말한다. 그래야 내 유전자가 후대에 물려질 확률이 높아지니까 말이다. 윌리엄 해밀턴William Hamilton은 이를 rB > C라는 간단한 수학 공식으로 표현했다.[52] 이를 해밀턴의 법칙Hamilton's Law이라고 한다. 'r'은 한 개체와 혈연적으로 연관된 정도를 뜻하며 'B'는 개체가 한 이타적 행동으로 얻은 혜택이며 'C'는 이타적 행동에 관한 비용이다 후에 이 공식은 다른 학자들에 의해 좀 더 정교화된다. rBk + Be > C라는 공식인데, 'Bk'는 혈연 선택을 함으로써 얻어진 혜택, 'Be'는 혈연집단의 전체적 혜택을 뜻한다.[53] 내 혈연을 도와서 생기는 혈연적 혜택이 나를 희생한 비용보다 클 때 이타적 행동은 성립된다. 해밀턴은 이러한 생각을 간단한 유전자 공유모형으로 보여준다. 한 개체는 수정하여 새끼를 낳음으로써 자신의 DNA 중 50%를 갖고 있는 자식을 위해 희생한다. 개체 또한 자신의 DNA 중 50%를 형제자매와 공유하며 개체의 손자와 조카는 DNA 중 25%를 공유한다. 그래서 혈연적으로 연결된 개체들을 도와주는 것이 내 유전자를 후대에 물려주는 데 중요한 역할을 하게 되는 것이다.

이와 같은 혈연선택은 꿀벌의 세계에서 극명하게 나타난다. 일벌은 평생 동안 여왕벌과 그 새끼들을 위해 일한다. 한 꿀벌의 집단은 모두 혈연으로 묶여 있는데 일벌 중에 여왕벌이 선택된다. 그리고 일벌은 여왕벌과 그 새끼들을 위해 평생을 바친다. 내 개체 번식을 포기하고 자매(여왕벌)와 조카를 돕는 것이 꿀벌이라는 집단의 종족 유지와 번식에 더 효과적이므로 그런 것이다. 물론 여왕벌이 '페로몬'이라는 화학 물질로 다른 일벌들이 생식을 하지 못하도록 통제하므로 이것은 자발적인 것이 아니다. 그러나 일벌들은 애초에 여왕의 생성을 자발적으로 돕는다. 일벌 하나가 애벌레 시절에 여왕벌로 선택되는 행운을 갖게 되면 그 새끼 일벌은 로열젤리를 먹으며 다른 일벌의 도움을 받아 여왕벌로 키워지게 된다. 이렇게 키워진 여왕벌은 한 꿀벌 집단을 거느리며 일벌들이 각각 자신의 영역에 집중하며 꿀을 모을 수 있도록 통제한다.[54] 그러니까 결국에는 자신의 생식을 가로막는 여왕벌을 자발적으로 키워내는 일벌들의 행위는 혈연선택가설을 통해 설명될 수 있다.

혈연적 이점이 아니라도 자신이 속한 집단을 위해 자신을 희생하는 이타적 모델이 있다. 집단선택Group selection이론이다. 남을 위해 희생과 봉사를 할 줄 아는 구성원들이 모인 집단이 그렇지 않는 집단보다 경쟁에서 이겨 살아 남을 확률이 높다는 것이다. 자연선택이 개인의 차원이 아니라 집단의 차원에서 이루어질 수 있음을 의미한다.[55] 개인이 한 집단을 선택하는 것은 이득과 함께 희생이 뒤따른다. 일단 살아남기 위해 선택한 집단에 들어가면 그 집단과 관계를 맺음에 있어서 개인의 욕망은 절제되어야 한다. 그러나 그 욕망은 거시적으로 보았을 땐 내가 살아남는 대가보다 크지 않았을 때 포기할 수도 있는 희생이다. 욕망을 포기하고 집단의 이익을 위해 나보다 더 나은 사람을 도와 경쟁에서 이익을 낼 수 있는 것, 왠지 친숙하지 않는가? 현대 집단적으로 묶여 있는 모든 조직들이 이러하다. 학교, 기업, 여러 단체 그리고 더 나아가 국가까지 이 모든 것들은 개인이 자율적으로 선택한 집단 선택의 유형이다. 학교에 입학하면 자신의 본능은 절제하고 집단을 안정적으로 유지 시켜 줄 수 있는 규율을 배우게 된다. 생업 유지를 위해 한 기업에 취직하는 것은 집단선택을 더 잘 설명한다. 한 기업이 다른 기업들을 상대하여 더 많은 이윤을 내고 이기려면 조직의 구성원은 개인적 차원의 행동이나 욕망을 절제해서 조직의 규율에 따르게 된다. 개인의 차원으로는 절대 이룰 수 없는 생산성을 기업의 차원에서 확보하게 되면 경쟁의 승리라는 한 목표에 박차가 가해지게 된다.

그러나 진화라는 것은 개인의 생물학적인 차원으로서 집단 선택이 진화의 차원에서 어떻게 이루어질 수 있냐는 학자들의 견해도 있다. 그래서 유전-문화의 공진화Gene culture coevolution 가설[56]을 통하여 개체의 생물학적 진화와 문화간의 영향력은 몇 세대간에 걸쳐 진화될 수 있다는 주장을 펼치기도 한다. 집단이 경쟁에서 살아남은 건 오래 전부터 내려온 집단의 학습(주로 경쟁에서 이길 수 있는 방법)의 결과이며, 이 집단의 개체로써 학습이 반복되면 유전적으로 암호화되어 다음 세대로 전달된다. 남을 위하는 이타성도 한 집단에서 자신의 생존률을 높일 수 있는 방법으로 사용되어 세대간 유전형질로 전수될 수 있다는 것이다. 이타성이 높은 원시 수렵 집단이 그렇지 않은 집단보다 생존할 확률이 높을 수 있다는 가설을 시뮬레이션을 통하여 보여 준 연구도 있다.[57] 원시 사회는 수렵채집 활동으로 삶을 이어 가는 사회로써 많은 것을 공유해서 살아남아야 했기에 집단 내에서는 내가 좀 덜 갖더라도 남과 나누어 타인의 생존능력도 함께 발전시킴으로써 종족을 유지했을 가능성이 크다.

혈연선택과 집단선택이론이 시사하는 것은 상호교환적인 사회활동, 특히 남을 돕는 이타적 행위란 결국 자신과 관계된 그 어떤 것(혈연 혹은 집단의 이해)을 위한 것으로 살아남기 위한 선택이었음을 의미한다. 남을 생각한다는 것은 내가 없으면 존재하지 않기에 온전히 남을 위하는 것은 인간의 세계에선 있을 수 없는 일이다. 또한 혈연선택으로 설명되는 이타성은 한 개체의 관점으로 볼 때 너무 힘든 행위이다. 자신을 희생하면서 남을 돕는다는 것은 그 희생이 즐거운 희생이라고 생각하지 않고서야 어렵다. 지능이 발달하지 않은 꿀벌의 세계에서는 한 개체가 자신의 생식을 포기하고 자매를 도와 종족유지를 한다는 발상이 선택되었기에 종의 본능으로 자리 잡은 것일 수 있다. 그러나 인간에게는 어떠할지 의문이다. 생각의 주체인 내가 희생함으로 언젠가 나한테 대가가 돌아올 것이라 생각하지 않고서야 욕망 덩어리임과 동시에 발달된 전두엽을 가진 인간이 어떻게 자신을 희생하겠는가? 일벌처럼 종족 번식을 위해 나의 성적 욕망을 포기하고 혈연을 위해 희생할 수 있을까? 물론 대체적으로 자신의 혈연과 관계된 사람들에게 더 잘해 주는 경향이 있을지언정 이것은 자신의 기쁨을 위한 것이지 혈연을 위한 온전한 희생은 아니다. 그래서 상호이타주의 입장에서는 남을 도움으로써 후에 자신에게 돌아오는 것이 확실히 보장되는 한에서만 도움을 준다고 보고 있다.[58] 상호이타주의는 좋은 기억력을 요구한다.[59] 내가 남에게 베푼 것을 기억해야 남에게서 받을 수도 있는 것이다. 만약 내가 해 준 만큼 상대방이 해 주지 않았다는 것을 기억하게 되면 세상에서 제일 무서운 '괘씸죄'를 부과하게 되며 보복행위도 마다하지 않게 될 수 있다.

이타적 행위들은 자신을 온전히 버리는 고통스러운 자신의 희생이라 생각하면 행하기 어려운 것이다. 프로이트는 도덕심이나 박애주의 행위에 사회적으로 높은 점수를 부여하는 문명화된 사회에서 신경증은 필수불가결한 것이라 보고 있다. 인간은 이기적 본능을 추구하며 쾌락의 법칙에 따라 움직이는데 문명의 사회에서는 이것들을 포기하라고 가르치기 때문이다. 그래서 만약 남을 위한 행동이 고통만을 따른다고 생각한다면 결코 행할 수 없다. 그러나 현실에서 우리는 알게 모르게 이타적 행동을 하며 살고 있다. 쉬운 예로 공공질서를 지키는 것이다. 버스를 기다리며 줄 서는 것을 생각해 보자. 한 버스를 기다리는 20명 정도의 사람이 버스가 도착하자마자 우르르 달려가서 먼저 타려고 서로 밀치고 싸우면 결국 누구의 손해인가? 이 과정에서 누군가 다칠지 모른다. 그것이 나나 내 식구, 내 친구가 될 수 있다는 생각을 한다. 우리는 줄을 섬으로써 안전을 유지할 수 있다는 것을 알고 있다. 남보다 더 빨리 버스에 타서 좀 더 좋은 자리에 앉으면 좋겠다는 생각을 누구나 하지만 그러나 그것보다 더 중요한 것은 안전이라는 것을 알기에 참을 줄 안다. 그래서 양보하는 이타적 행동도 하게 된다. 공공질서유지의 핵심은 나의 이기심을 버리고 사회의 안전을 유지하려는 이타성이다. 이러한 이타성은 더 나아가 봉사와 기부 등으로 이어지게 된다.

이타성이란 결국 이기심에서 출발하지만 당장의 조그마한 자신의 이익을 포기하고 좀 더 큰 그림을 보고 그릴 줄 아는 절제된 만족지연 능력이 이타성을 인류의 보편된 가치관으로 자리 잡게 한 것이라는 생각이 든다.

만족지연

자의식의 깨달음과 이타성은 쾌락의 법칙이 우리의 삶에서 항상 작용할 수 없음을 암시한다. 즉각적인 만족을 위한 자동적인 쾌락 행동만으로는 남과 연결될 복잡한 세상에서 살아남기 어렵다는 것을 알게 된다. 모든 욕구가 즉각적인 행동만으로 만족될 수 없다는 것을 깨닫게 되면서 사람들과 타협하는 방법을 터득해 나간다. 동시에 만족을 지연시키는 방법도 알게 된다. 프로이트는 이를 현실의 법칙Reality principle이라 불렀다. 현재 행복을 느끼지 못한다면 바로 이 현실의 법칙에서 오는 기다림의 고통에 대해 면역이 되어 있지 않기 때문이다. 혹은 기다린다는 것 자체를 인지하지 못하고 단지 무엇인가의 결과만을 바랄 때도 이 고통은 찾아온다. 그러나 어떤 사람은 이 고통을 대수롭지 않게 여기며 더 큰 만족을 위해 감내한다. 심지어 어린아이들에게서도 이런 성향의 차이가 발견된다. 인류역사상 가장 잔인한 실험으로 꼽힌 저 유명한 스탠포드 마시멜로 실험Stanford marshmallow experiment[60]이 이를 증명한다. 당시 스탠포드 대학 심리학과 교수였던 미셸Walter Mischel과 입베슨Ebbe Ebbessen은 1970년에 같은 대학교 부속병원에서 연구를 진행한다. 실험자는 4살에서 6살의 아이들에게 두 가지 선택을 제시한다. 적은 양의 마시멜로나 오레오 쿠키, 프레첼과 같은 과자를 즉각적으로 얻는 것과 30분 정도를 기다려서 두 배의 먹을 것을 얻는 것이다. 600명이 넘는 아이들이 참여하였는데 오로지 소수의 아이들만 마시멜로를 바로 먹었다. 많은 수의 아이들이 즉각적 만족을 자제함으로써 더욱 좋은 포상을 얻을 수 있다는 것을 알고 있다는 말이다. 만족을 지연시킬 줄 아는 능력, 즉 현실의 법칙에 대한 충실성은 출중한 능력을 가진 사람들의 특성인 것 같다. 마시멜로 실험 후 이를 이은 후속연구들에서 밝혀진 바에 의하면 18년 뒤인 1988년에 마시멜로 실험에 참가한 아이들을 조사하였더니 기대하지 않았던 결과를 보게 되는데 만족을 지연시킬 줄 알았던 아이들이 SAT를 비롯한 다수의 능력테스트에서 더 나은 결과를 얻은 것이다.[61] 마시멜로 실험은 만족을 지연시킬 줄 아는 자기조절능력을 반영하는 실험이다. 뇌의 전두엽 부분이 만족을 지연시킬 줄 아는 아이들에게 더욱 활성화됨을 알아낸다.[62] 전두엽은 인간을 비롯한 포유류의 뇌의 신경조직 바깥 부분을 덮는 신피질 부분이다. 전두엽은 인성, 미래의 계획, 사회적 행동 등에 관여함으로써 인지 수행능력Cognitive function을 관할하는데 행동을 통제할 수 있도록 하는 부분이다.[63] 즉, 인간의 이성적 능력, 과거와 관련 지어 현재를 반영하여 미래를 예측하는 고차원적인 행동을 할 수 있는 이유는 이 부위가 다른 동물에 비해 월등히 발달했기 때문이다.

만족을 지연시킬 줄 안다는 것은 미래에 자신에게 무엇이 이득인지 계산을 할 줄 아는 고도의 인지적 능력에서 나온다. 수렵채집 활동에서 벗어나 정착생활을 시작하면서 이 능력을 지닌 인류는 문명화를 부추길 수 있게 된다. 만족지연의 능력이 더 빠르게 문명을 발전시킬 수 있었다는 것은 역설적으로 들릴지 모른다. 작물을 경작하는 것은 굉장한 인내심과 노력을 필요로 한다. 그러나 한 번 경작하고 나면 쌓아 두고 오랫동안 먹을 수 있다. 만약 미래를 계획하는 계산이 없었더라면 현재의 우리는 없었을 것이다. 경작을 시작하면서 우리는 시간을 분류해야 했으며 계절에 따라 다른 음식을 키워내는 방법론을 알아야 했다. 씨를 뿌리고 수확하기에 적절한 시간 등을 알아야 우리는 생존할 수 있었다. 그리고 그것을 위한 각고의 노력과 희생, 인내심으로 더 빠르게 문명화될 수 있었다.

현재 한 개의 마시멜로로 만족할 것인가 30분 뒤 2개를 얻어 내어 더 많은 이득을 챙길 것인가라는 문제는 미래에 대한 준비도 포함할 수 있다. 마시멜로를 바로 먹어 버린다면 언젠가 안 올지도 모를 기회를 생각하지 못하는 것이다. 만약 확실히 두 개를 얻을 수 있다고 확신한다면 30분의 기다림은 참을 만하다. 두 개를 얻고 나면 나눠서 천천히 먹을 수 있으니까 말이다. 또는 가족이나 친구에게 나눠 줄 수 있는 나눔의 기쁨도 누릴 수 있으니 얼마나 좋은가? 더 많은 것을 얻고 더 충만한 기쁨을 누리기 위해 기다리는 고통을 감내해야 한다는 것을 마시멜로 실험은 보여준다. 마치 인류가 더 많은 수확을 위해 오랜 시간을 감내하는 것처럼 말이다. 마시멜로 실험자는 아이들이 먹고 싶은 욕망을 참아내기 위해 마시멜로 이외에 다른 곳으로 주위를 분산시키려 노력하고 있는 것을 관찰했다. 손으로 눈을 가린다거나 마시멜로가 안 보이는 방향으로 돌아 앉아 있다거나 발로 책상을 차는 등의 행동 등으로 마시멜로를 당장 먹고 싶은 욕망을 참아 내는 고통을 이겨 내고 있는 것이다.

인류 역시 수확을 기다리는 동안에 오로지 그것만을 위해 살지는 않았고 기다리는 고통을 다른 방향으로 승화시키게 된다. 수확을 위한 도구나 기후를 측정하는 관측기기를 개발한다. 힘겨운 농사와 수확을 기다리는 동안 공들여 온 농산물들을 잘 거둘 수 있도록 풍년을 기원하는 의식을 실행하면서 문화예술 등이 발전하였으며 거둔 농작물의 양을 기록하고 분배하는 방식을 표시하기 위해 문자와 숫자 등이 발전하게 된다. 문화의 발전이다. 정착 생활을 하고 농경생활을 시작하면서 문화가 융성해지고 우리가 현재 누리고 있는 모든 문명적 편의가 발생하게 된다. 기다린다는 것은 고통을 수반하지만 고통을 이겨 내는 과정에서 또한 많은 것을 얻는다. 이는 쾌락의 법칙과 다른 방향이다. 즉각적인 만족을 추구하는 쾌락 법칙에서는 과정이란 중요하지 않다. 쾌락 법칙에서는 고통을 피하고자 할 뿐 이겨 내는 것은 안중에도 없으니 말이다. 그래서 그 법칙에 의해 얻는 것이라곤 순간적 향락 정도이다.

쾌락법칙 vs. 현실법칙

현실법칙에 근거한 행위로 우리는 성장의 기쁨을 얻을 수 있다. 현실법칙은 남과 다른 자아를 인식한 개인이 타인과 섞여 살아 가면서 생겨 나는 많은 일들에 대해 자신의 즉각적인 욕망의 발현을 지연시킴으로써 보다 합리적인 방향으로 자신의 행위를 결정하는 것이다. 수많은 사람들이 같은 곳을 바라보고 있고 좀 더 높이 도달하려는 욕망이 있기에 현실세계에서 자신의 욕망을 바로 이루기란 어렵다. 따라서 현실법칙을 따른다는 것은 좀 더 좋은 결과를 얻을 수 있다는 기대를 전제로 한다. 그러나 비용이 따른다. 기다림이라는 고통이다. 결과가 좋을 것이라는 확실성만 보장되면 언제든지 기다릴 수 있다. 그러나 우리는 확실성을 보장받지 못한다. 우리의 '꿈'이라는 것이 그러하다. 언제 실현될지 모르는 꿈을 갖고 살아가고 있다. 고시공부를 위해 10년을 바친 사람, 예술가로 인정받기 위해 생업을 포기하고 수 년간 글을 쓰고 그림을 그리는 사람, 관객이 잘 찾아오지 않는 작은 무대 위에서 연기를 펼치는 사람, 카페를 전전하며 연주하는 인디밴드… 이 이외에도 언제 이루어질지 모르는 막연한 꿈을 위해 나름의 노력을 기울이며 생업을 등진 채 살아가는 사람들이 있다. 그래서 그렇게 기다리기만 하는 사람들은 우울증을 호소할 수도 있다. 그러나 잘 생각해 보면 막연한 꿈을 위해 몇 년간을 노력했을 때 결과가 없어서 우울해한다는 것은 기쁨을 추구하는 쾌락법칙에 연연해 있기 때문이다. 쾌락법칙에서는 결과만이 중요하고 이는 반드시 우리를 기쁘게 해야 한다는 것을 전제로 한다. 기쁜 것만 생각하고 목표를 향하는 사람들에겐 그것을 이루기 위한 과정은 무시된다. 그래서 목표를 이루지 못했을 때 실망감과 함께 우울증이 동반될 가능성이 크다. '행복의 가치평가에 대한 역설Paradox of Valuing Happiness'은 이를 설명해 준다. 기쁨을 얻는 행복에 더욱 많은 가치를 둔 사람들이 평상시 행복감을 덜 느낀다.[64] 또한 심각한 우울증 증상과 행복의 가치평가에 대한 연관관계를 연구한 결과 쾌락을 추구하는 행복에 대한 가치평가가 높을수록 우울증이 증가하는 경향을 보인다는 것을 알아냈다.[65] 이는 기쁨을 느끼고 싶어하는 강한 욕구와 현실에서 오는 차이 때문이라 보고 있다. 목표를 이루기 위한 과정에 충만한 사람들은 설령 기대만한 결과가 나오지 않았다고 해도 실망하지 않는다. 예술가가 된다는 목표에 도달한 기준을 타인으로부터의 인정이나 물질적 보상보다는 과정으로 삼고, 그 과정을 거치는 동안 자신의 목표에 대한 의미를 찾고 자아 성찰을 이루어 내기 때문이다. 그 과정 중에 자신의 꿈에 이르는 또 다른 길이 보이게 될 수도 있다.

웰빙Well being을 연구하는 학자들은 행복을 추구하는 과정과 일의 수행능력의 연관성에 대해서도 탐구하고 있다. 일을 수행함에 있어서 쾌락적 가치와 일의 수행능력에는 어떤 유의미한 연관관계도 나타나지 않는 반면 일의 의미와 몰입에 역점을 두는 사람들의 수행능력은 연관성이 큰 것으로 밝혀졌다.[66] 이는 행복에 관한 두 가지 관점에 대해 성찰해 보면 의미가 더욱 와닿을 것 같다. 행복학자들에 의하면 우리가 추구하는 행복의 상태, 즉 웰빙에는 쾌락적 웰빙Hedonism well-being과 정신적 충만함의 웰빙Eudaimonic well-being이 있다. 전자는 감정에 기반한 기쁨의 쾌락추구를 목적으로 하며 후자는 자아실현이나 내적 성장으로 인한 삶의 충만한 의미에 도달하는 것을 목적으로 한다. 쾌락적 웰빙은 쾌락법칙의 행위에 의해 얻어지는 것으로 이는 지극히 주관적으로 평가된다. 쾌락적 웰빙은 흔히 말하는 행복이며 이는 개인의 삶에 대한 만족도, 그리고 긍정적 상태의 감정의 현존과 부정적 감정상태의 부재를 측정함으로써 평가될 수 있다. 그러나 플라톤과 아리스토텔레스와 같은 옛 현인들은 감정에만 충실한 쾌락적 행복은 인간적인 성장에 해가 될 수 있으므로 이를 지양하고 대신 진실된 정신Daimon과 진정한 자아의 실현을 위해 살아가야 한다고 말한다. 이것이 충만함의 웰빙이며 단순히 쾌락을 추구하는 것이 아니라 개인에게 내제된 잠재력의 완벽한 실현을 위한 노력과 인간적 성장을 의미한다. 그러나 도달하기 매우 어렵고 많은 시간을 필요로 하기에 정신적 충만함의 웰빙을 추구한다고 해서 항상 쾌락의 추구처럼 매사에 즉각적인 기쁨으로 행복할 수 있다는 보장은 없다. 앞서 말했듯 즉각적인 만족을 지양하는 것은 인내심을 필요로 하며 이는 대부분의 사람들에게 고통이 수반되는 힘든 과정이기 때문이다. 모든 가치 있는 것들은 대부분 많은 시간을 필요로 하며 그 시간이란 것은 일분 일초가 노력과 인고의 시간으로 채워져 있다. 그러나 사회적인 특정 지위가 그들의 인성과 인격을 대변해 주지 않다는 것 역시 염두에 두는 것은 필요하다. 한 가지를 이루어 내기 위한 인내의 결과가 도덕적 결함이나 편협성 사이코패스 혹은 타인에 대한 배려의 결여로 이어질 수 있기 때문이다.

IV

The More

옛날을 그리워하다?

자기보존의 본능을 위한 생존의 투쟁은 힘을 위한 투쟁, 더 많이, 더 잘, 더 빨리, 더 자주 갖기 위한 야망이다. - 니체

만족을 모르는 것이 인간의 가장 중요한 특성이라는 것은 위대한 소설을 쓴 소설가나 혹은 철학자들의 인간에 대한 일반적 고찰이다. 사회학적·심리학적 견지에서 욕구를 보면 이 고찰은 어느 정도 일리가 있어 보인다. 끊임없이 솟아오르는 욕구는 본능과 사회적 관계의 소산이다. 아프리카를 떠난 인류도 DRD4-7R의 유전자를 가진 개인들이 그들을 둘러싸고 있는 다른 사람들에게 어떤 식으로든 영향력을 주어 욕구를 부추겼을지도 모른다. 살아 있는 모든 동물은 기본적으로 생리학적인 욕구가 있다. 그러나 그들의 욕구라는 것은 인지적인 것이 아닌 감각적인 것으로써 종을 유지하기 위해 오랫동안 진화되어 뇌와 유전자 깊숙이 자리 잡은 자동화 패턴이다. 다가가고 피하는 쾌락의 법칙을 철저히 유지한다. 상황에 만족하면 다음의 생리학적 욕구가 생겨나기 전까지 유유자적 보낸다. 걱정을 하지 않는다. 인간은 어떠한가? 등 따뜻하고 배가 부르면 그걸로 만족하는가?

프로이트는 문명이 성장할수록 불만족을 느낄 수밖에 없다고 하는데 그 이유는 더불어 살기 위해 이루기 어려운 더욱 고차원적인 이상을 요구하기 때문이라고 한다. 도덕성, 이타성, '원수를 사랑하라' 등과 같은 것 말이다. 이들의 실현은 자신의 생존을 위한 본능적 행위와는 대비된다. 자기욕구의 희생을 의미하기 때문이다. 특히 '원수를 사랑하라'와 같은 덕목은 이기적인 유전자의 지배를 받는 인간에게 상당히 어려운 과제이다. 문명적 이상에 복무

하려는 목적으로 나름대로 자신을 희생하였는데 만약 성취되지 않으면 좌절하기에 신경증적이 된다는 것이 프로이트의 주장이다. 문명을 유지하기 위한 이상 실현과 현실적 욕구에서 오는 괴리감으로 신경증이라는 고통을 겪게 되며 문명에 대한 불만족을 표출한다. 이런 이유로 사람들은 종종 자신의 본능에 충실하기만 하면 살아가는 데 별 지장이 없었던, 아직 고차원적인 문명사회를 이루지 못했던 원시 수렵인들이 현대인들에 비해 조금 더 행복했을 거라 추측한다.

『사피엔스』의 저자인 역사학자 유발 하라리Yubal Harari는 농업의 시작을 '인류의 덫'이라 표현한다.[1] 모두가 날렵해야 같이 살아남을 수 있었던 수렵채집 시절의 인류가 더 똑똑했다고 말한다. 그리고 균형 있는 영양섭취와 적절한 운동으로 더욱 건강하였다고 주장한다. 그런데 농업과 산업의 발달로 덜 똑똑한 사람들도 문명에 의존해서 살아남을 수 있는 '바보들을 위한 생태적 지위'가 생겨나게 되었다고 설파한다. 또한 농업혁명 이후 가축을 기르게 되면서 전염병이 만연하게 되었으며 또한 쓸데없는 사유재산을 갖게 되어 사치라는 것이 만연해지기 시작했다는 것이다. 결국 농업을 시작하게 되면서 불편을 해소하고 싶은 인간의 욕망이 발명으로 이어지게 되며 결국 이것을 기반으로 속도를 늦출 수 없는 문명의 발달이 더욱 가속화되었고 이것이 인류를 더욱 불안하게 만들고 있다고 말한다. 하라리 이전에도 농경의 시작을 부정적으로 보는 학자들이 꽤 있었다. 예를 들면 과학 저술가인 콜린 터지는 농경의 시작을 '에덴의 종말'로 표현했다.

그러나 모든 것은 양날의 칼. 득이 있으면 손해도 보는 것이다. 만족지연의 능력이 농업혁명 비롯한 문명발달의 초석이 되어 생명을 유지하는 기본욕구에 다가가는 데 수월함을 증가시켰다면 피해야 하는 많은 것들도 함께 생겨나기 마련이다. 좋은 것만 있다면 발전은 없다. 농업혁명은 아주 단적으로 생물학적인 결과만 보자면 우리 인류의 개체 수를 늘려 먹이사슬 최상위 포식자로 존재하게 만든 것이니 이보다 더 좋을 순 없다. 그러나 이로 인해 생겨난 사유재산의 축적과 이것을 유지하기 위한 사회의 계급과 계층화, 그리고 그들 사이의 대립과 갈등, 한마디로 사회적 갈등의 심화로 인류에게 정신적 고통을 안겨 주었다. 다가가기와 피하기, 즉 발전하느냐 정신적 고통을 피하기 위해 발전을 멈추느냐를 선택하는 것은 우리가 할 수 있는 일이 아니다. 그러기엔 우리가 너무 멀리 와 버렸다.

우리는 옛날 원시 수렵인들이 더 똑똑하고 행복했을 거라는 것을 증명할 수 없다. 지금과 같은 만족을 가늠하는 척도도 없었고 기록의 문화도 발달하지 못했기에 그들이 삶에 만족했는지 아닌지는 절대 알 수 없다. 다만 사회구조가 지금처럼 복잡하지 않은 그 시대에는 수렵채집 생활로 기본적인 욕망을 채우기만 하면 삶에 별 지장이 없었을 것이므로 삶의 단순함으로 인해 더 행복했을 것이라고 막연히 추측만 할 뿐이다. 그리고 이런 추측으로 역사학자 유발 하라리처럼 그 시절 사람들의 본능적 현명함을 칭송할 뿐이다. 그러나 가만히 생각해 보자. 지금의 우리는 그들의 유산이다. 수렵생활을 했던 지혜가 있었기에 현재가 있는 것이다. 하라리가 말하는 문명에 의존해서 살아가는 현대의 바보들도 똑똑한 수렵인들의 자손이다. 수렵생활에 적응하지 못한 사람들은 자연선택에 의해 살아남지 못했고 현명하게 생존을 유지했던 사람들이 살아남았고 그들의 유전자가 수없이 많은 세대를 거쳐 지금까지 내려오고 있는 것이다. 따라서 우리를 바보라고 일컫는 것은 조상의 유산을 욕보이는 것이다.

똑똑한 그들의 자손이기에 인간이 자기도 모르게 빠져드는 인지적 왜곡 현상 중 하나가 옛일을 더욱 가치 있게 생각하는 것이다. 과거에 대한 막연한 향수를 갖는다는 말이다. 이는 사람들이 자신과 관계된 사건들에 있어서는 실패보다는 성공을 더욱 잘 기억하는 경향이 있기 때문이며[2] 또한 과거에 해냈던 일들을 실제 결과보다 더 과대평가하기 때문이다.[3] 이는 과거의 일들에 대해서 현재와 비견할 만한 정확한 자료가 없기 때문에 막연한 추측을 하는 것이다.[4] 옛날을 그리워 할 수는 있다. 그러나 그것이 반드시 더 좋았다고는 말할 수 없다. 수렵채집 활동 시절에도 '현재'라는 것이 존재했고 빙하기가 없었던 옛 시절을 그리워했을 테니까. 알 수 없는 막연한 것을 그리워

하며 동경하는 것은 인지상정이다. 앞날을 내다 보며 알파고와 같은 인공지능이 인간을 위협할 것 같다는 추측으로 힘들게 지내는 것보다, 조금이라도 나았을 것 같은 그리고 되돌아 갈 수 없는 옛날을 그리워 하는 게 더욱 쉬우며 그렇게 해서라도 정신적 위안을 얻고 싶은 게 인간이다.

The more you get, the more you want

그러나 한 가지, 욕망이 단순했고 비교적 평등한 사회였기에 사람들이 행복했을 수 있다는 프로이트의 생각은 긍정적으로 받아들여질 수 있다. 풍요한 현대사회에서 생리학적 욕구들은 만족되기 어렵지 않다. 생리학적 욕구의 충족만으로 만족한다면 아주 낙후된 지역을 제외한 현대인들은 모두 행복해야 한다. 특히 선진국의 경우는 만족도 10을 기준으로 하면 10이 되어야 한다. 선진국에선 복지제도가 잘 되어 있어 대부분의 국민들이 그야말로 먹고 입고 잠 자는 것은 별 걱정 없으니 말이다. 그러나 2015년에 간행된 세계 행복보고서World happiness report[5]에 의하면 삶의 만족도에 있어서 최상위를 차지하는 나라들조차도(스위스 7.587, 아이슬란드 7.561, 덴마크 7.527, 노르웨이 7.522, 캐나다 7.427, 핀란드 7.406 등) 10점 만점에 8점을 넘어가는 일이 없다. 한국은 5.984로서 158개의 조사대상국 중 47위에 올랐다. 만족도지수는 1인당 국민소득, 기대수명, 사회적 복지, 선택의 자유, 관대함, 그리고 부패에 대한 인지도 등을 측정하여 합산한다. 이 보고서에서 흥미로운 점은 1인당 국민소득과 같은 물질적인 것은 행복함과 같은 긍정적 감정에 어떤 영향도 끼치지 않는다는 것을 회귀분석으로 밝혀냈다는 점이다. 오히려 사회적 복지나 관계, 삶의 선택에 대한 자유, 관대함 등과 같은 관계적 요인이 행복지수에 영향을 미쳤다.

또한 우리는 물질적인 수입이 많아질수록 만족도가 높아질 것이라 예상하지만 꼭 그런 것은 아닌 것 같다. 앞서 말한 행복보고서에 의하면 1인당 국민소득 증가율이 삶의 만족의 증가율에 역행한다는 것을 알 수 있다. 국민 소득 증가율이 높을수록 삶의 만족률은 감소한다는 것이다. 노벨 경제학상 수

상자인 앵거스 디턴Angus Deaton 교수도 그의 책 『위대한 탈출The great escape』에서 이 부분을 강조한다.[6] 50년 전과 비교했을 때 경제성장은 했지만 국민들은 더 행복해지지 않았다. 그리고 선진국 국민들은 방글라데시와 네팔 국민들보다 자신의 삶이 훨씬 낫다고 생각하면서도 행복함은 덜 느낀다고 했다. 디턴 교수는 경제성장 측정도인 1인당 국민소득에 대해 다음과 같이 말하고 있다.

> 범죄가 증가하여 교도소에 더 많은 지출을 하는 경우 GDP가 높아진다. 기후변화를 무시하고 태풍을 겪은 후 정리와 복구에 지출을 많이 해도 GDP가 낮아지는 것이 아니라 높아진다. 파괴는 무시하고 복구만 계산에 넣기 때문이다.

GDP의 성장률이 높아질수록 삶의 만족도에 대한 증가율이 낮아진다는 사실은 이것이 발전의 어두운 면은 나타내지 못한다는 것을 의미하기도 한다. 물질적 충족이 어느 정도 이루어지기 전까지는 소득과 행복이 긍정적 관계를 보이지만 그 이후에는 소득이 행복을 보장하지 않는다. 이는 특히 선진국의 경우 행복과 1인당 국민소득은 아무 관계가 없다는 이스터린 역설Easterlin paradox이 실질적으로 합당함을 보여 준다. 비슷한 맥락으로 사회학자 로날드 잉글하르트Ronald Inglehart는 사람들은 부가 일정 수준이 되면 물질적인 성향에서 벗어나 좀 더 고차원적인 것에 가치를 부여한다고 하였다. 자신들의 풍요를 당연한 것으로 여기기 때문에 이쯤 되면 물질주의를 벗어나 정치나 사회문제 등 탈물질적인 것에 관심을 돌리게 된다는 것이다.[7] 따라서 소득의 증가율과 행복감의 관계를 마냥 긍정적으로만 생각할 수도 없는 것이다.

이런 면에서 사회학자 장 보드리야르Jean Baudrillard의 물질의 풍요에 대한 고찰은 참고할 만하다. 그는 물질적 풍요로움이라는 것은 인간의 욕구의 충족이라는 것과는 거리가 멀다고 주장한다.[8]

희소성에 지배되고 있는 산업사회는 많이 생산하면 할수록 풍부함과는 점점 멀어져 간다. … 성장사회에서 생산성이 증대함에 따라 점차 만족되는 욕구는 생산의 영역에 속하는 욕구이지 인간의 욕구는 아니다. 생산성의 향상은 인간의 욕구를 무시하는 것으로서 인간을 위한 진정한 풍부함이 한없이 후퇴하기 마련이다.

원시 수렵채집 생활은 욕구가 비교적 단순했고 쉽게 채워졌지만 현대 문명사회에서 야기되는 욕구들은 그 시절과는 아주 다른 것이 되었다. 많은 물건이 도처에 깔려 있고 쉽게 구할 수 있는 현대 산업사회에서 상품이란 우리가 일상적으로 사용하는 언어처럼 기호화되어 버렸다. 그래서 보드리야르는 현대 사회에서 욕구라는 것은 어느 특정한 사물에 대한 욕구가 아니라 차이Differentiation에의 욕구라고 말한다. 이는 앞서 말했던 리처드 도킨스의 "치열한 경쟁에서 중요한 것은 차이"라는 이기적인 유전자 이론을 다시 한 번 환기시킨다. 어쩌면 차이에의 욕구는 현대사회를 규정하는 사람들의 특징이 아니라 인간 본연의 특징이며 예전부터 존재해 왔다고 할 수 있다. 보드리야르는 완전한 만족이라는 것은 결코 있을 수 없고 욕구에 대한 정의도 있을 수 없음을 강조한다. 차이라는 것은 어디까지나 항상 존재하고 또한 상대적이기에 더 많이 볼수록 그리고 더 많이 경험할수록 차이를 감지한다. 서양속담에 '가지면 가질수록 더 원한다The more you get, the more you want'라는 말은 이 차이에의 욕구를 잘 설명하고 있다고 할 수 있다. 가처분 소득이 많은 사람들(수입이 높아 생계비 이외에도 여분의 돈을 쥐고 있는 사람들)은 자신이 가진 부로 차이를 만들어 내기 위해 소비한다. 대량생산으로 만들어 낸 비슷한 물건을 소유하기를 바라지 않는다. 그래서 남과 다른 그 무엇을 물질에서 벗어난 다른 것으로 대체하려고 할 수 있다. 남이 할 수 없는 경험을 하는 것이 다른 사람들과 진정한 차별을 이루어 내는 것이라 생각한다. 예를 들면 아주 비싸고 이색적인 해외 여행, 위험을 부르는 정글 탐험 혹은 유명 대학의 박사 학위 취득 등이다. 굳이 물질에서 차이를 두자고 한다면 소위 말하는 명품이라는 것이 이 욕구를 만족시켜 주기 위해 존재하는 것 중 하나다. 그래서 명품이 대중화가 되면 그 진정한 가치를 잃어버리게 되며 별 가치도 없고 그냥 비싸기만 한 '고가사치품'이라는 불명예스러운 딱지를 받게 된다.

물질에 대한 소유욕과 만족은 대립관계에 있기에 소유욕에 의한 만족의 기쁨을 추구하는 것은 현명한 일이 아닐 수 있다. 풍족한 상황에서도 쉽게 만족하지 않는 현대인들에게 물질적인 풍요로 인해 얻을 수 있는 쾌락적 만족은 한정되어 있다. 그럼에도 불구하고 차이의 감지로 인해 끊임없이 원하는 것이 생겨나기에 인간의 부조리는 여기서 시작되는 것이다. 사물을 독차지하고 싶다는 욕망은 목적이 없다는 '목적 없는 갈망Objectless craving'을 불러온다.

이웃집 따라잡기

Keeping up with the Jones

    사람은 모방의 동물이다. 신경과학의 획기적인 성과 중 하나가 우리 신경계통에 존재하는 거울신경계의 발견이다. 남이 하는 행동을 관찰할 때와 자신이 똑같은 행위를 할 때 뇌의 같은 부위가 활성화된다. 예를 들면 타인이 손가락을 올릴 때 관찰하면서 반응하는 뇌의 부위와 그 후 본인이 직접 손가락을 올릴 때 활성화되는 뇌의 부위가 같다는 말이다.[9] 거울신경계의 작동으로 우리는 남이 하는 행동을 모방한다. 태어난 지 3일도 안된 신생아는 주변의 사람들이 짓는 얼굴 표정을 정확히 따라 할 수 있다.[10] 얼굴뿐만이 아니라 말을 할 때 움직이는 입의 모양도 모방하고 소리도 모방하며 마침내는 사회 활동의 기본이 되는 의사소통의 기술과 신호체계를 익히게 된다.[11] 거울 신경이 군집생활을 하는 영장류[12]와 고래[13]에서도 발견되는 것을 보면 이것이 사회화를 이루는 데 핵심적 역할을 할 것으로 추측할 수도 있다. 따라서 학자들은 거울신경의 발견이 우리가 타인과 함께 살아가는 데 있어서 생겨나는 많은 현상들을 설명해 줄 수 있다는 것에 동의한다.

    풍요로운 환경 속에서도 현대인이 여전히 불행하다고 생각하거나 만족하지 않는 것은 앞서 말한 차이에 대한 불만족으로 오는 것이며 이는 직접적인 사회생활뿐 아니라 다양한 매체를 통한 간접적인 이미지의 경험으로 인해 차이의 인지와 욕구를 더욱 많이 느끼기 때문이다. 거울신경계는 지능과 감정이 발달한 인간에게 욕망을 부추기는 직접적 요인이 될 수 있다. 보고 나면 따라 하고 싶고 갖고 싶은 것이다. 견물생심이라는 말이 있다. 서양 속담에도 '보면 원하게 된다Seeing is wanting'는 말이 있다. 아름다운 풍경 속에 멋진 몸매를 가진 배우가 서 있는 모습을 텔레비전에서 보고 있자면 흉내 내고 싶은 욕구가 생긴다. 그러나 현실은 빽빽한 빌딩숲에서 매일을 같은 순환으로 왔다 갔다 하는 자신의 모습이며 따라 하고자 하는 그 이미지와는 너무 많은 차이가 남을 인지한다. 자신이 속해 있는 그룹이나 단체에 의해서도 영향을 받는다. 그래서 자신의 이미지는 항상 자신이 생각한 대로가 아닐 수 있다. 현재 자신의 모습(통통하다고 생각하는 나, Actual self)과 자신이나 혹은 타인이 바라는 이상적인 자아(날씬한 몸매를 바란다고 생각하는 나, Ideal self) 그리고 타인이나 혹은 자신에 의해 의무성을 띤 자아(날씬해져야만 타인과의 관계를 유지할 수 있다고 생각하는 나, Ought self)의 사이에서 불일치를 경험하게 된다. 심리학자 토리 히긴스Tory Higgins는 이를 자아불일치이론Self discrepancy theory[14]이라 했고 이 불일치로 인해 다양한 감정이 야기된다고 했다. 감정이란 결국 자신으로부터 발생하는 것이기에 자신에 대한 제대로 된 자아의식의 존재여부가 긍정적 혹은 부정적 감정 생성의 출발점이 된다. 현재 자신의 모습, 이상적 자아, 그리고 의무성을 띤 자아가 모두 같은 것이라면 자신에게 만족할 가능성이 높다. 그러나 외부적인 요인에 의해 영향을 잘 받는 인간은 자주 불일치를 경험하며 이는 부정적 감정으로 이어지게 된다. 결국 자신의 모습이나 생각에 확신감이나 자신이 없어지게 된다. 이는 자신에 대한 정체성을 사회 관계 속에서 찾아 자신의 생각과 의견이 얼마나 옳은지 확인하려고 하는 일반적인 경향과 같은 맥락을 이룬다. 소셜 네트워크 서비스의 '엄지 척' 아이콘이나 '좋아요' 기능은 인간의 이러한 욕구를 얼마간 해결해 주는 요소 중 하나다. 불확실한 자신의 생각을 타인에 의해 긍정적으로 확인 받고 한숨을 돌리고 싶어 하는 욕구 말이다. 불확실성은 우리에게 불안감을 안겨 주기에 타인의 생각에 쉽게 의지한다. 타인의 생각이나 태도 등을 자신의 그것들과 비교하면서 자신의 정체성에 대한 방향성을 찾는다.

사회적비교이론Social comparison theory은 타인의 생각이나 행위가 개인에게 미치는 영향을 설명한다. 자아를 의식한 인간은 자신의 현 상태를 가늠하기 위해 타인의 상황과 비교하게 되는데 주변이나 매체를 통하여 자신과 동일

하거나 비슷한 조건에 있다고 생각하는 사람들과 비교하면서 자신의 위치를 판단한다. 이 비교과정에서 또 다른 불만족이 야기된다. 자신보다 능력 면에서 더 우월한 사람과 비교를 하게 되면(상향식 비교, Upward) 자존감이 떨어지고 불만족하게 된다. 반면 자신보다 여러 면에서 못하다고 생각한 사람을 본다면 자기 위안이 될 것이다(하향식 비교, Downward).

물질적인 면에서 이 사회적 비교에 의한 정체성의 확인은 더욱 명확히 설명될 수 있다. 이미 많은 것을 갖고 있음에도 불구하고 자기가 소유하지 못한 것들에 대해 더욱 열망하게 되는 이유는 그 물질이 자신의 사회적 지위나 상태를 대변한다고 생각하기 때문이다. 이웃집 따라잡기Keeping up with the Jones(존스 씨네 따라잡기)라는 용어는 자신의 사회적 위치를 자신이 가진 소유물과 주변 이웃들의 소유물들을 비교하여 판단하는 사람들의 행위나 태도를 일컫는다. 이웃들과 비교했을 때 자신의 소유물이 뒤쳐진다는 것은 사회, 경제 그리고 문화적인 낙후성을 증명하는 것으로 간주된다. 그래서 뒤쳐지지 않기 위해서라도 사람들은 이웃이 소유한 물건을 구매하고 과시적 소비에 열중하게 된다. 이웃집 따라잡기 형태의 소비는 부자 혹은 가난한 사람 할 것 없이 나타나는 전반적인 소비 행태다. 흔히 신흥부자라 불리는 사람들New Money에게서 이 행태의 소비가 나타나는 것은 자신이 이룬 부를 예부터 부를 축적해 온 사람들Old Money에게 내보임으로써 자신도 그들의 위치에 올랐다는 것을 증명하고 그들의 그룹에 낄 수 있다는 메시지를 보내는 수단이 되는 것이며 동시에 가난한 사람들을 향하여 따라 잡지 못할 차이를 과시하는 것이다. 반면 가난한 사람들이 물건을 구매할 여력이 안됨에도 불구하고 이웃집 따라잡기 위한 소비를 하게 되면 과소비를 불러일으키게 된다. 이 행위를 고무시키기라도 하듯 생산체계들의 광고를 보면 차이에 역점을 둔 메시지로 넘쳐난다.

존스 씨네 가족The Jones은 단순히 우리 주변의 이웃만을 의미하지 않는다. 여러모로 우리 생활에 깊숙이 침투해 있는 대중 매체에 소개되는 사람들은 사회적 비교 형성에 큰 역할을 한다. 멍청한 코미디 프로나 예능 같은 것을 시청하게 되면 위로를 얻는다. 그러나 미를 추구하는 미학적 인간으로서 대중매체를 통해 자신보다 조금 나은 것들을 보게 되면 차이를 느끼고 대상을 욕망하게 되는 것은 개인의 탓이 아니다. 그래서 장 보드리야르는 현대사회에서 인간의 욕망은 생산체계의 역전된 순서(소비자의 욕구 기반으로 상품을 생산해 내는 것이 아니라 상품을 먼저 생산하고 욕구하게 만든다)로 인해 발생하는 것으로 결코 만족될 수 없는 차이라고 설파한다.

욕구는 자아중심적이다. 흔히 말하는 욕구불만이라는 개념은 자아 불일치를 말한다. 풍요의 사회에서도 불만족과 불행을 느끼는 현대인들은 풍요롭게 만든 그 문명과 기술로 인해 오히려 불행할 수 있다는 프로이트의 주장과 현대사회에서 욕구는 사회적 생산체계의 산물이라는 보드리야르의 소비사회에 대한 고찰은 상당히 일리가 있다. 보드리야르는 현대 소비사회에서 상품의 소비는 언어와 같은 기호의 교환과 같은 것으로 이는 의미의 교환을 의미한다고 말한다. 의미를 교환함으로써 자신을 끊임없이 남들과 차별화하려는 수단으로 소비를 선택한다는 것이다. 어떤 물건을 소유한다는 것은 자아의 정체성을 표출하는 것으로 남과의 다름을 나타내는 것이다. 이상적인 자아를 표출하고 남에게 인정받기 위한 물건을 구매하지 못하는 상황에 처할 경우 낙담하게 된다.

현대사회에서 자아 불일치는 차별화하려는 욕구의 의미 교환이 제대로 이루어지지 않은 상태라 할 수 있다. 풍요의 사회에서 불만족은 물질이 아니라 상호관계에서 오는 차이가 주 원인이 된다. 오늘날 한국사회에서 보이는 불만족을 보면 알 수 있듯이 말이다. 의식주는 많은 부분 해결됐지만 이제는 누가 더 많이 좋은 것을 가짐으로써 선망의 대상으로 차별화가 되느냐가 문제다. 법적인 계급은 더 이상 존재하지 않는 사회라 하지만 많은 이들은 이미 수입과 소비로 나타나는 자본주의적 계층화가 곧 계급이라는 것을 안다.

문명은 그 기반 위에 한 차원 높은 문명을 형성하여 발전하지만 물질로 인한 인간의 만족과 행복은 적응상태Hedonic adaptation에 접어들었기에 또 다른 문명의 형성은 어쩌면 인간의 인간적 성장을 통한 행복이라는 것에서는 군

더더기에 불과할지도 모른다. 어쩌면 아주 오래 전에(불의 발견 후) 문명은 정지상태에 머물러 있어야 했다. 불은 우리에게 음식을 익혀 먹어 소화가 잘 될 수 있도록 하는 이점을 주는 것 이외에도, 저녁에 활동할 수 있고, 청동기나 철기 같은 무기들을 주조할 수 있게 했으니 그로써 충분한 것 아닌가? 문제를 해결하기 위한 과정을 거듭하면서 발전된 문명이지만 이 발전된 문명이 예전에 없던 문제를 야기시킨다. 환경오염, 사이버폭력과 같은 것 말이다. 빙하기와 같은 어쩔 수 없는 자연의 현상조차 지연시키고 있지만 그 또한 산업발전으로 인한 환경오염과 지구의 온난화 영향 때문인 것을 감안한다면 문명의 발전 방향에 대해 숙고하게 만든다. 문명 속에서 인류는 숭고한 주체가 아니라 한 요소로 작용하고 있는 듯한 착각을 준다. 문명은 우리가 이루어 놓은 것이지만 이제는 스스로 생존하는 거대한 생명체와 같이 느껴진다.

구르는 돌에는 이끼가 끼지 않는다

인류학자들이 화석연구와 유전자 분석으로 밝혀 낸 바에 의하면 약 600만 년 전 다른 종으로 분화된 인간과 침팬지는 같이 아프리카 지역에 머물렀었다.[15] 그런데 약 7만 년 전 각각 다른 지역으로 서식지를 갖게 되는데 침팬지는 원래의 발생지역인 아프리카 열대림에 머물고 현생 인류인 호모 사피엔스는 동남아시아를 비롯한 중동, 남아메리카 등으로 진출하게 된다. 구르는 돌에는 이끼가 끼지 않는다는 말처럼 인류는 머물러 있지 않았기에 다른 침팬지와는 차원이 다른 존재로 진화될 수 있었다. 이동은 환경에 살아남기 위해 특별한 주의와 각성을 요구했을 것이다. 문제를 인지하지 않는 혹은 문제를 인지하지 못하게 하는 사회적 시스템은 보수적 환경을 야기시키며 몰락에 이른다. 로마와 영국이 역사상 세계를 지배할 수 있었던 이유는 외부에 눈을 돌려서 진출했고 그와 함께 혹은 그 결과로부터 오는 다양성을 수용했기 때문이다. 지금 미국의 경우도 최강국으로 번영할 수 이유 중 하나가 다양성을 최대한 수용하도록 정책화된 제도이다.

아프리카에 살던 현생 인류의 한 무리만이 아프리카를 떠나왔다. 떠나온 그 무리들이 현재의 문명을 이룩하는 데 기여하였다. 남아 있는 인류는 고향인 아프리카를 현재 상대적으로 가장 낙후된 지역으로 머물게 했다. 왜 나머지들은 떠나지 않고 남아 있었을까? 좀 더 좋은 먹잇감을 바라지 않았던 것은 아닐까? 남아 있는 인류는 침팬지와 마찬가지로 주어진 환경이 세상의 전부라고 생각하며 살았기 때문일지 모른다. 떠난 인류는 새롭고 좀 더 좋은 먹잇감을 찾아 이동하게 되었다. 빙하기라는 자연의 혹독한 시련을 견디어야 했지만 그것을 견디면서 강해졌다. 또한 아프리카 지역과는 전혀 다른 기후를 가진 지역일수록 사람들의 외모는 현재 많은 사람의 선망하는 외모로 바뀌었다. 변이에 변이를 거듭하여 하얀 피부, 파란 눈, 금발, 긴 팔다리를 가진 북유럽의 인종처럼 말이다. 북유럽과 아프리카의 사람들이 약 20만 년 전에는 루시Lucy라는 같은 조상을 가진 인류라는 것이 믿기지 않을 정도다. 떠나온 한 무리의 인류는 환경에 대해 만족을 모르는 사람들이었을 것이라는 것은 억측이 아닐 수도 있다. 앞서 말한 DRD4-7R이라는 변이 유전자가 아프리카를 떠난 모든 사람에게 있었더라면 현재 우리 모두에게 이 유전자가 있어야 한다. 그러나 그렇지 않다. 오직 현재 인류의 소수만이 갖고 있다. 그렇다면 이 호기심과 새로움을 추구하는 유전자만으로는 새로운 삶을 향해 행동하는 것을 설명할 수 없다. 그러나 한 개인이 갖추었을 이 유전자의 특성이 발현하여 이것이 말로 표현되었고 다른 사람들에게 영향력을 주었으며 결국 한 무리가 서서히 아프리카를 탈출할 수 있도록 협력했을 수 있다면 더욱 설득력이 있을 수 있다. 결국 한 행동의 발현은 내재적 특성만이 아니라 그 주위를 둘러싸고 있는 환경적 그리고 사회적 영향의 소산이다.

문제 풀이 기계

　문명화된 이후, 인간은 더 이상 야생의 세계에서 살아남는 것을 걱정하지 않는다. 사람간의 관계에서 살아남는 것만이 우리의 주요 걱정거리다. 또한 기술이 스스로 감정 없이 진화되어 살벌한 세계를 낳을 수 있다는 걱정이 늘었다. 혹자는 인간이 개발한 인공지능과 인류간에 대립과 전쟁이 미래에 존재할 수 있다는 암울한 상상을 하기도 한다. 마치 영화 '터미네이터'처럼 말이다. 그럼에도 불구하고 문명의 전진을 막지 못하는 건 관성의 법칙 때문 아닐까? 문제를 인지하면 어떻게든 해결해야 하는 인간의 속성은 마치 움직이는 물체는 계속 움직이려 한다는 물리의 법칙과 같다. 그래서 우리 뇌를 문제 풀이 기계Problem solving machine라고 말하기도 한다. 칼 포퍼는 "모든 삶은 문제 풀이 과정"이라고 말했다. 진화론에 근거한 생각으로 한 종이 지금의 상태가 된 이유는 그 유전자가 그 환경에 처해 있을 때 생존하기에 가장 적합했기 때문이라는 것이다. 원숭이는 나무 위에서 유전자를 유지하는 기계이고 물고기는 물 속에서 유전자를 유지하는 기계이다. 이렇게 생각한다면 사람은 생각을 멈추지 않는 것이 생존에 유리하기에 그렇게 진화했다고 생각할 수 있다. 미신을 만들어서까지도 일어나는 모든 현상에 대해 설명하고 연관관계를 지어 그 의미를 찾고자 한다. 시험 보는 날 아침에 무엇인가를 부러뜨리면 시험을 망친다. 평상시 부러지지 않는 것이 하필 시험 보는 날 아침에 부러지니 그 연관관계를 비교적 쉽게 추측할 수 있다. 또는 빨간색으로 이름을 쓰면 저주를 받는다. (피를 연상케 하니까.) 혹은 애인에게 신발을 선물하면 도망간다. (신고 멀리 갈 수 있게 하니까.) 남편이나 남자친구가 닭 날개를 먹으면 바람을 피운다. (날개를 움직이면 바람을 일으켜 날 수 있으니까.) 아침에 영구차를 보면 하루 종일 재수가 없다. (죽음은 왠지 불안을 암시하는 것이니까.) 이 같은 미신은 수없이 많다. 그리고 수면 중에 꾸었던 꿈을 해석하며 그 의미를 알고자 한다. 떨어지는 꿈을 꾸면 키가 큰다거나 이 빠지는 꿈을 꾸면 누가 죽는다고들 한다. 혹은 자식에 대한 기대와 희망으로 엄마나 아빠가 꾸는 태몽에 많은 의미를 둔다. 좌우지간 모든 현상에 대해 이유를 달고 머릿속을 정리정돈해야 살아갈 수 있게 만들어졌다. 불편하고 난해한 것을 그냥 놔두지 못한다. 현상에 대한 추론과 의미를 발견하려고 하는 우리의 뇌는 따라서 관성의 법칙을 가지고 있다고 할 수 있으며 외부적인 영향력이 행사되지 않는 한 이것은 영원히 계속될 우리의 속성이다. 그래서 기술적으로 풀리지 않는 문제는 언젠가 풀고야 말며, 불편하고 눈에 거슬리는 것(본능적으로 인지되는 차이)을 가만히 놔두지 못하는 우리의 속성이 있는 한 문명은 계속해서 전진할 것 같다.

동물은 먹고 번식하기 위한 눈 앞의 생존만을 위해 살아가지만 인간은 아주 먼 옛날부터 무엇을 먹을 것인가가 아니라 어떻게 잘 먹을 것인가를 고민하였다. 동물은 자기보다 위협적인 상대가 나타나면 도망가기 바쁘지만 인간은 자신보다 힘 센 이와 어떻게 싸울까를 고민한다. 동물원에 있는 '동물의 왕'이라는 사자를 가만히 관찰해 보면 먹고 자고 짝 짓고 우리 안을 어슬렁거리거나 가만히 앉아 있는 단순한 생활이 전부라는 것을 알게 된다. 또한 인류와 거의 비슷한 유전자를 공유하는 침팬지조차도 실험용으로 길들여진 것들은 탈출을 하려 하지 않는다. 먹을 것이 해결된 그들에게 우리 속은 아마 천국과 같지 않을까? 인간을 포함한 그 어떤 생물보다도 강한 사자나 인간과 비슷한 침팬지가 우리 밖으로 나가려 하지 않는 걸 보면 그럴 수도 있다는 짐작을 하게 된다. 만약 생태계가 파괴될 걱정만 하지 않는다면 최대한 많은 동물들을 동물원에 살게 하는 것도 그들에게 편안함을 선사하는 인간의 선물이 될 수 있다. 집에서 기르는 강아지처럼 말이다. 그러나 인간에게 만약 그런 식으로 길들여져 갇혀 있으라고 한다면 얼만큼 버틸 수 있을까? 특별한 목적을 위해 스스로 잠식해 있는 경우나 죄를 지어 감옥에 들어가 있지 않는 이상 한 곳에 갇혀 지낼 수 없는 것이 인간이다. 어떤 식으로든 해방될 궁리를 한다. 인간의 'Out of Africa'는 어쩌면 발달된 두뇌를 가진 인간에게 필연적인 것이었는지 모른다.

시간의 의미: 양날의 칼

왜 더 잘되기를 바라는 걸까? 오늘은 어제보다 낫고 또 내일은 오늘보다 좋아지기를 바란다. 우리는 항상 기대를 하며 살고 있지만 보통 그것을 깨닫지 못한다. 기대가 긍정적이면 희망이 되고 부정적이면 불안이 된다. 우리가 매일 하는 선택이 평균적으로 1만 번인 만큼 크고 작게 희망과 불안을 반복하여 느끼며 살아간다. 반복적으로 하는 행동이나 선택은 불안과 희망의 중간인 안정적인 단계의 느낌이며 안정의 단계에서는 많은 행동들이 기계적으로 일어난다. 그런데 인간은 자동화에 만족하는 동물이 아니다. 인간이 다른 동물과 현저히 구별되며 현재 주도권을 잡고 있는 이유가 다른 동물보다 월등히 발달된 대뇌신피질 때문이라고 진화론자들은 주장한다. 발달된 신피질은 인간을 추상적 생각과 더불어 과거·현재·미래를 구분할 줄 알게 한다. 언어가 언제 어떻게 시작되었는지 알 수 없지만 (최소한 언어학자 노암 촘스키에 따르면) 언어를 보면 인간의 시간 구분 능력이 현저히 발달되어 있다는 것을 알 수 있다. 오늘, 어제, 그저께, 현재, 과거, 미래, 순간, 찰나, 영겁 등 수없이 많다. 더 나아가 시간을 좀 더 과학적으로 세분화한다. 24시간이 지나가면 하루가, 365일이 지나가면 1년이 된다. 또 1년 역시 4계절로 나뉜다. 이런 시간의 구분은 정착생활과 더불어 농경문화가 시작되면서 더욱 필요했을 것이다. 농작은 수렵활동과는 다르게 계절에 따른 강수량과 기온 등을 정확히 예측할수록 더 많은 수확을 올렸을 테니까 말이다. 그럼으로써 더 많은 사람들에게 풍요로운 식사를 제공했을 터이고 이것은 종족의 번식을 이루어냈을 것이다. 동물도 약간의 시간관념이 있다고 할 수 있다. 그들도 낮이면 먹이를 찾아 이동을 하고 저녁이 되면 잠을 잔다. 먹이를 찾아내려면 빛이 필요하다. 빛이 있는 동안에 움직인다. 그리고 저녁이 되면 아무것도 안 보이니 잘 수밖에 없다. 먹이를 찾아 하루 종일 움직였으니 저녁이 되면 피곤할 만도 하다. 물론 야행성의 습성이 있는 동물들은 반대일 것이다. 또는 사자와 같이 야간 시력이 월등히 발달되어 있는 동물도 좀 다를 것이다. 그러나 동물의 이런 행동은 생체학적 리듬이지 인간과 같은 시간관념이라 할 수 없다. 우리와 유전자가 제일 비슷하다고 하는 침팬지는 벼, 보리, 밀과 같은 식물을 키워 먹이로 사용하지 않는다. 식물이 자라 먹이가 될 수 있다는 것 자체를 모르거니와 또한 자라는 것을 기다리지 못한다. 먹이가 될 만한 것들은 바로 먹어버리니까 말이다. 씨앗이 나중에 벼나 보리가 된다는 것을 알았다면 인간과 힘을 겨루고 있었을 것이다. 그래서 만족지연이 인간에게 많은 이점을 주었다는 것은 억측이 아니다. 그리고 인간이 잡식성인 것에 감사해야 한다. 만약 초식이거나 혹은 육식이었다면 인간의 삶은 어땠을까? 순전히 초식동물이었다면 겨울을 버티기 어려웠을 것이며 육식동물이었다면 다른 종의 힘 센 육식동물과 더욱 잦은 생존경쟁을 벌여야 했기에 살아남기 힘들었을 것이다. 씨앗을 바로 먹는 것보다 이것을 심어 놓고 기르면 더 맛있고 또한 더 많은 양을 얻을 수 있다는 미래에 대한 기대가 있기에 참고 기다리며 다른 음식으로 배고픔을 달랠 수 있다.

그러나 미래를 의식하며 산다는 것이 우리에게 이점만을 가져다 줄까? 하버드 대학교 교수인 심리학자 엘렌 랭어 박사는 여기에 의문을 품는다. 시간이라는 것은 곧 인지와 정신의 작용인데 만약 시간을 인지하는 정신작용을 조작하여 생각을 바꾸게 하면 신체에 어떤 변화가 올 수 있을지에 관해 실험한다. 유명한 '시계 거꾸로 돌리기 연구Counterclockwise study'이다.[16] 1979년에 연구 대상 인터뷰를 통과한 노인 여덟 명을 1959년의 모습으로 세팅된 한적한 마을에 머물게 한다. 그 마을은 모든 것이 그들이 살아 왔던 20년 전의 모습과 같았고 실험에 참가한 노인들에게 그 시절로 돌아가 생활에 필요한 모든 선택권을 부여한다. 그리고 젊어진 척 연기를 하는 것이 아니라 1959년에 생활하던 자신들의 모습이 되어 달라고 부탁한다. 1주일 동안 20년 전의 모습으로 지낸 노인들의 신체적 지표를 실험 전의 지표와 비교해 보니 청력, 기억력, 악력 등이 향상되었고 관절 유연성과 손놀림이 월등히 향상되었으며 체중도 증가한 것을 알아냈다. 이 실험은 생각과 정신으로 조정되는 행동이 신체의 변화를 지배할 수 있다는 것을 밝히기 위해 고안된 연구였지만 우리가 당연시하는 시간의 흐름에 대한 시간의 속성과 그에 대한 태도에 대해서도 다시 한 번 고찰해 볼 수 있는 여지를 준다. 우리는 시간을 실제로 거꾸로 돌릴 수 없다. 흐르는 시간을 막을 수도 없다. 그러나 생각은 바꿀 수 있다. 시간이 가면 모든 신체기능이 떨어진다는 것에 대한 당위성과 늙으면 이러이러하다는 고정관념(주로 나쁜 쪽으로 예를 들면 결정력이 떨어진다든가 고집스럽게 된다 등)을 타파하여 노년의 삶에 활력을 불어 넣을 수 있다. 즉, 죽는 날까지 삶의 과정을 즐기며 살 수 있다. 물론 노인들에 대한 주변인들의 인식전환도 절대적으로 필요하다.

시간 거꾸로 돌리기 연구는 미래에 대한 불안 역시 시간에 관한 고정관념을 바꾸면 한결 나아질 수 있다는 것도 함의한다. 시간의 연속성과 시간관념은 우리에게 계획하고 대비한다는 이점을 줄 수 있지만 이것은 불행의 씨앗이 되기도 한다. 알 수 없는 불안한 미래를 인지하기에 우리는 재물에 대한 욕심이 생긴다. 빙하기나 화산폭발 등으로 환경이 얼마나 생물에게 무자비한지 경험으로 알게 되었다. 오랜 방황 끝에 정착생활을 하며 농경으로 식량을 수확하게 된 인류는 그래도 안전하지 않다. 내년엔 기후가 어떻게 될지 모르고 병충해로 농사를 망치게 될 수 있다. 그래서 무엇이든 생활에 도움을 줄 만한 것들은 쌓아 두려고 한다. 마치 우리가 경계경보가 울리면 라면과 물 등을 잔뜩 사서 쌓아두는 것처럼 말이다. 자원은 한정되어 있으니 남의 것을 빼앗으면서까지 부를 축적해 놓는다. 많으면 많을수록 미래가 안정적일 수 있으니까. 미래를 계획하는 것은 훌륭한 일이지만 이것은 욕심과 쟁탈의 출발점이 된다. 만약 지구가 1분 뒤에 멸망할 것이라는 것을 안다면 결코 재물을 쌓아 두거나 싸우는 일이 없을 것이다. 1분 후도 미래이기는 하나 1분 동안 무엇인가를 축적해 놓는다는 것은 불가능하다. 그러나 우리는 항상 영원히 살 것처럼 생각하고 계획하니 환경의 불확실성으로 인한 불안함 때문에 자신을 보존하기 위해 먹거리를 더 많이 확보해 두는 것이다. 만약 현재를 미래와 너무 연관 지어 생각하지 않고 지금의 상태가 모든 삶의 전부인 것처럼 생각한다면 불안은 덜할 것이다.

좋은 머리로 사물을 정확히 인지하고 정확한 판단을 한다고 생각하지만 이는 착각에 불과하다. 시간을 구분하지만 과거·현재·미래는 같은 사건에 대해서도 다르게 생각하게 만든다. 그래서 행동도 달라지게 한다. 예를 들면 좀 더 먼 미래는 추상적으로 현재와 더 가까운 미래는 구체적으로 인지하기에 행동도 달라진다. 학생들에게 선생님이 2달 후 시험을 치를 것이라 말하면 학생들은 공부할 시간이 많이 남아 시험 결과가 좋을 것이라 예상한다. 그래서 시험 본다는 것에 대한 부담감도 덜 느끼고 시험 보는 것을 좋아한다고 생각하기도 하며 좋은 결과를 얻을 것이라는 장밋빛 생각에 물들어 계획을 세운다. 그러나 막상 1주일 앞으로 다가와 개요가 나온다거나 하면 구체적인 계획(예를 들면 페이지 수까지 계산해 가며 문제를 푼다)을 세우게 된다. 어떤 학생은 구체적으로 계획하기엔 시간이 너무 없어서 해도 안 될 것 같다며 포기하기도 한다. 이는 시간의 인식과 행동의 변화를 설명하는 해석 수준 Construal level 차이에서 오는 현상이다. 시간적으로 좀 더 먼 미래에 올 사건들에 대해서는 추상적인 생각으로 대략적인 개요를 생각하는 경향이 있고 가까운 미래는 구체적으로 꼼꼼하게 대비하게 된다. 시간이 지날수록 경험한 사건은 추상적인 느낌만 남는 것처럼 과거의 사건에도 적용된다. 바로 좀 전에 일어난 일도 사람에 따라서는 아주 오래 전에 일어난 것 같이 느껴질 때도 있으며 반대로 아주 오래 전 일도 방금 경험한 것처럼 생생하게 느껴질 때도 있다. 해석수준에서 차이가 나기 때문이다. 물론 개인이 겪어 온 경험과 연륜에 따라 똑같은 사건을 사람마다 다르게 구성하는 삽화적 기억의 편집 작용도 영향을 미친다.

시간을 구분한다는 것은 고도의 이성적 능력이지만 객관적이어야 할 시간의 인식 역시 개인적인 관심사나 느낌에 따라 착각을 일으키니 이 또한 아이러니하다. 인간은 그 좋은 머리 때문에 착각과 편견을 갖는다. 여기에서 자유로울 수 있는 사람은 없다. 같은 것에 대해 그 많은 사람들이 착각과 편견을 갖고 살고 있으니 세상이 요지경이 될 수밖에 없지 않을까?

부조화와 행동: 차이와 문제 인식

차이는 항상 존재해 왔다. 사람에 따라 차이를 느끼는 사람과 그렇지 않은 사람이 있을 뿐이며 혹은 사회에 따라 차이를 인식하도록 교육시켜서 다양성을 허용하느냐 그렇지 않느냐가 다를 뿐이다. 차이를 느끼지 않는 사람들은 이미 그 무리(유유상종) 혹은 맥락에 속해 있는 사람이거나, 차이를 각성할 만큼의 인지력을 갖추고 있지 않은 사람일 수 있다. 입학 전 어린아이들은 차이를 잘 각성하지 못한다. 아직 획일화된 교육을 덜 받아서이다. 그들에게는 산수를 가르쳐주는 아빠와 아인슈타인은 별 차이가 없다. 그들의 짧은 역사 인식에 있어서 아빠가 오히려 훨씬 더 중요한 일을 하고 있다고 생각할 수 있다. 입학 후 점점 더 많은 것을 배우고 알게 되면서 이는 사실이 아니라는 것을 자연스럽게 터득하게 된다. 차이의 각성은 경험과 인지력의 향상으로 더욱 발전하게 되는데 차이를 이제껏 알아왔던 자신의 지식과 다른 방법으로 각성하게 된 경우를 계몽이라고 하며 이 경우의 대부분은 그 차이에 대한 원인을 찾고자 하고 차이로 인해 문제가 발생하거나 잘못된 방향으로 나아가고 있다고 생각할 경우 그것을 수정하고자 행동을 취하게 된다.

경험으로 쌓아 올린 여러 가지 인식들은 그것이 나름대로 '맞다'고 생각하는 착각을 하기 때문에 우리가 흔히 말하는 믿음과 신념이 된다. 믿음과 신념은 행동으로 이어진다. 그런데 사회적 인간에게 새로운 사회현상의 발생으로 인한 새로운 정보의 유입은 불가피하게 찾아온다. 만약 새로운 정보가 자신의 경험으로 축적된 믿음이나 지식과 비슷하거나 일치하면 정합성을 느끼며 안정성을 유지하고 강화하지만 그렇지 않다면 인지적 불안정이나 감정적 불만을 느끼게 된다. 문제인식이다. 문제가 인지되면 어딘가 불편하다. 그래서 불편을 해소하려고 행동을 취하게 된다. 심리학자 하이더Fritz Heider는 그의 균형이론Balance theory에서 인간이 심리적이고 인지적인 일관성Cognitive consistency를 유지하려고 하는 것은 행위의 동기가 된다고 주장한다. 동시대 심리학자 레온 페스팅거Leon Festinger는 인지 부조화Cognitive dissonance 이론에서 자신의 신념과 외부 정보가 일치하지 않을 때 이 부조화를 해결하고 심리적 인지적 안정을 유지하기 위해 인간의 행위는 변하게 된다고 말한다. 최근 뇌 과학은 균형이론과 인지부조화 이론이 사실임을 입증하고 있다. 뇌의 전뇌대상피질Anterior Cingulate Cortex와 뇌섬엽Insular lobe 부위가 활성화된 사람들은 인지부조화를 더욱 많이 경험하며 태도를 바꾸는 경향이 있다고 한다.[17] 그런데 이런 인지부조화가 생득적인 것으로 진화의 결과라는 주장이 있다.[18] 즉, 태어날 때부터 우리는 이를 경험할 수밖에 없으며 행동을 변화시킴으로써 최대한 불일치를 줄이려 하는 것은 모든 인간의 천성이라는 것이다.

　세상의 모든 문제인식은 자신에서 나오며 자신과 다른 외부의 환경이나 정보는 부지기수다. 이로 인해 야기되는 인지 부조화는 균형상태를 이루려는 정신적 혹은 신체적 행동을 야기하니 인간은 과연 문제 풀이 기계라 명명될 만하다.

고통: 부조화를 줄여가는 과정

　신체적 고통과 마찬가지로 인지적 고통 역시 해결되지 않으면 괴롭다. 그런데 인지적 고통은 때에 따라서는 만족되기까지 오랜 시간을 요한다. 그리고 또한 해결 방법도 개인간의 차가 많다. 현실법칙을 따르는 삶을 바람직한 것이라고 생각하는 우리는 이 고통의 문제를 바로 풀어 만족시킬 수 없다는 것을 안다. 만약 쉽게 풀리는 것이라면 평상시 자신이 잘 알고 있는 노하우를 이용한 것으로 자동화된 것이다. 마치 구구단 같이 말이다. 그러나 기쁨과 의미는 덜하다. 풀기 어려운 것일수록 가치 있고 풀고 난 뒤 기쁨은 배로 증가한다. 그것을 아는 인간은 기회를 만들어서라도 문제를 만들어 낸다. 쇼펜하우어는 인간의 이런 본성을 재미있게 묘사한다.[19]

> 　장애는 행동하거나 목표를 추구하는 과정에서 물질적인 방식으로 나타날 수 있다. 또한 무엇인가를 배우거나 연구하는 과정에서 정신적으로 나타날 수도 있다. 그렇지만 장애가 물질적이든 정신적이든 관계없이 장애와 싸우고 그것을 극복하는 일은 인간이 살아가면서 갖는 크나 큰 즐거움이라 할 수 있다. 이러한 이유로 만일 인간이 장애를 극복할 기회를 갖지 못하면 그는 가능한 한 그 기회를 스스로 만들고자 한다. 인간은 무의식적으로 이러한 본성에 따라 움직인다. 그런 연유로 누군가에게 시비를 걸고, 음모를 꾸미며 사기를 치고 악행을 저지르는 것이다. 물론 그 구체적인 양상은 환경에 따라 달라진다.

　우리는 누군가가 실없이 자기에게 허튼 말을 하면 할 일이 없어 시비 걸고 싶어 안달한다고 생각한다. 쇼펜하우어도 같은 생각을 했는데 그는 이를 인간이 장애를 만들어 고통을 느끼지만 이것은 없어진 고통에 의한 기쁨을 두 배로 얻고 싶어 하는 무의식적인 본능의 과정이라고 꼭 집어 말한다.

> 어떤 일(고통을 없애는 일)에 노고를 기울이며 장애물에 맞서 싸우는 행위는 인간
> 이 본성적으로 갖는 가장 본질적인 욕구이다. 고요한 즐거운 상태 속에서 자족하는
> 상태는 인간에게 불가능하다고 할 수 있다. 오히려 장애를 극복하는 행위야말로 인
> 간이 살아가면서 갖는 최상의 즐거움이다.

문제 풀이 기계인 인간 그리고 장애를 억지로 만들어서라도 극복하는 즐
거움을 느끼고 싶은 인간에게 불만족과 인지부조화는 필연적일 수 있다. 프
리드리히 니체Friedrich Nietzsche는 삶의 목적을 다음과 같이 말한다.

> 삶의 목적은 끊임없는 전진이다. 먼 곳을 항해하는 배가 풍파를 겪지 않고 조용
> 히만 갈 수 없다. 풍파는 언제나 전진하는 자의 벗이다. 고난 속에 삶의 기쁨이 있다.
> 풍파 없는 항해 얼마나 단조로운가! 고난이 심할수록 내 가슴은 뛴다.

쇼펜하우어와 니체의 철학과 같은 심오한 인생의 진리에 관한 고찰이 아니
더라도 기쁨을 누리기 위해선 희생이 필요하다는 것은 일상적인 상황에서도
목격된다. 레스토랑 선택 상황에 대한 행동 의도를 인간의 두 가지 성격유형
별로 분류하여 살펴보았다.[21] 심리학자 히긴스Higgins가 제안한 조절초점이론
Regulatory focus theory를 근거로 촉진형Promotion의 인간과 방어형Prevention 인간으
로 나눈다. 촉진형 인간은 목표물에 다가가 획득하는 인간형이며 방어형 인
간은 안전과 의무 그리고 손실의 최소만을 생각하는 인간형이다. 예상한대
로 방어형 인간에게는 어떤 경로로든 아무 일도 일어나지 않았다. 서비스의
질에도 관심 없다. 이들은 레스토랑 선택에 있어서 어떤 노력도 기울이지 않
으니 가치라는 것도 있을 수 없다. 따라서 그것을 통한 감정도 행동적 의도
도 아무 관계가 없게 된다. 반대로 촉진형 인간에게는 서비스 질은 다양한
가치와 긍정적인 연결로 이어져 긍정적인 감정과 의도가 발생된다. 이는 자
명하다. 재미있는 사실은 촉진형 인간에게 레스토랑의 유희적 가치를 강화시

키는 요소가 희생이라는 것이 밝혀졌다. 자신이 들인 시간, 노력, 돈 등의 희생이 높다고 생각할수록 쾌락적 가치가 강화된다는 것이다. 촉진형 인간에게는 또한 희생이라는 경로가 없으면 미적·유희적 가치는 무용지물이 된다는 것도 알아냈다.

인생의 풍파와 고난 그리고 장애는 인류가 기쁨을 얻기 위한 전제조건이다. 항상 기쁜 날만 있다면 기쁨을 알 수 없다. 인류의 아프리카 탈출은 어쩌면 이러한 인간 본능이 최고에 이른 사람들이 뭉쳐서 발현된 것일 수 있다. 몇 만 년을 살았던 지루한 아프리카, 그 아프리카 너머에 좀 더 좋아 보이는 먹잇감이 눈앞에 아른거려 불만족스러웠다. 그 불만족을 해결하기 위해 힘든 여정을 견뎌 내며 좀 더 좋은 먹잇감을 쫓아 온 지구로 퍼져 나아가게 된다.

항상 'The more'를 원하는 인간에게 불만족은 어쩔 수 없는 것이다. 욕구가 끊임없이 생성되는 만큼 불만족 또한 끊임없이 생성된다. 채웠다고 없어지는 욕구는 결핍의 상황에서 얻어지는 한 수저의 밥과 혹은 물 한 모금 정도일까? 즉, 즉각적인 만족을 위한 쾌락적 향락뿐이다. 그러나 그마저도 금방 없어지기에 우리는 원시시대에 땅바닥에 앉아서 먹는 한 줌의 밥으로 얻어진 기쁨을 넘어 현재 햄버거 하나에 수천만 원 하는 음식을 만들어 냈고 비바람을 피해 주기만 하면 되던 움집을 넘어 금으로 발린 몇 천억의 집을 만들고 말았다. 향락적인 쾌락으로 얻은 만족은 순간적이며 끝이 없고 얻으면 얻을수록 더욱 더 강한 것을 원하는 마약과도 같기에 이것으로 행불행을 논하는 것은 의미가 없다. 고통은 적극적으로 작용하는 반면 행복과 쾌락은 소극적으로 작용한다는 쇼펜하우어의 말은 이런 의미이다. 인간은 보통 고통과 손실은 더욱 크게 느끼고 행복과 쾌락은 얻었다 해도 금방 지나가기에 삶의 행복은 기쁨이 얼마나 컸는가보다는 고통이 얼마나 적었는가로 측정해야 한다고 설파한다. 그러나 이는 고통을 피하라는 것이 아니라 어쩔 수 없이 다가오는 우리 삶의 역경 속에서 그것을 피하지 말고 당당하게 맞서 이겨 냄의 승리를 얻으라는 뜻이며 이 승리가 행복의 척도가 된다는 것이다.

삶의 목적을 종족번식과 생존이라는 단순하면서도 거창한 것이라고 잘라 말하기보다는, 자신의 세계와 외부세계의 다름에서 오는 부조화와 불안정의 고통과 그것을 줄여나가면서 경험하는 여러 가지 감정을 맛보기 위함이라고 말하는 것이 어쩌면 더욱 인간적이지 않을까?

불만의 인간
Homo Discontent

모든 것은 개인으로부터 시작되니 모든 사람이 좋은 유전자를 타고나면 만족한 사회가 될까? 2016년 1월 14일자 연합신문에 한 기사가 났다. "영국의 과학자, 인간 초기배아 '유전자 편집' 허가 신청"이라는 헤드라인으로 시작한다.

> 영국 프랜시스 크릭 연구소의 캐시 니아칸 박사는 수정 후 7일 정도면 형성되는 초기단계의 배아인 포배에서 특정 유전자를 가위로 자르는 실험을 허가해 주도록 인간생식 배아관리국에 신청했다.

가위로 자르는 유전자 편집을 통해 임신 성공을 돕고 유산을 막아 유용하게 사용될 수 있는 중요한 의학적 연구라는 것이 연구진의 설명이다. 영국은 이미 19세기부터 소위 우생학에 관심이 많았다. 알다시피 우생학이란 후대에 유전되는 인간의 '유전적 질'을 향상시키는 것을 목표로 하는 의학적 연구 영역이다. 19세기 진화론으로 유명한 찰스 다윈과 사촌간인 프란시스 갤턴Francis Galton은 우생학의 기초를 성립한다. 그들은 자연선택이 아니라 인간이 직접 형질을 선택하여 원하는 후손을 얻으면 인류전체가 더 좋은 사람으로 구성되니 더 좋은 삶을 살 수 있을 것이라 믿는다. 만약 기술이 받쳐 주지 않으면 불가능하겠지만 인간의 도를 넘는 욕망은 유전자 편집을 가능하게 하는 '크리스퍼 가위'를 발명하게 되었다. 이 가위로 좋지 않은 유전자를 사전에 잘라 버린다면 온전한 생명체를 얻을 수 있다. 앞으로는 잘라 버리는 것뿐만 아니라 좋은 유전자를 빌려와 심을 수도 있지 않을까 하는 생각이 든다. 물론 연구목적으로 편집은 할 수 있지만 아직까지는 자궁에 착상시키는 것을 허가하지 않고 있다. 그러나 허가를 받는 것까지는 시간문제인 것 같다. 이미 기술은 출현해 있으니 이 역시 실험해 보고 싶은 것이 인간의 욕망 아니던가. 더 좋은 것을 원하는 인간의 욕심이 태생의 형질까지 좌우하고 싶어 한다. 이것은 신의 영역이었지만 이제는 그런 것 같지 않다. Nothing comes from nothing의 정신이 현재에 이르게 했다.

그리하여 우리가 종국에 얻고자 하는 것은 고통 없는 삶인가? 고통을 없애는 것만이 주요 목적이 된다면 예전 그리스 철학의 한 학파인 스토아 철학의 원리를 따르면 된다. 그들은 고통을 없애는 절대적 방법으로 진통제를 먹듯 조용한 자살을 권하고 있다. 시지프스 신화의 돌처럼 계속해서 높고 높은 산에 간신히 올려놓으면 다시 내려오고 또 올려야 하는 고통의 과정을 겪어야만 하는 우리의 인생을 끝내려면 이것보다 더 좋은 방법은 없다고 말하고 있다. 맞는다고 생각하는가? 고통 없는 문명의 저술가인 철학자 모리호가 마사리로는 한 간호사의 물음으로 그의 책 『무통문명』을 시작한다.[21] 우리 현대 문명이 지향하는 바가 결국에는 아무 고통 없이 병원에서 철저한 보호 아래 숨만 쉬며 살고 있는 뇌사자의 상태와 같은 것인가라는 질문이다. 이 물음에 '예스'라고 대답할 용기가 있는 사람이 있을까? 마사리로는 문명이 지향하는 편한 환경을 우리가 편의를 위해 기르고 있는 가축의 특성과 대비시키고 있다. 인공적 환경, 음식의 즉각적·자동적 섭취, 출산 조절과 우생적 인자의 출산을 위한 선택적 조작 등이다. 이는 '인간 스스로의 가축화'를 의미한다. 현대 문명의 발달이 인간의 고통을 없애 주는 것으로서 종국에 우리미래가 '고통 없는 문명'이 된다는 것은 인간 스스로의 가축화를 지향하는 것과 같다는 주장을 하고 있다.

육체적으로 고통이 없는 상태는 이젠 의학의 발달로 예전에 비하면 비교적 쉽게 이룰 수 있다. 이는 100세 시대라는 말이 있을 정도로 우리의 수명이 연장되었다는 것만 봐도 쉽게 짐작할 수 있다. 영국에서는 그 이상도 살 수 있는 방법을 연구 중에 있다. 그러나 정신적인 고통은 어떠한가? 뇌의 작용인 마음에서 오는 고통과 뇌의 표현이라 할 수 있는 성격에서 오는 고통도 없어질 수 있을까? 좋은 형질을 고르는 것을 반복한 끝에 언젠가 지구의 모든 사람이 다 똑같은 지능, 똑같은 외모, 똑같은 성격을 갖고 태어나게 되는 세상이 온다면 어떻게 될까? 그리고 모든 사람이 좋은 형질을 타고났다면 인간의 기본 욕망인 차이에 대한 욕구는 어떻게 되는 것일까? 인간의 다양성은 없어지고 모든 것이 똑같아 지는 세상. 물론 아직은 먼 이야기 같지만 지금의 기술 발전의 속도를 고려하면 그렇게 먼 미래가 아닐 수 있다. 그렇게 되면 인간은 원하는 것이 없어지게 될 것이다. 원하고 바란다는 것은 자신의 상황과 다른 좀 더 좋은 것을 의미한다. 다 똑같아지는 세상은 원하는 것도 바라는 것도 없는 세상이고 또한 희망이 없는 세상이며 그것의 끝이 어떻게 될지 짐작할 수 있다.

이기적인 유전자의 지배를 받는 인간은 다른 것들을 길들이는 것은 즐기지만 스스로 남에게 길들여지는 것은 혐오하는 존재이다. 길들여지는 것은 자유의지에 반하는 것이라 생각하고 있다. 길들여지면 편하다. 생각할 필요도 없고 무엇보다 선택이라는 어려운 과정을 겪지 않아도 된다. 편안함이 습관이 되는 것이다. 그러나 인간에게 있어서 타인에 의해 수동적으로 길들여진 습관은 우울과 혐오만 낳을 뿐이다. '쇼생크 탈출Shawshank Redemption'이라는 영화를 보면 오랜 기간 감옥살이를 한 주인공 레드는 석방된 후 현실의 삶을 살아갈 때 화장실 가는 것조차 스스로 결정하지 못하는 자신을 발견하게 된다. 너무 오랜 시간 동안 감옥이라는 수동적이며 억압적인 '편의'에 길들여지게 된 것이다. 자유로운 시간과 삶이 오히려 그에게는 고통이 되고 결국 그는 다시 감옥에 들어갈 수 있는 길을 모색한다. 그에게는 오랜 시간 타인의 감시와 억압을 받으며 살아온 감옥의 생활이 더 편할 수도 있다. 인간은 이기적인 존재인 동시에 타인의 지배가 아닌 자유로움을 선망하지만 규율과 억압에 길들여진 인간은 그것들의 노예가 될 수밖에 없다. 마치 계급사회에 살던 노예나 농노처럼. 쇼생크 탈출에서 주인공 레드보다 더 오랜 기간 감옥에 있었던 브룩스라는 노인은 마침내 출소하게 되지만 자신의 길들여진 습성이 너무 혐오스러워 자살을 선택하게 된다. 스토아 학파가 제안한 고통을 없애는 최고의 방법대로 말이다.

결국 고통이 없거나 만성적인 만족의 상태는 인간의 역할을 하고 있는 것과는 거리가 멀다. **인간이란 과거를 회고하고 후회하며 또한 미래를 불안해 하는 고통과 불만족이 따름을 전제로 한다.** 이것이 없다면 현재만을 살아가는 동물과 차이가 없으며 이런 의미에선 동물의 삶이 더 낫다고 할 수 있다는 쇼펜하우어의 말에 동의한다. 욕망의 존재인 인간은 욕망을 채우기 위한 불만족을 인지하고, 욕구와 불만족의 차이를 끊임없이 줄여 나가야 하는 쉼 없는 존재라는 것을 철저히 인지할수록 삶을 더 수월하게 살 수 있다. 욕구와 불만족에서 오는 고통을 차근차근 줄여 나가는 것이 삶의 만족이며 기쁨이 된다. 우리의 문명은 불만족의 각성으로 이루어낸 문명이다. 표 1의 순환에 만족하지 못하는 우리의 호기심과 새로움의 추구의 본능이 스스로를 희생적으로 만들었다. 그 어떤 것의 강요도 아니다. 그것은 더 짜릿한 기쁨을 맛보기 위한 개인적인 욕구에서 온 것이다. 화창한 날만 계속되면 햇살의 고마움을 모르듯 기쁜 날만 계속된다면 기쁨의 의미를 알지 못했을 것이다. 불만족 인간은 고통을 감내하여 얻는 기쁨을 안다.

불만의 인간이 존재하는 이상 인간의 가축화는 존재하지 않을 것이다. 불만족 인간에게 피하고 다가가는 쾌락의 법칙은 단순히 생물학적 요구에 응하는 것을 의미하지 않는다. 프로이트는 인생을 결정하는 것은 쾌락법칙의 강령이라 주장했다. 그러나 이것은 경험 없는 어린아이의 그것과는 다르다. 인생의 행불행은 현실의 법칙을 얼마큼 유용하게 활용하여 그것을 어떻게 쾌락의 법칙으로 변환하느냐에 달렸다. 이 변환된 경험들이 결국은 인생의 중대한 결정을 하는 데에 있어서 결정적 역할을 하기 때문이다. 현실법칙(만족지연의 법칙)을 수없이 많이 경험하고 반복함으로써 몸과 마음에 각인한다. 그리하여 결정적 순간에는 길들여진 경험의 법칙인 쾌락법칙에 따라 행동한다. 이 과정에서 인간의 불만족 인식과 그것을 줄여나가려는 희생이 절대적 역할을 한다.

인간이 어쩔 수 없는 불만족의 인간이라는 것을 인지한다면 적어도 타인과의 비교로 인한 불행을 덜 느낄 수 있다. 모든 것을 다 가진 듯한 톱스타 혹은 재벌 등도 불만족으로 인한 나름의 고통이 있을 테니까 말이다. 국가적으로 볼 때 만족도가 높은 국가도 불만족이 있다. 만족 척도 10에서 7점 대는 여전히 불만족이 있는 사회를 뜻하는 것이기 때문이다. 이것이 10인 상태에 이를 수 있을까? 만약 그렇다면 예전에 꿈꾸던 유토피아지만 칼 포퍼가 말하는 '닫힌 사회'다. 불만족이 없다는 것은 완전체를 뜻하는데 발전할 여지가 없지 않은가? 그러나 알다시피 완전한 국가는 없다. 자신의 생활방식에 따라 더 살기 좋은 국가는 있어도 말이다.

고통 역시 비교하는 사람들이 있다. 부자가 느끼는 고통과 가난한 자가 느끼는 고통은 다르다는 고통귀족주의도 있다. 혹은 예쁘고 잘생긴 사람이 겪는 고통은 그렇지 않은 사람이 느끼는 고통보다는 낫지 않을까 하는 생각도 할 수 있다. 그러나 신체적으로 직접적으로 가해지는 고통처럼 어떤 경유로 그것을 겪고 있다면 그것은 남녀노소 지위고하를 막론하고 같은 고통이다. (그러나 불만족에서 탈출할 수 있는 출구가 다양하다는 것이 좀 다를 수 있겠다. 다양한 출구를 만들어 주는 것이 사회적 시스템의 역할이다. 선진국이 불만족도가 낮은 이유는 다양한 시스템을 만들어 놓고 숨구멍을 틔워 주기 때문이다. 그러나 어떤 선진사회도 모든 사람들의 불만족을 해결해 줄 수 없다. 있다고 생각한다면 그것은 진실로 오류이며 닫힌 사회다. 흔히 말하는 사회주의 유토피아 등이 그렇다.) 불만이 사람을 가리지 않는 것처럼 고통 역시 사람을 가리지 않는다. 그렇다고 타인의 삶을 바라보지 못하고 자신이 당연히 가질 수도 있는 많은 혜택들에 등을 돌리는 바보가 되라는 것은 아니다. 그렇게 될 수도 없다. 그러나 최소한 인간의 불만족이 인류의 삶이나 개인의 삶을 변화시키는 기본 동기였다는 것만이라도 인식하고 살면 이 험난한 세상을 살아가는 데 작게나마 위로가 되지 않을까?

V

두
가
지
인
지
체
계

지난 40여 년 동안 인지과학은 획기적인 성과를 거두고 있다. 인간 이성을 절대시하고 감정이나 직관의 능력에 대해서 회의적이었던 과학계가 본격적으로 호모 이코노미쿠스를 떠난 인간의 비합리적인 인지능력에 대해 탐구하고 있다. 1982년 바티칸의 과학 위원회 회의에서 여러 분야의 전문가들이 모여 약 500~700만 년 전에는 침팬지와 인간의 조상이 같다는 것에 최종적 동의[1]를 하고 이 결론이 종교계에 공식적으로 인정을 받게 된 후 학계를 비롯하여 일반인들 역시 인간의 동물학적 특징을 부정하는 인식에서 벗어나 생물학적 특징에서 오는 행위들에 대해 더욱 더 많은 관심이 쏠리게 된다. 지속적인 화석 연구와 함께 인간의 뇌를 직접적으로 들여다볼 수 있는 장비들의 발전으로 다윈주의에 대해 더욱 신뢰를 갖게 되고 이에 기초하여 인간의 본성을 다루는 학문들은 더욱 박차를 가하게 된다. 인간이 합리적인 계산만을 따라 행동한다는 전제하에선 설명할 수 없는 다양한 현상들을 본격적으로 파헤쳐 나가기 시작했다. 인간의 행동을 지배하는 것은 인지라는 것에는 누구도 반기를 들 수 없지만 그 인지라는 것 위에는 감정이 먼저 작용한다는 것을 밝혀 내기 시작한다. 진화심리학자들은 감정이란 생물학적인 원리에서 기인하며 우리 인류가 진화되어 오면서 환경에 적응하도록 최적화된 시스템이라는 것에 이의를 제기하지 않는다. 감정은 오랜 세월을 거쳐 계속해서 마주치는 문제의 상황들을 풀어나가면서 최적의 상태로 입력된 한 세트의 '프로그램'이라고 말한다. 예를 들자면 사랑에 빠지거나 포식자로부터 도망하거나 할 때 우리의 감정 시스템이 작동하게 되는데 우리의 정신작용과 생물학적 인지 시스템, 즉 오감에 기반한 주의, 집중, 기억, 생리학적 작용들을 총괄하여 상황에 대해 가장 적절한 판단을 내리게 된다. 그러나 행동으로 옮겨지는 데는 이성이 개입하게 되고 이성은 문화, 교육, 환경에 기반한 개인차가 크기 때문에 실제 행동은 다양하게 나타날 수밖에 없다.

우리가 불만족 인간, 그러니까 호모 디스컨텐트(Homo discontent)일 수밖에 없는 이유를 지난 몇 십 년간 연구되어 온 인식의 체계를 통해서도 고찰해 볼 수 있다. 인지에 대한 다년간의 연구는 우리 인지체계를 두 가지로 분류해 놓았다. 스타노비치Keith E. Stanovich와 웨스트Richard F. West는 수많은 학자들의 연구 결과를 모아 이름을 붙이는데 바로 시스템 1과 시스템 2이다.[2] 노벨 경제학 수상자인 심리학자 다니엘 카네만Daniel Kanneman은 그가 쓴 대중서인 『생각에 대한 생각』에서 이를 차용한다. 시스템 1의 작용적 특성은 전체적, 자동적, 생득적, 그리고 경험적인 반면 시스템 2는 규칙에 근거, 분석적, 통제적 그리고 문화와 교육에 의한 습득을 특성으로 한다.

표 1. 시스템 1과 시스템2의 특징 비교

Stanovich와 West의 논문 'Individual differences in reasoning: Implications for the rationality debate?' 의 표를 재구성함

	System 1	System 2
특징	연결적 전체적 자동적 상대적으로 인지적 능력이 덜 요구됨 상대적으로 빠름 생물학적 노출과 경험에 의해서 획득	규칙을 근거함 분석적 통제적 인지적 능력이 요구됨 상대적으로 느림 문화와 정규학습으로 습득됨
상황해석 방법	고도의 맥락 개인화 대화와 사회화	맥락해체 탈개인화 탈사회적
측정방법	개인간 혹은 집단간의 상호작용 (대화와 행동)	분석(IQ)

시스템 1과 시스템2의 가장 큰 차이는 상황의 해석방법에서 오는데 흔히 말하는 이성적 사고방식과 아닌 것의 차이가 여기에서 생겨난다. 시스템 1은 정보를 분석할 때 자신이 알고 있는 범주와 맥락에 의존하는 반면 시스템 2는 외부적 규칙과 상황의 인지를 통해 정보를 재해석한다. 흔히 시스템 2의 작동을 이성이라고 말한다.

필자는 위의 두 시스템의 특징을 좀 더 인지하기 쉽도록 시스템 1을 편리체계 CSConvenience system, 시스템 2를 노력 체계 ESEffort system라 부르기로 한

다. 인간을 제외한 다수의 동물들은 CS의 특징으로 종을 이어가지만 인간은 CS와 ES의 끊임없는 상호작용으로 삶을 유지하며 역사를 만들어 간다. 호모 디스컨텐트인 이유도 노력체계가 각성하며 여기서 오는 인지적 불안과 불만족을 해결하기 위해 행동하기 때문이다. 또한 어떤 사람의 편리체계는 다른 사람의 노력작용의 결과인 경우가 있고 그 반대일 수도 있기에 같은 문제를 두고도 항상 차이가 발생한다. 예를 들면 125×12는 어떤 사람에게는 시간이 걸려야 풀 수 있는 문제(노력체계)인 반면 어떤 이에게는 단 몇 초도 안 돼서 풀리는 문제(편리체계)이다. 그러나 노력체계를 작동시켜 풀던 문제도 좀 익숙해지면 편리체계로 이전되며 이는 다른 문제를 풀기 위한 기반으로 사용된다. 이 두 가지 체계는 정확한 구분이 없으며 상대적으로 사람마다 다르게 작동된다. 아래의 표는 두 가지 체계에 대한 특성을 좀 더 쉽게 정리한 것이다.

표 2. 두 가지 인지체계와 작용

	편리체계 (Convenience System, CS)	노력체계 (Effort System, ES)
뇌	변연계, 소뇌 (감정, 기억)	신피질, 전두엽 (주의와 각성, 의도, 계획 집행, 감정통제)
특징과 문제해결	쉽다, 자동적, 무의식적, 빠름, 직관적	어렵다, 숙고적, 의식적, 느림, 분석적
판단근거	습관화된 사고방식, 주관적, 휴리스틱스	외부의 규칙, 합리적, 객관적
사람	Satisfier	Maximizer
결과	장점: 만족, 감정 단점: 편견	장점: 인지적 성장 단점: 정신적 과부하, 우울증, 불안

뇌

　뇌의 발전단계를 3단계로 나누어 보자면 첫 번째가 파충류의 뇌, 그 다음이 포유류의 뇌, 마지막이 사람을 포함한 영장류의 뇌이다. 파충류의 뇌는 기본적인 생명유지에 필수적인 부분으로 '생명의 뇌'라고도 한다. 소뇌와 뇌간 부분이 이곳에 해당된다. 냄새를 맡고(후각), 사물을 보고(시각), 혈액순환, 호흡, 소화, 성적행동, 그리고 몸의 평형과 조정 기능을 맡는다. 생명체의 탄생 이후 수 억 년간 동물의 생명유지 시스템을 담당하고 있다. 한 번 익숙해진 많은 행동들을 본능으로 변환시켜 인지하지 않고서도 자연스럽게 나오게 한다. 생명을 유지하기 위한 기본 욕구인 Four F의 본능적인 부분을 담당하고 있다. 번식Family making하고 먹이를 찾으며Feeding 먹이와 번식을 위해 싸우거나 천적을 피해 도망가는 것Fighting and Fleeing을 담당하고 있다.

　포유류의 뇌는 파충류의 뇌의 겉 부분을 둘러싼 둘레계통이다. 흔히 변연계라고도 한다. 해마, 측좌핵, 편도, 복내측 전전두피질, 대상회, 중격 그리고 뇌간 부분이 해당된다. (포유류의 뇌에서 변연계로 분류된 부분은 기능에 따라 파충류의 뇌 혹은 영장류의 뇌에 속한다.) 포유류의 뇌가 기본적인 생명유지를 담당하는 파충류의 뇌와 가장 다른 점은 감정의 생성이다. 만약 인류가 파충류의 뇌만을 갖고 있었다면 어미에게서 태어나는 순간부터 독립된 개체로써 먹이를 찾아 자연과 혹은 천적과 싸우면서 커갔을 것이다. 학습과 보살핌이 필요 없이 Four F의 본능적인 기능을 수행하는 것이 파충류의 뇌이다. 이와 다르게 포유류의 뇌에서는 파충류의 뇌에서 수행하는 기본적인 본능 이외에도 새끼를 낳으면 보살펴야 하는 의무인 모성애라는 감정이 생겨나게 한다. 이 감정은 인간의 여러 가지 유대감이나 사회성 등을 관장하게 된다. 파충류의 뇌와 포유류의 뇌를 합쳐 원시적인 뇌라고 하며 이는 현대 영장류의 뇌(신피질)와 뇌간 사이의 안쪽에 깊이 파묻혀 있다.

영장류의 뇌는 가장 늦게 진화된 것이지만 뇌 면적의 82퍼센트를 차지하고 있다. 기억, 학습, 계산 그리고 추상적 사고 등이 진행된다. '합리적'이라는 인간의 특징을 관장하는 부위이기도 하다. 뇌 면적의 4/5 이상을 차지하지만 전체 뉴런의 19퍼센트만이 분포하는 전두엽 부분 뉴런의 수지상부는 끝이 나뭇가지처럼 여러 갈래로 뻗어 연결을 증가시킨다.[3] 에릭 호프만Eric Hoffman 은 이에 더해 대뇌피질의 네 부분 중에서도 전두엽 부분이 계속해서 진화하고 있다고 주장하며, 삼위일체의 뇌의 진화 다음으로 오는 네 번째 진화로 새로운 뇌New brain를 설파하고 있다.[4]

위에서 살펴본 뇌는 3단계 뇌- 파충류, 포유류 그리고 영장류의 구조를 삼위일체 뇌Triune Brain라 하여 미국 신경과학자인 폴 맥린Paul D. MacLean이 1960년에 제안한 것이다.[5] 뇌신경학자 마이클 가자니가Michael Gazzaniga는 삼위일체 뇌를 기차이론이라 부르는데 뇌가 수백만 년 동안 점차 진화하면서 뇌에 층이 더해졌다는 발상을 기차 위에 차량을 연결하는 것에 비유한 것이다. 가자니가를 비롯한 비교신경학자들은 뇌는 단순히 층이 겹쳐져 기능이 추가된 것이 아니라 진화하면서 뇌 전체의 구조가 재편되었다고 보고 있다. 삼위일체 뇌는 비록 복잡한 뇌 구조의 이해를 돕기 위해 세 부분으로 나뉘어졌지만 따로 떨어져 작동하는 것은 아니다. 인간이 소유하고 있는 대뇌신피질Cerebral neocortex은 원시의 뇌와 진화과정 중에 서로 긴밀히 연결되며 각종 신경계통과 신경세포들, 호르몬의 작용으로 외부적·내부적 자극과 신호를 받아들인다. 이것은 24시간 쉬지 않고 작동하며 인간의 크고 작은 행동을 유발시킨다

삼위일체 뇌는 복잡한 뇌의 구조를 과도하게 단순화시키고 있다는 비판을 받고 있다. 그럼에도 불구하고 많은 사람들 사이에 회자되는 이유는 아직도 미지의 세계인 뇌의 역할과 기능에 대해 최대한 단순하게 그리고 과학적으로 접근하여 뇌신경과학자가 아닌 뇌를 이해하고 싶은 초보자들에게 뇌에 대한 쉬운 도안을 제시했기 때문이다. 또한, 진화하면서 뇌의 기능이 재편되

었다는 학설이 있지만 삼위일체의 뇌는 전체적 구조와 그 기본적 기능은 타당성이 있다. 달라진 것은 뇌의 진화론적 층의 기본구조와 모양이 아니라 계속해서 새롭게 밝혀지고 있는 뇌 속의 신경세포의 역할과 다른 동물에게는 없는 신경들(인과관계 추론 등 의 역할을 하는 Neural Process 등)의 발견이다.

두 가지 인식체계에서 편리체계는 원시적인 뇌(변연계와 파충류의 뇌)의 시스템에서 기인하는 반면 노력체계는 영장류의 뇌라 불리는 대뇌신피질 부위 특히 전두엽 부분의 시스템 지배를 받고 있다.

특징과 문제해결

한 여성이 시체로 발견되었다. 아래의 묘사를 읽고 그 여성의 직업은 무엇일까 한 번 추리해 보자.

> 짙은 화장을 한 여성이 시체로 발견되었다.
> 분홍 옷을 아래위로 맞춰 입었고 신발 역시 분홍색이다.
> 손톱도 분홍색이며
> 머리는 단정한 단발이다.

어떤 직업의 여성일까? 2010년 영국에서 제작되어 전세계 방영된 시리즈물 '셜록 홈즈'를 본 사람이라면 셜록이 그녀의 직업을 한 번에 맞추었다는 것을 알 것이다. 그러나 그것을 보지 않은 독자들이 있다면 저런 차림새를 한 여성의 직업을 무엇이라 생각하겠는가? 셜록은 직관적으로 그녀의 직업을 '방송국에 다니는 여자'라고 추리했다. 이유인 즉, 평상시 그렇게 격식을 갖추어 옷을 입고 다닐 수 있는 사람은 방송국 직원뿐이라는 것이다. 합리적으로 생각되는가? 저런 옷차림은 개인의 취향일 수도 있고 방송국이 아닌 다른 직업, 사람을 상대하는 직업을 갖고 있는 여자들도 할 수 있는 것이다. 그러나 셜록은 추호의 의심도 하지 않는다. 영국에서는 색깔을 맞춰 입는 차림새가 방송국에 다니는 여자의 전형적 특징이라는 인식이 만연해 있다면 이야기가 다르지만 말이다. 셜록 홈즈는 그 여자가 방송에 관련된 직업을 갖고 있다는 전제하에 모든 단서와 자료들을 모으기 시작한다. 그리고 그 단서와 정황들을 서로 연결시키기 시작한다. 그가 생각한 그림에 딱 맞는 범인이라고 생각되는 사람이 나타난다. 그가 범인이다. 운 좋게도 맞아떨어졌다고 할 수 있다. 그러나 만약 그녀가 방송국 직원이라는 셜록의 직관이나 가정이 틀렸다면? 그야말로 '이 산이 아닌가 봐'가 되는 것이다. 모든 노력은 헛수고로 돌아간다.

셜록이 그렇게 확신할 수 있었던 이유는 무엇일까? 셜록 홈즈는 모든 면에서 박학다식하다. 얇고 넓은 지식이 아니라 자신이 관심 있는 분야에서는 '전문가' 수준에 이르는 지식을 갖고 있다. 그는 필요하지 않다면 머릿속에 넣어두지 않는 훌륭한 필터를 갖고 있다(그는 지구가 둥글다는 사실을 모른다). 또한 자신이 확신할 수 없는 현상이 있으면 실험을 통해서 나름대로 연구하고 확인하는 절차를 밟는다. 그래서 자신은 비범하다고 스스로도 생각한다. 문제는 실험의 가설이 잘못되었다면 헛수고인데 그 가설은 우리가 아는 한에 있어서는 항상 적당(?)해서 사건을 푸는 데 항상 유용하게 적용되기 때문에 그의 추리는 더욱 신뢰성을 얻는다. 그러나 어찌 보면 셜록 홈즈는 자신이 아는 것만을 근거로 한 직관을 사용하여 추리를 하고 있기에 우물 안의 개구리가 될 수도 있다. 그의 지식은 전문적이지만 모든 것을 전지전능하게 아는 것은 불가능하다. (물론 모든 것은 작가의 재간이라는 것은 논외로 한다.) 그래서 자신이 아는 것으로만 판단하고 다른 사람들의 의견은 무시한 채 행동하는 모습은 비합리적으로 보일 수 있다.

문제의 강도와 상황은 다르지만 우리는 셜록과 같이 사고하는 특징을 갖고 있다. 새로운 것을 배우려는 동기나 의지가 없다면 상황에 부딪치는 많은 일들은 자신의 기억 속에 저장되어 있는 정보를 사용하여 추리하고 인과관계를 판단한다. 이것이 편리체계의 특징이다. 편리체계 CS는 자동적이고 무의식적이며 빠르다. 따라서 직관적이며 이는 경험에 의해 축적된 결과다. 외부환경에 반사적으로 반응하기에 습관화된 사고방식(스테레오타입 혹은 범주화)으로 사물을 판단한다. 현상을 이해할 때 자신이 알고 있는 것으로만 빠르게 추리하며 이를 통하여 인과관계와 패턴을 인식한다. 그래서 맞는다고 생각하고 실행에 옮긴다. 반대로 노력체계 ES는 의식적이며 주의를 요한다.

외부의 규칙에 근거한 판단을 내리기에 작용이 상대적으로 느리다. 외부정보를 인식하는 데 있어서 주관적인 성향을 많이 반영하지 않고 분석적이다. 따라서 습관화된 사고방식이 아니고 숙고적이기 때문에 CS에 비해 상대적으로 느릴 수밖에 없다.

이렇게 편리체계와 노력체계가 발생하는 이유는 우리의 뇌가 모든 상황을 받아들이고 분석할 정도로 여유롭지 않기 때문이다. 앞서 말한 대로 오감을 통해 들어오는 정보는 매 초 4천억 개이다. 어마어마한 양이다. 그러나 그것을 다 인식하지 못하고 그 중에서 이미 알고 있던 것을 보고 느낀다. 그 숫자가 약 2,000개이다. 이것이 우리가 무의식 중에 처리하는 정보의 양이다. 편리체계는 상황에 직면했을 때 정보들을 자신의 인식 속에 자동적으로 재편성하여 인지적 편안함과 만족감을 줄 나름대로의 정합성을 끌어낸다. 그리고 맞는다고 생각한다. 주의를 요하는 새로운 상황이 아니라면 이러한 나름대로의 정합성은 깨지기 어렵다. 우리는 어떤 상황에 직면하는 순간 직관적인 감이 오는 경우가 있다. 이성은 대부분 이 직관에 관한 이유를 대기 위해 쓰인다. 아름다운 여인을 보고 사랑에 빠진다. 순전히 예뻐서다. 그러나 단순히 예뻐서 사랑에 빠진다는 말은 좀처럼 하지 않는다. 다만 직관에 의해 좋다고 느끼고 그녀는 성격이 좋다, 똑똑하다, 남을 배려할 줄 안다, 나와 종교와 취미생활이 같다 등등의 이성적인 이유를 갖다 붙인다. 좋아할 구실만 찾는다. 자신이 직관적으로 확신하는 것에 대해 그것을 지지해 줄 이유를 찾는다. 셜록의 추리는 대부분 이러한 확신편향에 근거한다. 그러나 편향이라고 하지만 그의 직관은 사건을 해결하기 위해 최적화되도록 훈련이 되어 있어서 미궁에 빠져 있는 문제들을 척척 풀어낸다.

반면 노력작용은 내가 예전에 알고 있던 정보를 끼워 맞추어도 그 어떤 정합적 추리를 할 수 없을 때 작동한다. 마치 셜록이 그의 추리 대부분에 CS를 사용하지만 자신의 추리로 정황이 맞추어지지 않은 어떤 단서가 발견되면 직접 실험을 해 보는 노력을 하는 것처럼 말이다. 그래서 그는 나름 자신을 연역적 추리Deductive reasoning의 대가라고 생각한다. 그러나 그 실험 자체도 자신이 생각한 직관적 단서들에 힘을 주기 위해 고안된다. 그리고 그의 실험은 그가 기대한 대로 나온다. 실험자 편견Experimenter's bias 혹은 기대 편견 Expectation bias은 실험자가 기대한 대로 실험의 결과가 나오는 것만을 믿고 그렇지 않은 경우는 결과를 무시하는 경향을 말하는데 셜록의 경우 이러한 편견이 아주 강하다. 결국은 이성적 행동을 하고 있다고 해도 모든 것은 직관을 뒷받침하기 위해 작용될 뿐이다.

판단의 근거

낯선 장소로 여행을 간다. 거리를 걸으며 관광을 즐기고 있던 중 피곤을 느껴 커피를 마시고 싶어진다. 주변을 둘러보았다. 근처에 커피숍 두 개가 있다. 하나는 고국에서 늘 마시던 스타벅스이고 다른 하나는 허름한 이름 모를 커피숍이었다. 어떤 선택을 할까? 만약 스타벅스를 택했다면 친근감 Familiarity이라는 정신적 지름길을 택한 것이다. 낯선 곳에서 이름 모를 커피숍에 선뜻 들어가 커피를 마시는 것은 생각보다 쉬운 일이 아니다. 과연 그 커피는 맛있을까? 한 잔 사먹을 여윳돈밖에 없는데 커피가 맛없을 가능성 등 여러 가지 불확실성이 있으므로 선뜻 이름 모를 커피숍을 선택하지 못하는 것이다. 반면 늘 마시던 스타벅스는 경험으로 인해 그 맛의 신뢰성이 확보된 상태이다. 여간 해서 나를 만족시키지 않기란 어렵다. 여러 번의 경험으로 그 맛에 익숙해져서이다. 우리의 많은 선택이 이렇게 친근감을 근거로 한다. 특히 불확실의 상황에서는 이 친근감이라는 것이 큰 역할을 하게 되는데 많이 노출되어 오감에 익숙할수록 중요하고 진짜인 것처럼 느껴지기 때문이다. 친근감은 현대 마케팅에 있어 중추적 역할을 한다. 제품의 이미지를 여러 매체를 통하여 수도 없이 반복하여 노출시킴으로써 소비자들이 써보지도 않은 제품에 대해 익숙한 느낌을 갖게 하는 것이 목적이다. 친근감을 더욱 높이기 위해서 유명 연예인을 출연시켜 상품이나 회사의 인지도를 높인다. 일단 아는 것을 사야 안심이 되니까 말이다. 사람의 관계에서도 비슷한 작용을 하는데 친근감이 느껴질수록, 많이 본 사람일수록 고용시장에서 고용될 확률이 높다. 인턴제도가 그렇고 각종 콘퍼런스에 참석하며 친숙관계를 쌓은 사람들이 고용되기도 한다. 친근감은 매슬로우의 5단계 욕구설에서 두 번째 단계인 안정의 욕구를 추구하려는 것으로 설명할 수 있다.

친근감은 인지의 편리작용으로 쾌락의 법칙에 근거하여 판단한다. 경험적으로 축적된 정보들을 빠르게 인출하여 상황판단을 한다. 편리체계는 모든 생물의 특성인 최소 노력의 법칙Principle of least effort을 만족시킨다. 인지적으로 많은 노력을 기울이기 싫어하는 동물의 특성이 인간에게 다소 적용된다. 또한 모든 상황에서 일일이 비용과 혜택을 계산하며 선택하지 않는 인지적 구두쇠Cognitive miser다. 따라서 휴리스틱Heuristic이라 일컬어지는 정신적 지름길을 선택한다. 쉽게 자신이 인지하고 접근할 수 있는 정보를 통하여 판단을 내린다.

그런데 만약 그 이름 모를 커피숍에 줄이 길게 늘어서 있다면 어떨까? 그리고 '여기서부터 약 20분 간 기다리셔야 서비스를 받을 수 있습니다'라는 표지판을 본다면 어떨까? 혹시 이런 생각을 하지 않을까? '이렇게 길게 줄이 늘어서 있는 걸 보니 맛이 있는가 보군. 스타벅스야 어디서건 마실 수 있는 거지만 이 커피숍은 아니잖아. 한 번 마셔보지 뭐'라고 생각할 수도 있다. 그래서 판단의 지름길인 노력 휴리스틱Effort heuristic이 작동된다. 노력 휴리스틱은 노력과 수고를 많이 들이는 것일수록 더 값어치가 많다고 생각하는 편리체계 작용 중 하나이다. 10분이나 20분 정도의 기다림은 그 값어치를 충분히 한다는 빠른 인지적 판단에서 나오는 것이다. 보통 '맛집'이라고 하는 것은 항상 줄이 길게 늘어서 있기 마련이니까. 또한 이 판단은 노력 휴리스틱과 함께 희귀 휴리스틱Scarcity heuristic이 함께 작동된 것이다. 고국에서는 마셔볼 수 없는 진귀하고 희귀한 커피일 수도 있다는 생각 말이다. 만약 두 커피숍 중에 더 아름답고 정겨운 인테리어가 있고 흥겨운 음악과 더불어 향긋한 커피 향을 더욱 진하게 뿜어내는 곳이 있다면 그곳으로 끌리게 될 수도 있다. 기분이 좋아졌기 때문이다. 감정 휴리스틱Affect heuristic이 작동한 것이다. 또한 이름 모를 커피숍에 들어가 커피를 주문할 때는 예전에 마셔 보았던 여러 종류의 커피를 떠올리며 최대한 자신이 맛을 가늠할 수 있는 것을 고르게 된다. 유사성 휴리스틱Similarity heuristic이다.

이렇듯 불확실한 상황에서 정신적 지름길을 무의식 중에 택함으로써 인지를 효율적으로 관리하는 것은 인간 인지의 진화적 특징으로 게르트 기거렌저Gerd Gigerenzer와 헨리 브라이턴Henry Brighton은 이런 특성을 가진 인간을 호모 휴리스티쿠스Homo heuristicus라 칭했다.[6] 커피숍과 커피를 고르는 상황에서 보듯 편리체계는 불확실한 상황에서 우리의 판단을 신속하게 할 수 있도록 돕는다. 만약 노력체계가 작동했다면 그 커피숍에 대한 정보를 어떻게든 수집했을 것이며 스타벅스와 가격, 서비스의 질 등 여러 가지를 비교하며 선택을 해야 할 것이다. 이는 현실의 법칙이 판단의 근거가 되는 상황이며 최고의 서비스를 받기 위해서라면 그 정도의 노력은 감수해도 된다는 만족지연의 법칙을 따른다.

사람

　그런데 매사에 노력체계를 사용하여 선택을 하는 사람을 과연 행복할까? 노력체계는 가능한 한 모든 정보를 수집하여 최상이라고 생각될 때까지 선택을 미룬다. 그러나 현실적으로 모든 것이 최적화된 완벽한 선택을 하는 것은 환경적 특성과 그리고 인간 인지의 한계로 인해 불가능하다. 슈바르츠 Barry Schwartz는 선택의 상황에서 많은 것을 고려하여 항상 최상의 것을 얻으려는 사람을 일컬어 극대자Maximizer라 하였다. 이와 같은 사람들은 굉장히 합리적이고 똑똑한 사람인 것처럼 보인다. 그럴 수도 있겠다. 그러나 감정적인 면에서는 꼭 그런 것만은 아닌 것 같다. 슈바르츠가 그의 동료들과 함께 한 연구결과를 보면 극대자는 행복감과 자아존중, 낙천적인 것과는 거리가 먼 사람들이다. 이들은 오히려 우울, 완벽주의, 후회와 같은 부정적인 감정과 깊은 연관성이 있었다. 그리고 선택의 결과들을 남과 비교하는 성향이 강하였으며 결국은 자신의 선택에 덜 만족하고 후회하였다.[7] 또한 이성적이고 합리적이라 생각해서 온갖 정보를 수집하는 극대자들은 결정의 능력이 떨어지고 좋은 결과를 내지 못한다는 연구 결과도 있다.[8] 최상의 것이라고 나름 고민해서 선택한 것들이 독이 되어 돌아온 경우이다. 반면 만족자Satisficer는 가장 좋은 선택을 하는 것이 아니라 충분히 좋은 선택을 한다. 자신의 기준을 설정하고 그 기준만 만족되면 되는 것이다. 극대자처럼 뭔가 좀 더 좋은 것이 없나 하고 찾아 다니지 않는다. 편리체계의 작용이다. 만족자는 극대자보다 행복하고 낙척적이며 자신의 선택을 남과 비교하여 좋다 아니다로 판단하지 않는다.

　아이러니컬하게도 편리체계를 사용하여 선택한 결정들이 더 정확할 수 있다는 주장을 펼치는 학자도 있다. 소위 전문가들의 직관이 이 경우에 해당하며 피아니스트나 첼로연주가 혹은 바이올리니스트의 손놀림 등이다. 이들은 고차원적인 결정을 내리면서도 노력체계를 쓰지 않는다. 피아니스트가 연주할 때 '이 음계를 집고 나면 다음 음계는 무엇을 집어야지'라고 생각한다면 어떻겠는가? 처음 무엇인가를 배울 때는 당연히 노력체계를 작동시킨다. 그러나 어느 정도 시간이 지나면 모든 정보들이 편리체계 속으로 이전된다. 하루에 다섯 시간씩 10년을 같은 것만 하다 보면 누구나 전문가 수준에 이른다는 1만 시간의 법칙은 우리에게 잘 알려진 사실이다.[9] 이는 인식의 자동화가 이루어져 편리체계가 된 상태이다. 모든 것을 직관으로 풀어내는 셜록 홈즈는 비합리적으로 보일지 모르지만 나름의 방법으로 노력체계의 정보를 편리체계로 전환시킨 것이다.

문제는 노력체계를 쓰는 동안은 위에서 본 바와 같이 만족과 행복감을 누리기 어렵다는 것이다. 항상 부족한 것이 보이며 이를 메우기 위해 자신과 싸움을 끊임없이 벌여야 하는 상황이다. 참을성을 기르는 것을 제1의 교육목표로 설정해도 될 만큼 참을성과 끈기는 노력체계에서 편리체계로의 이행에 있어서 중요한 요소다. 그래서 한시적으로는 우울하고 불만족한 상황이 강하게 표출될 수도 있다. 문명화된 사회일수록 불만족을 경험하는 사람들이 많은 것도 이 때문이다. 인간의 기본적 본능과 역행하는 많은 도덕적 의무를 부과시키기 때문이기도 하며 이를 기준으로 성과를 측정하기 때문이기도 하다. 21세기 사회를 '성과사회'라 하는데 이와 관련해 철학자 한병철은 그의 책 『피로사회』에서 다음과 같이 말하고 있다.[10]

성과의 사회에서는 자기의 주도 아래 많은 사람들의 의식 속에 생산을 최대화하고자 하는 열망이 숨어있다. … 사람들은 성과주체자로서 성과의 극대화를 위해 강제하는 자유, 또는 자유로운 강제에 몸을 맡긴다. … 자기 착취는 자유롭다는 느낌을 동반하기 때문에 타자의 착취보다 더 효율적이다. … 성과를 향한 압박이 탈진 우울증을 초래한다.

성과를 이룩하려면 노력체계의 가동은 필수적이다. 그런데 인지적으로 과부화된 상태가 초래되면 잘못된 도덕적 선택을 할 수 있다. 우리의 뇌는 우리가 휴식을 취하고 있을 때 더욱 올바른 결정을 내릴 확률이 더 높다.

결과

    두 가지 체계는 각각 장단점을 갖고 있다. 편리체계의 단점은 편견을 야기하는 것이다. 연구된 편견의 종류는 너무 많아서 우리를 호모 바이어스Homo bias(편견의 인간)이라고 불러도 될 정도다. 일찍이 철학자들은 편견을 제대로 된 생각을 방해하는 장애물로 인식했다. 편견은 인간이 가진 보편적인 특성이지만 이것을 타파해야 올바른 지식을 얻고 과학 발전을 이룰 수 있다고 주장하였다. 영국 경험주의 철학자 프랜시스 베이컨Francis Bacon은 인간이 쉽게 저지르는 네 가지 종류의 편견에 대해서 논하였다.[11] 베이컨은 편견을 우상 Idola이라고 표현하였는데, 편견이란 전반적으로 우리가 숙고적인 생각이나 관찰 없이 쉽게 빠져드는 권위적인 어떤 것처럼 영향력이 큰 우상과 같기 때문이다. 그가 논한 첫 번째 우상은 개인의 감각으로 받아들여진 정보를 진리로 착각하는 종족의 우상Idola Tribus이다. 두 번째는 이를 기반으로 형성된, 개인적 경험으로만 세상을 판단하는 동굴의 우상Idola Specus이다. 세 번째는 언어의 잘못된 사용으로 인해 사람들간에 오해와 혼란을 야기시키는 시장의 우상Idola Fari이며, 네 번째는 오래된 학문적 전통과 관습이나 권위를 그대로 유지하고 따르려는 극장의 우상Idola Theatri이다. 그가 제시한 네 가지 우상들은 대부분의 사람들이 갖고 있는 보편적인 특징이지만 이 중에서 특히 다른 편견들을 야기하는 중요한 편견은 종족의 우상이다. 종족의 우상의 특징은 아래와 같다.

    1. 사물의 관계에 있어서 자신의 눈에 실제로 보이는 것 이상의 어떤 패턴을 유추하려 한다.

2. 사람들은 자신의 확신을 지지할 만한 증거만을 찾으려고 한다.

3. 쉽게 '일반화의 오류'를 범한다.

4. 사람의 지성은 한계를 모르고 상상력을 펼친다.

5. 진실이기를 바라는 것을 더 쉽게 믿는다.

6. 감각은 자신들이 보기를 기대하는 것만 보게 한다.

7. 무엇이든 추상화시킨다.

위에 제시한 종족의 우상의 특징은 현대 과학이 실험을 통하여 수용할 만한 인간의 편협적 특성인 것임을 알아냈다. 이 종족의 우상으로 인해 동굴의 우상, 시장의 우상, 극장의 우상이 발생한다. 예를 들면 사물의 상황을 자신의 경험 테두리에서만 판단하는 동굴의 우상은 흔히 말하는 '우물 안 개구리'를 말하는데 이는 자신이 기대하는 것만 보고 이를 진실로 받아들이는 경향 때문이다. 시장의 우상은 베이컨 자신이 네 가지 우상 중에서 제일 성가신 것으로 보는 것이다. 언어의 잘못된 사용은 실제로 존재하지 않는 것들에 대해 마음대로 이름을 붙이며 상상의 나래를 펴고 또한 인과관계가 없어 보이는 것들에서도 알고 있는 것을 근거로 그 패턴을 찾아내어 나름대로 유추하는 특성에서 오는 것이다. 극장의 우상은 실질적 검증을 거치지 않았는데도 불구하고 주변 사람들이 옳다고 생각하거나 전통적으로 당연히 믿으니 자연스럽게 믿게 되는 것들을 말한다. 과거엔 지구가 우주의 중심이라고 믿었다. 지구를 중심으로 하늘이 움직인다고 믿었다. 2세기 무렵 그리스 철학자 프톨레마이우스가 제안한 천동설은 코페르니쿠스가 지동설을 제안하고 갈릴레이가 직접 고안한 망원경으로 지동설을 증명하기 전까지 1,500여 년간을 진실로 간주됐다. 경험적으로 검증되지 않는 한 인간은 오래된 권위적 믿음을 그대로 따르려고 한다.

합리성을 숭상하는 대표적 이원론자인 프랑스 철학자 데카르트 역시 진리를 깨닫기 위한 편견타파의 중요성을 강조하였다. 그는 편견 대신에 선입관 Preconception이라는 어휘를 사용하였다. 데카르트는 그의 책 『방법서설 Discourse on the Method』에서 자신의 이성을 올바로 사용하고 과학에 있어서 진리를 추구하는 네 가지 규칙을 소개하는데 그 첫 번째가 "속단과 편견을 유의하고 그것들을 피하라"이다.[12] 그러나 데카르트 자신도 『성찰 Meditations』을 통해 편견을 타파하는 것에 굉장히 어려움이 있다고 고백한다.[12] 오랫동안 습관화된 사고방식은 어떤 상황에서도 떠나 있기 어려운 것이어서 스스로 습관적 의견에 종속되어 있어 이를 타파하기란 쉽지 않은 것이라 말한다.

비슷한 편견을 갖고 있는 사람들이 같이 모인다. 유유상종, 혹은 끼리끼리 모인다라는 말이 사실일 수밖에 없는 이유는 그렇지 않고서야 편안함을 유지할 수 없기 때문이다. 자라온 환경이나 교육이 달라 인식의 구조가 다르기에 생각이 다른 사람들이 같이 모여 있으면 매사에 부딪칠 수밖에 없다. 그래서 데카르트는 교육과 환경이 편견을 형성하고 합리적 생각을 방해하는 제약으로 작용할 수 있다고 보고 있다.[12] 이렇기에 사람은 될 수 있는 대로 다양성에 노출되어야 한다. 사회적으로 볼 때는 다양한 배경을 가진 사람들이 섞여야 발전을 할 수 있다. 고인 물은 썩듯이 유유상종을 고수하다 보면 언젠간 곪아터지기 마련이다. 선진집단 혹은 지적인 사람은 인간의 편견을 충분히 의식하기에 이것을 깨뜨리려 노력하는 집단이나 사람을 의미한다.

편견과 습관적 사고방식이 과학적 탐구와 진리를 추구하는 것을 방해할 수도 있지만 인지적 편안함과 만족감을 선사할 수도 있다. 편견이라는 단점이 장점으로 작용된다. 앞서 말한 베이컨의 종족의 우상, 즉 우리가 인간이기에 생겨나는 본성적인 것은 체계적 오류를 범할 수 있지만 반대로 인간의 발전을 이루어 내는 초석이 되기도 한다. 다음은 베이컨이 지적한 일곱 가지 종족의 우상에 대한 특성들이 장점으로 작용되는 경우이다.

1) 패턴추구

합리적인 사고를 하기에 질서가 유지될 수 있는 사회가 되었고 과학의 발전이 있었지만 편견이라는 우상이 있기에 또한 많은 것이 발전할 수 있었다. 인과관계를 유추해내려는 인간의 본성이 불만족의 인지로 인해 과학의 발전으로 이어졌다. 단순히 눈에 보이는 패턴만이 모든 것이라고 생각했더라면 발전은 없었을 것이다. 보이는 것 이상의 의미를 찾아내어 원인과 결과를 알 아내고 싶어 하는 인간의 종족우상적 특징이 탐구정신으로 이어져 우주의 근원까지 밝히려 하는 빅뱅이론을 탄생시켰다. 모든 것에는 이유가 있을 것 이라는 인간의 편견이 우물 안 개구리에 머물게 되면 편협한 사고방식을 길 러내지만 우물 안 개구리의 한계성(패턴의 한계성)을 인지하고 불만족하게 되 면 새로운 패턴을 탄생시키게 되며 이로 인해 과학 예술분야에서 발전을 이 루게 된다. 『생각의 탄생』이라는 책으로 한국에서 베스트셀러 작가가 된 루 트번스타인 박사 부부Root-Bernstein & Root-Bernstein는 패턴인식과 유추에 대해서 다음과 같이 말하고 있다.[13]

패턴을 알아낸다는 것은 다음에 무슨 일이 일어날지 예상하는 것이다. 우리는 패 턴에서 지각과 행위의 일반원칙을 이끌어내어 이를 예상의 근거로 삼는다. 그런 다 음 새로운 관찰결과와 경험을 예상의 틀 안에 끼워 넣는다. 이 관찰과 경험의 틀을 흔드는 무엇인가가 일어나게 될 때 우리는 또 다른 패턴을 만들어내며, 새로운 발견 은 이런 순간에 이루어진다.

유추란 둘 혹은 그 이상의 현상이나 복잡한 현상들 사이에서 기능적 유사성이나 일치하는 내적 관련성을 알아내는 것을 말한다. 많은 철학자들은 유추가 비논리적 이라서 판단을 그르치게 한다고 폄하하지만, 오히려 유추는 불완전하고 부정확하 기 때문에 알려진 것과 알려지지 않은 것 사이에 다리가 될 수 있다. 유추는 우리가 기존지식의 세계에서 새로운 이해의 세계로 도약할 수 있도록 도와준다.

패턴의 인식은 그것만을 고수하면 편견으로 작용되며 어떤 사람에게는 인 지한 패턴과 다른 새로운 문제에 봉착했을 때 어수선하고 난감한 상황을 야 기하기도 한다. 그러나 어떤 이에게는 계속적으로 반복된 패턴은 지루함으 로 간주되기에 패턴과 다른 양상을 보이는 것들이 관찰되었을 땐 새로운 패 턴 창조를 시도하게 된다. 대부분의 과학과 예술분야에 역사적으로 한 획을 그은 창의적 사람들의 특징이다. 혹은 아프리카를 떠나온 한 무리의 인류도 이러한 특징을 강하게 지니고 있는 사람들이었을지 모른다.

2) 증거 찾기

인간은 모든 것을 알 수 없다. 그런데 많은 것을 알고 있는 듯 행동한다. 아기 때부터 선천적으로 타고난 직관을 바탕으로 추론하는 특성을 가진 인간이 직관과 다른 현상들에 대해 계속해서 왜라고 물음으로써 확인과 증명의 과정을 반복하다 보면 자신만의 세계가 형성되어 나름대로의 직관으로 이어진다. 직관적으로 무엇인가 좋거나 맞는다고 느끼면 이것을 증명할 수 있는 이유만 찾게 되며 싫다고 느끼면 그것을 피할 이유만 찾게 된다. 이를 확신편향Confirmation bias이라고 한다. 과학의 경험적 연구들이 대부분 확신편향을 강하게 갖고 있는 연구자들에 의해서 이루어진다. 만약 어떤 명제나 현상에 대해 확신이 서지 않으면 감히 연구를 시작할 엄두가 나지 않는다. 확신이 선 현상에 대해서 그 현상을 지지할 수 있는 관련된 연구논문들을 찾아내어 가설을 세우고 실험을 하며 검증을 한다. 만약 실험의 결과가 예상한 가설대로라면 더욱 확신할 것이며 만약 예상 밖이라면 이 또한 다른 연구로 이어지게 될 가능성이 생기게 된다. 혹은 이전의 연구들이 자신이 관찰한 것과 다르다는 확신이 들어도 연구를 하게 되는데 이런 경우 만약 경험적 방법으로 확실하게 증명이 될 때 세계관이 바뀌는 계기를 마련하게 된다. 생각의 획기적인 발상을 비유하여 말할 때 흔히 '코페르니쿠스적 전환'이라고 한다. 천체가 지구를 중심으로 움직인다는 천동설에 기반한다면 천체의 움직임에 대한 여러 가지 행성의 궤도가 계산이 맞지 않고 또한 천동설이 주장하는 바와는 달리 행성들이 불규칙하게 움직인다는 것을 관찰한 코페르니쿠스는 지구와 행성들은 태양을 중심으로 움직인다는 지동설의 내용을 담은『천구의 회전에 관하여』라는 책을 집필하게 된다. 그리고 복잡한 수학적 계산으로 행성들의 방향과 궤도를 계산하여 지동설을 증명한다.

"합리적인 사람은 자신을 세상에 맞춘다"는 극작가 조지 버나드쇼의 말이 있다. 코페르니쿠스의 지동설은 당시로서는 합리적인 생각이 아니었다. 천동설이 엄연한 진리로 받아들여지고 있었기 때문이다. 그러나 만약 그의 생각이 당시의 기준에 맞추어 철저히 합리적이었다면 지동설이 탄생하지 않았을 것이며 그의 영향을 받은 갈릴레이의 연구도, 뉴턴의 만유인력도 세상에 태어나지 못했을 것이다. 코페르니쿠스에게 있었던 확신편향은 천동설이 천체의 움직임을 온전하게 설명하지 못하고 있다는 비합리적 생각이었으며 이는 결국 세상의 패러다임을 바꾸는 계기가 된다.

3) 일반화 오류

선부른 판단 혹은 일반화의 오류로 빠질 수 있다. 그러나 이 또한 창의적 발상의 한 형태일 수 있다. 만약 한 가지 사례를 보고 다른 것들과 비슷한 점을 발견할 수 있는 능력이 없었더라면 과학의 성과는 없었다. 틀리더라도 결론지어 생각할 수 있는 것은 후대에 그와 다른 연구를 할 수 있는 길을 열어준다. 반박의 가능성을 열어 놓는 것, 그럼으로써 오류를 발견하고 수정하고 또 다른 오류를 반복하면서 수정되어 나가는 것이 서양과학의 빠른 발전에 밑거름이 된다. 과학철학자 칼 포퍼는 반박할 수 없는 이론은 과학이 아니며 반박할 수 없는 이론을 과학적으로 맞는 것이라 단언하는 것은 사이비 과학이라고 주장하였다.[14] 자신의 경험이나 관찰로 현상에 대해 유추하는 것에는 항상 오류가 있기 마련이다. 마치 유럽인들이 흑조를 호주에서 발견하기 전까지는 자신들이 유럽에서 본 모든 백조가 하얀 색이었기에 모든 백조를 하얀 것이라 생각한 것처럼 말이다.

4) 상상력

실질적인 소용이 없을 수 있는데 현상에 대해 의미를 만들어 내는 것 역시 인간의 독보적 본능이다. 그러나 이런 능력으로 인해 예술이 발전하게 된다. 예술이란 눈에 보이지 않는 것조차도 표현할 수 있어야 하는데 이는 상상력이 뒷받침되어 주지 않으면 불가능하다. 그렇다면 모험정신 역시 없었을 것이다. 끝을 모르는 상상력이 호모 사피엔스로 하여금 망망대해를 거쳐 호주에 이르게 하였고 아폴로 우주선을 쏘아 올려 달에 착륙하게 만들었다. 만약 바다 건너에 무엇이 있을까 궁금해하거나 혹은 지구밖에 있는 행성이 어떠할지 호기심을 가지는 이가 없었더라면 인간의 이런 업적들은 불가능했을 것이다. 불가능을 가능하게 만들 수 있는 것은 인간의 끝을 모르는 상상력일 수도 있다.

5) 바라는 것에 대한 믿음

믿기를 바라는 것에 의해 영향을 받는다. 사실보다는 자신이 믿고 싶어 하는 것에 의해 영향을 받는다. 앞서 기대대로 보고 움직인다고 했다. 이는 사물과 현상에 대한 호불호를 야기하며 태도를 형성하게 된다. 태도의 형성은 행동의지에 영향을 주게 되며 이는 직접적인 행동으로 이어진다. 이 종족 우상의 특징은 행동의 일관성을 야기하며 일반적으로 개인의 성향이 된다. 종교를 떠올려 보자. 신비하고 근엄하며 현실적인 것과는 거리가 멀 것 같은 여러 종류의 종교를 인류 중 많은 이들이 믿고 있고 그것이 세워 놓은 율법에 따른다. 이는 인간의 아집으로 변모되어 종교전쟁까지 일으키기도 한다. 사랑과 평화를 추구하는 종교가 믿음의 다름으로 인해 전쟁까지 불사하다니. 참 역설적이다. 그러나 항상 변화하는 세상에서 진실이 어디에 있던가? 자신의 믿음 이외에 사실이라고 말할 수 있는 것이 있던가? 종교는 그 존재 자체가 우리에게 위안을 주기에 진실의 여부를 떠나 많은 사람들이 따르고 있는 것이다. 심지어 유혈전쟁을 일으키는 것이라도 자신의 믿음을 관철시키고자 객관성을 잃어 버리기도 한다.

6) 기대하는 것만 보인다

아는 만큼 보인다. 우리는 한꺼번에 많은 것을 인지하기 어렵다. 그래서 아는 것만 보일 수밖에 없다. 이는 상황에 따라 어떤 사람들에게는 현실과 다른 착각을 불러일으키게 될 수 있다. (앞서 언급한 'I love Paris in the spring time', 모세의 방주, 고릴라 실험을 떠올려 보자.) 그러나 이로 인해 인간의 다양성이 생겨난다. 만약 아이나 어른, 문화나 혹은 학력에 상관없이 같은 것만을 보게 되도록 설계되어 있다면 세상이 얼마나 단조로울까? 변화 역시 없을 것이다. 다르지 않기 때문이다. 그러니 '틀리다'고 말하지 말고 '다르다'고 말하라는 옛말은 엄연한 진리일 수밖에 없다.

7) 추상화는 인류 인지능력의 최고봉이다

베이컨은 사물을 단순하게 추상화하려는 우리의 속성을 비판했다. 추상화하기보다는 사물을 분석·해체하는 방식으로 생각해야 진정한 과학적 성과를 이룰 수 있다고 말한다. 물론이다. 구체적인 생각은 추상적인 생각과는 달리 관찰을 필요로 하며 과학의 출발점이 된다. 그러나 그것보다 한 단계 더 높은 것은 복잡한 현상을 단순하게 만드는 것이다. 관찰된 복잡한 현상을 그냥 두서없이 나열해 놓거나 말한다면 쉽게 이해하기 힘들지도 모른다. 수학을 보자. 더하기를 할 때 막대기만을 사용했다면 점점 더 커져가는 개수를 어떻게 헤아릴 수 있었을까? 복잡한 수를 단순화된 숫자로 표현해 내었고 이로 인해 우리는 더욱 복잡한 계산이 가능하게 되었다. 고등학교 때까지 배웠던 단순해 보이는 수학공식이 얼마나 많은 복잡성을 내포하고 있는지 상상해 보라. 추상화는 단순함과 일맥상통한다. 예로부터 현인들은 단순함을 칭송해 왔다. 복잡한 현상의 본질을 꿰뚫고 그것을 단순하게 설명해 내는 것이 진정한 과학이자 예술이라고 생각했다. 아인슈타인은 단순하게 현상을 설명할 수 없으면 충분히 이해하지 못한 것이라고 말했다. 과학철학자 칼 포퍼 역시 과학의 방법론은 체계적 단순화로 묘사되어야 한다고 했으며 아이작 뉴턴은 사과가 떨어지는 단순한 원리로 만유인력을 발견하듯 진실이란 단순함 속에서 찾을 수 있다고 말했다. 이렇게 멀리까지 안 가도 우리는 현재 세계 스마트 기기의 장을 개척한 스티브 잡스를 떠올리면 단순함, 즉 추상화라는 것이 우리에게 얼마나 축복받은 능력인지 알 수 있다. 추상화 혹은 단순화하는 능력은 인류 인지능력의 최고봉으로 이에 관해 일반인보다 뛰어난 천부적인 능력을 가진 천재들로 인해 현재 우리의 현실이 얼마나 편리해지고 있으며 발전하고 있는지 감안한다면 베이컨이 우려한 추상화의 특성으로 인한 종족의 우상은 그리 염려할 게 못된다.

정리하자면, 편견은 우리에게 자신이 아는 것이 전부라는 착각을 제공하기에 그 테두리 안에선 행복할 수밖에 없다. 또한 자신이 배운 것들을 제대로 저장하고 있다면 훌륭한 직관적 능력을 발휘할 수도 있다. 소위 말하는 전문가들이 이러하다. 자신의 분야를 집중적으로 오랫동안 하다 보면 '보는 눈'이 생긴다. 훌륭한 선생님은 학생들의 머릿속에 지식들이 제대로 범주화될 수 있도록 가르치며 훌륭한 학습자는 그 범주화된 지식을 예전의 지식과 비교하며 또 다른 범주화된 지식이 탄생될 수 있도록 머리를 굴린다. 제대로 된 정보의 범주화가 계속해서 반복되다 보면 어느새 자신의 분야에서는 편리체계가 '합리적'으로 작동하게 되어 사람들을 설득시킬 수 있는 제대로 된 직관적 지식이 형성되는 것이다. 편리체계의 문제해결 방식의 특징인 자동적, 무의식적 그리고 빠름은 전문가에게 있어선 한 분야를 오랫동안 파고든 결과물이 될 수 있다. 진화심리학은 인간의 이러한 면을 탐구하는 학문이다. 인간이 어떤 상황에서 직관적일 수 있는 이유는 감정이 작용되기 때문이며 감정은 진화의 결과물로써 우리에게 상황에 대한 최고의 답을 제시해 준다는 것이다. 인간이 컴퓨터처럼 모든 정보를 정확하게 분석할 수는 없지만 수백만 년 동안 변화와 진화를 거듭하면서 '감정'이라는 정보가 유전자와 뇌 속 깊숙이 암호화되었고 이는 우리가 필요로 할 때 컴퓨터보다 더 빠르고 정확하게 판단하게끔 도와준다. 다만 계몽의 시대 이후 우리는 이성을 너무나 숭배하여 감정을 나약하고 주관적이며 합리적이지 않으며 결과적으로 이성에 반대된 좋지 않은 것이라 착각하고 살아왔을 뿐이다. 심리학을 기저로 한 행동경제학Behavioral economics이 연구하는 주 분야가 바로 편견과 감정인데 합리성을 벗어난 행위자의 선택이 가끔 가다 실수로 일어나는 것이 아니라 체계성을 갖고 있다고 주장한다. 그래서 편견을 체계적 오류Systematic error라고도 표현한다. 앞서 설명한 히틀러의 스웨터와 소독된 바퀴벌레가 잠시 들어갔다 나온 주스를 생각해 보자. 합리적이라면 싫고 좋음과 상관없이 몸을 따뜻하게 해 주는 공짜 스웨터를 입고 비타민을 공급해 주는 주스를 마셔야 한다. 그러나 실제로 그렇게 할 수 있는 사람은 드물다. 혐오감 때문이다. 이는 합리성과 반대되는 오류가 되는 것이다. 체계적 오류는 상황에 대해 싫은 것은 피하고 좋은 것은 다가가야 한다는 빠른 판단을 할 수 있게 하는 진화의 결과물이라고 주장하고 있다. 합리적인 계산이 정확한 판단을 방해하기 때문에 합리적으로 생각하기엔 오류일 것 같은 것이 오히려 정확하며 이는 우리에게 인지적 또는 감정적 만족감을 선사할 수 있다.

노력체계에선 인간은 좀 더 발달된 인지적 능력을 키울 수 있다. 주의와 각성으로 자신만을 향하여 있는 편리체계로부터 깨어나 외부세계로 눈을 돌릴 수 있다. 앞서 말한 철학자 베이컨과 데카르트가 강조했던 우상의 파괴와 선입견 탈피는 노력체계의 작동으로 이루어낼 수 있다. 실존주의 철학자 니체는 게으름을 인간 고유의 습성이라 했다. 이 게으름은 편리체계의 자동화에서 기인한 것으로 여간 해선 변하기가 어렵다. 그래서 새롭고 지속적인 자극으로 편리체계가 노력체계로 이행되어야 더욱 '똑똑'해질 수 있다. 물론 선천적으로 노력체계가 더 많이 작동하도록 태어날 수도 있다. 천재나 영재처럼 말이다. 이들은 별다른 수고 없이 오랫동안 쌓아 온 인간의 지식들을 빠르게 습득한다. 또한 그들은 사물이나 현상의 속성들을 더 빨리 파악하고 각성한다. 그러나 대부분의 사람들은 특별한 노력을 기울여야 더 똑똑해질 수 있다. '편리체계-노력체계-편리체계'의 무수한 반복이 계속되면 똑똑함을 자동화시킬 수 있는 것이다. 쉬운 예는 구구단이다. 초등 2학년 때 처음으로 외우는 구구단은 쉽게 외워지지 않지만 3학년이 되면서부턴 아무거나 물어 봐도 답이 툭 튀어 나온다. 노력을 더 많이 들이면 더 빨리 외워져 더 우수 한 성적을 거둘 수 있다. 새로운 것을 무서워한다거나 도전하기를 두려워한 다면 노력체계의 작용은 안 일어나므로 그 자리에 머무를 수밖에 없다.

노력체계의 단점이라고 한다면 개인적으로는 인지적 불안감을 초래할 수 도 있는 것이며 사회적으로는 경쟁의 심화가 될 수 있다는 것이다. 위에서 언 급한 성과사회에서는 더 많이 얻고자 하는 개인의 의지와 그로 인한 자기착 취로 인해 만성피로와 우울증과 같은 질병에 시달릴 수 있다. 한 예로 음악, 언어 수학 등에 뛰어난 학생들이 조울증 발생확률이 높다는 연구결과가 있 다.[15] 이 분야에서 뛰어나려면 지속적으로 노력체계가 작동해야 하기 때문이 다. 또한 뇌가 항상 각성의 상태에 있는 사람들은 굉장히 민감해서 사회적 활동을 둔화시키기도 한다. 자신이 풀어야 할 문제에 너무 집착하기 때문이 다. 그런데 아이큐가 높은 사람들이 우울증에 걸릴 확률이 더욱 높지만[16] 또 한 정신병이나 조울증을 겪고 있는 사람들이 평범한 사람들보다 고도의 인 지 능력이나 예술적 감성을 필요로 하는 직업에 종사하고 있다고 한다.[17] 위 의 연구결과들은 우리를 다소 당황하게 만든다. 세계가 발전하려면 분명 창 조적이고 높은 지적 능력이 필요하다. 그런데 그와 같은 능력을 소지한 사 람들이 정신적으로 문제가 있을 확률이 높다고 하니 아마 아이들을 교육하 고 있는 교육자나 부모들은 마음이 편할 리가 없다. 아이가 사회에 큰 공헌 을 할 수 있도록 키우는 것은 모든 부모의 꿈이다. 천재가 아니고서야 그렇 게 되려면 대부분 고도의 지적 능력과 창조성이 필요한데 이는 얼마간 교육 으로 이루어질 수 있는 부분이 있다는 것을 안다. 1만 시간의 법칙과 같은 연구결과를 근거로 아이들을 노력체계로 몰아붙일 수 있다. 그렇게 되면 정 신적 도덕적으로 문제가 생길 수 있는 데도 말이다. 아마 지금의 한국사회의 현실을 다소 설명할 수 있는 부분이 아닌가 싶다.

두 가지 체계와 불만족

　복잡한 인식 체계를 두 가지로 나눈 것은 예부터 철학자들의 담론이었던 몸과 마음의 문제Body and mind problem에서 출발한다. 몸은 뇌를 포함한 신체의 물리적 특징을 말하며 마음은 영혼, 정신 등을 일컫는다. 몸과 마음은 서로 분리되어 있다고 보는 견해가 이원론이다. 몸이라는 것은 주변환경에 따라 바뀌는 반면 마음은 변화에 영향을 받지 않는 영원한 어떤 속성이나 본질이라고 보는 입장이다. 심리학자 겸 뇌신경학자인 마이클 가자니가Michael Gazzaniga는 인간은 타고난 이원론자라고 주장한다.[18] 그는 이원론을 자동적 믿음과 숙고적 믿음이라는 두 가지 체계로 분류한다. 인간이 하는 행동은 주로 자동적인 믿음의 발현이라고 보고 있다. 자동적인 믿음은 편리체계와 같이 의식 없이 모든 것을 처리하는 것이다. 그에 의하면 이것은 곧 정신이다. (우리가 생각하는 일반적인 고고한 정신과는 다른 생물학적인 것으로 유전자에 깊이 각인된 어떤 것을 말하며 의식적이지 않은 행동의 발현이다. 데카르트가 주장한 영혼과도 다른 의미다.) 숙고적인 믿음은 노력체계와 같은 것으로 자동화되지 않은 믿음들을 의식적으로 깨닫는 것이다. 예를 들면 우리는 대부분의 식물들은 물과 습도, 적당한 양분만 있으면 자라나며 건드려도 움직이지 않을 것이라는 직관적인 믿음이 있다. 그러나 파리지옥과 같은 식물은 척박한 환경에서 살아남기 위해 잎에 붙은 파리를 속으로 끌어들여 소화액을 분비하여 양분으로 쓰도록 진화되었으며 미모사와 같은 식물은 건드리면 잎을 닫아버린다. 이 두 가지는 사물에 대해 우리가 믿는 본질에 대한 직관적인 믿음을 깨뜨리는 훌륭한 예이다. 그러나 이런 극단적인 예들을 제외하면 우리는 대부분 어떻게 습득되었는지도 모르게 자동적으로 사물에 대한 본질을 알게 된다. 모든 살아있는 동물은 움직이고, 물체는 움직이지 않는다는 직관적 믿음을 갖게 된다. 그래서 키우던 달팽이가 움직이지 않으면 혹시 죽었나 살피게 되고 갑자기 물체가 떨어지거나 움직이면 어떤 외부적 압력이 있었는지 확인하게 된다. 이와 같은 직관적 믿음은 다른 동물의 세계에서도 목격된다. 동물의 고유한 습성들은 모두 자동적인 것이다. 모든 동물들이 자신보다 약하거나 혹은 강한 상대를 식별하는 능력이 있다. 수백 년 동안 살아남으려 애를 쓰면서 뇌 속에 분류되어 자동적으로 프로그램 된 것이다. 그렇지 않고서야 혹독한 야생의 세계에서 살아남지 못한다. 염소와 사자는 밀접한 한 장소에서 유유자적하게 웅덩이 물을 마시지 못한다. 염소는 도망갈 것이고 사자는 먹잇감이라 생각하고 공격할 것이기 때문이다. 포식자와 함께 유유자적하게 살아갈 수 있는 영화 '주토피아'와 같은 곳은 자연의 세계에서 당장 현실화되기에는 너무 꿈같은 이야기이다. 만약 환경적 선택압으로 인해 변이에 변이를 거듭하다가 몇 백만 년이 지난 후면 모를까.

노력체계의 작용인 숙고적 믿음은 뇌의 작용에 의한 것으로 의식적으로 자신을 인식하며 더 나아가 메타인지 즉 자신이 어떤 존재인지 각성하는 것이다. 메타인지는 학습의 차원에서 보면 중요한 개념이다. 자신이 모르는 것이 무엇인지 아는 것을 의미하며 따라서 이 모르는 것을 알아가면서 인지적 능력이 향상된다. 자동적으로 알게 되는 직관적인 믿음과는 달리 스스로 깨쳐야 하는 부분이다. 물론 동물도 학습을 한다. 어미는 새끼를 돌보면서 사냥하는 법을 얼마간 가르친다. 물 속의 제왕 범고래의 사냥기술을 보면 정말 놀랍다. 적이 나타났을 때 신호를 보내어 피하게 하고 어려움에 처해있을 때 역시 신호를 보내면 와서 도와준다. 사냥감이 나타났을 땐 9㎞ 떨어진 곳에서도 그 사냥감의 대상이 어떤 특성을 지녔는지 감지한다. 10톤이 넘어 자신보다 몸집이 훨씬 큰 쇠고래를 보았을 땐 바로 공격하지 않고 다른 범고래들과 무리 지어 녹초가 될 때까지 그 사냥감을 추적하여 결국 잡아먹는다. 그들은 쇠고래가 몸집만 컸지 물속에서 속도와 유연성은 자신들에게 훨씬 못 미친다는 것을 알기에 사냥을 포기하지 않는다. 보통 동물의 세계에선 자신보다 몸집이 크고 힘이 세면 피하게 되는데 말이다. 또한 범고래가 바다 위에 둥둥 떠 있는 두꺼운 유빙에 유유자적 앉아 있는 바다표범이나 물개를 사냥하는 것을 보고 있노라면 웬만한 인간의 지능을 능가하는 것이 아닌가 하는 착각이 들 정도다. 범고래는 두꺼운 얼음 위로 올라가 물개를 공격할 수 없으니 다른 방법을 취한다. 네다섯 마리의 범고래들이 협동작전을 편다. 물개가 눈치 채지 않게 얼음아래 바닷속에서 빠른 속도로 거대 물살을 일으켜 유빙을 몇 조각으로 분해시킨다. 만약 물개가 바다 속으로 빠졌다면 빠른 속도를 이용하여 바로 잡아먹고, 여전히 조각난 유빙에 떠 있다면 또 한 번 물살을 일으켜 물개를 바닷속으로 떨어뜨린다. 또한 물개가 여전히 살아 있으면 무리의 범고래들이 딱딱한 자신들의 머리뼈를 이용하여 물개가 의식이 없어질 때까지 공처럼 치고 받는다. 입 꼬리가 올라가고 동글동글한 외모와는 달라 더 잔인하게 느껴지며 범고래가 만약 육지도 살 수 있고 인간처럼 직립보행을 할 수 있었다면 인간에 필적할 만한 동물이 되지 않았을까 하는 생각도 든다. 인간의 직립보행과 육지생활 그리고 두뇌발달은 축복이다.

그러나 동물의 이러한 사냥학습은 숙고적 믿음과는 상관관계가 떨어진다. 동물들은 그야말로 죽지 않기 위해 진화되어 오면서 개체를 유지하기 위해 본능적으로 학습하는 것이다. 배가 부르면 더 이상 사냥하지 않고 잠을 잔다. 무리의 다른 것보다 더 많이 먹으려 하지 않는다. 자신의 몸을 유지할 수 있는 칼로리만 보충이 되면 더 이상 욕심을 부리지 않는다. 인간도 사회에서 살아남는 법을 강구하는데 그냥 생물학적으로 살아있는 것은 아무 의미가 없다. 타인과 함께 살아가면서 뭐든지 '더more' 해야 더 좋게 살아남는다는 것을 아는 것이 자동적인 믿음으로 진화되었다. (끊임없이 무엇인가를 갈망한다는 불만Discontent의 사전적 의미를 떠올려 보자.) 이 '더'에 대한 깨달음이 주의와 각성을 일으키게 된다. 교육의 목적이 바로 이를 의식화 되도록 인간을 부추기고 있다. 그래서 인간은 숙고적 믿음을 갖기 위한 노력체계를 작동해야 하는 것이다. 노력체계가 자동화 되어 있는 사람은 천재처럼 보인다.

불만은 자아를 깨닫는 노력체계의 부산물이다. 자아에 대한 깨달음이 없다면 불만족도 없다. 자아각성은 우리에게 문명발달의 혜택을 주었지만 불만족도 함께 주었다. 더 발달된 문명을 이룩하려 하고 또한 자신의 삶의 질을 향상시키려 노력하는 인간이 있는 한 불만족은 우리가 감수해야 하는 등에 짊어진 십자가와 같다.

불만의 각성과 수용

　어떤 사람도 한 체계의 작용으로만 살아갈 수 없다. 두 가지가 완벽히 조화를 이루어 하나로 뭉치는 순간 마음의 평정을 찾아 그야말로 부처님이나 예수님의 경지에 이르겠지만 대부분은 이 두 가지 시스템의 중간상태에 있기에 항상 불안과 불만족을 겪게 될 수 밖에 없다. 마음의 평정을 찾기 바라는 호모 디스컨텐트라면 무엇보다 중요한 것은 두 시스템의 중간과정에 있는 인간의 불안정성을 인지하는 것이다. 우리가 말하는 행복은 안정적이며 기쁨의 상태를 유지하는 것을 의미하는데 만약 우리가 이 상태를 얻고 싶다면 우리의 인생은 과정이며 힘들게 산꼭대기에 올려놓은 거대한 돌이 굴러 떨어져 처음부터 다시 올려야 하는 단순한 노동을 영겁으로 반복해야 하는 시지프스의 운명처럼 완전한 안정은 없다는 점을 각성하고 수용해야 하는 것을 전제로 한다.

　앞서 우리는 인간 의식과 행동의 자동화에 대해서 말했고 그것은 편리체계에 속해져 있다는 것도 알았다. 자동화가 우리 문명의 발전에 훌륭한 역할을 했다는 것도 논했다. 그런데 인식의 자동화는 잘못된 편견, 고정관념, 선입견과 혹은 다른 잘못된 믿음으로 자동화되면 자신의 인식을 옭아매는 사슬과 같이 작동하여 부주의한 행동으로 나타나 곤란한 상황에 처해지기도 한다. 자동화의 역설Paradox of automatization이다. 1장에서 말했듯 인간은 차이를 인지함과 동시에 그것을 머리 속에 정리정돈 하는 안정성(범주화)을 추구하기 때문에 편견탈피는 어떻게 보면 어려운 과제다. 잘못된 범주화는 잘못된 편견과 고정관념을 부른다. 편견은 편리체계의 과정으로 빠르고 쉬운 것인데 이 쉬운 것에서 벗어나는 것은 어렵다. 인간의 의식은 쉬운 것으로 빠져

들기에 별다른 주의나 노력 없이는 그것에 머무르려 한다. 그런데 이 어렵다는 생각과 믿음을 타파하고 범주화를 무너뜨리는 노력체계의 작용이 하버드 심리학자 엘렌 랭어에 의하면 Mindfulness, 즉 마음챙김이다. (명상요법에서는 Mindfulness를 알아차림이라 번역하기도 한다. 마음챙김과 알아차림의 공통된 점은 잘못된 믿음을 지니고 있는 자신을 각성함을 뜻한다.)

자의적 혹은 비자의적으로 많은 정보에 끊임없이 노출되어 있는 우리는 어쩔 수 없이 무엇인가를 계속 욕망하게 된다. 노력체계와 편리체계의 상호작용 과정에 존재하는 호모 디스컨텐트는 편리체계에 의해 형성되어 있는 범주화로 인한 고정관념에 자신의 행동과 삶이 휘둘리지 않도록 각성하고 있다면 불만에 의한 부담감을 덜어낼 수 있다. 즉, 정신의 유연성을 기르는 것이다. 자신의 범주에 맞는 다른 외부 세계의 어떤 것을 내면으로 계속해서 끌어들이고자 하지만(이것을 욕망이라 부를 수 있다) 현실과 괴리가 있을 때 갈등과 불만족, 불안 등이 발생한다. 그러나 나의 불안하고 불만족한 상태를 인지하여 그것을 떨쳐내려 노력하면 할수록 불만에 대한 부정적 의미를 더욱 각성시키기에 개인이 힘들어질 수 있다. 따라서 그것에 대항하여 싸우기보다는 수용하고 떨쳐버리며 '적당히 불안해하는 법을 배운 사람은 가장 중요한 일을 배운 셈이다'라는 키에르케고르의 말처럼 적당히 불만족을 수용하는 법을 배운다는 것은 오히려 자신의 내적 성장을 위한 필수적인 요소가 될 수 있다.

불안은 불만족하다는 것이며 불만족은 진보를 위한 첫 번째 필수요소다. 나에겐 완벽히 만족하는 사람과 실패한 사람은 같은 의미다.

Restlessness is discontent and discontent is the first necessity of progress. Show me a thoroughly satisfied man and I will show you a failure.

- 토마스 에디슨

참고문헌

I. 기대

1. Popper, K. (2001). *All life is problem solving*. New York, NY; Routledge.
2. Bryson, Bill. (2003)., *A Short History of Nearly Everything*, New York; Broadway Brooks.
3. Tarantino, L.C., & Cohen, D. J. (2011). *History of The World in Two Hours*. Sherman Oak; Flight 33 Production, LLC.
4. Davey, L, & Leonard, P. (2010). *What happened before the big bang*. London; BBC production.
5. Schopenhauer, A. (2012). In Cartwright, D.E., Erdmann, E. E., & Janaway,C.(Eds.), *On the Fourfold Root of the Principle of Sufficient Reason; On Vision and Colours; on Will in Nature*(pp.1~153), New York; Cambridge University Press.
6. Freud, S. (1961). *Beyond the pleasure principle*. T. New York; Liveright publishing Corporation.
7. Fromm, E. (1994). *Escape from Freedom*. New York, NY; Henry Holt and Company LLC.
8. Schumpeter, J.A. (1994). *Capitalism, Socialism and Democracy*. London; Routledge.
9. Kierkegaard, S. (1978). 불안의 개념. 강성위 옮김. 서울; 동서문화사.
10. Botton, A. (2011). 불안. 정영목 옮김. 서울; 은행나무.
11. Tocquevillel, A. (2011). 미국의 민주주의. 은은기 옮김. 대구; 계명대학교 출판부.
12. Fromm, E. (2006). *The Art of Loving*. New York, NY; HarperCollins.
13. http://www.sciencemag.org/news/2015/04/how-europeans-evolved-white-skin.
14. Dawkins, R. (2010). 이기적인 유전자. 홍영남 이상임 옮김. 서울; 을유문화사.
15. Bruner, J.J. (1956). *A study of Thinking*. New York;Wiley.
16. Spelke, E. (1994). Initial knowledge: six suggestions. Cognition, *50*(1), 431-445.
17. Gopnik, A., & Wellman, H.M. (2012). Reconstructing constructivism: Causal models, Bayesian learning mechanisms, and the theory theory. *American Psychological Association*, 138(6),1085-1108.
18. Kant, I. (2006)순수이성비판. 백종현 옮김. 서울; 아카넷.
19. Mack, A., & Rock, I. (1998). *Inattentional blindness*. MIT press.
20. Simons, D.J., & Chabris, C.F.(1999). Gorillas in our midst: Sustained inattentional blindness for dynamic events. *Perception*, 28(9), 1059-1074.

21. Erickson, T. A., & Mattson, M. E. (1981). From words to meaning: A semantic illusion. *Journal of Verbal Learning and Verbal Behavior*, 20(5), 540-552.

22. Park, H., & Reder, L. M. (2003). Moses illusion. In R. F. Pohl (Ed.), *Cognitive illusions* (pp. 275–292). New York: Psychology Press.

23. https://cienciaemnovotempo.wordpress.com/categorias/fisica-neurociencia/how-much-information-processing-the-brain.

24. Langer, E., Djikic, M., Pirson, M., Madenci, A., & Donohue, R.(2010). Believing is Seeing: Using Mindlessness (mindfully) to Improve Visual Acuity. *Psychological Science*, 21(5), 661-666.

25. Rosenthal, R., & Jacobson, L. (1968). *Pygmalion in the Classroom*. New York: Holt, Rinehart & Winston.

26. Mayberg, H.S., Silva, J.A., Brannan, S.K., Tekell,J.L., Mahurin, R.K., McGinnis, S., & Jerabek, P.A. (2002). The functional neuroanatomy of the placebo effect. *American Journal of Psychiatry*, 159(5), 728-37.

27. Shiv, B. Carmon, Z., & Ariely, D. (2005). Placebo effects of marketing actions: consumer may get what they pay for. *Journal of Marketing Research*, 42(4), 383-393.

28. Crum, A.J., & Langer, E. (2007). Mind set Matters: Exercise and the Placebo Effect. *Psychological Science*, 18(2), 165-172.

29. Crum, A.J., Corbin, W,R,, Brownell, K.D., and Salovey, P.(2011). Mind over Milkshakes:mindset, Not just Nutrients, Determine Ghrelin Response. *Health Psychology*, 30(4). 424-429.

30. Popper, K.(2001). 추측과 논박: 과학적 지식의 성장. 인한구 옮김. 서울: 민음사.

31. Festinger, L.(1962). Cognitive Dissonance. *Scientific American*, 207(4), 93-107.

32. Poldrack, R. A., Clark, J., Pare-Blagoev, E. J., Shohamy, D., Creso Moyano, J., Myers, C., & Gluck, M. A. (2001). Interactive memory systems in the brain. *Nature*, 414(6863), 546-550.

33. Baldwin, J.M. (1896). A new Factor in Evolution, *The American Naturalist*, 30(354), 441-451.

34. Copeland, J., & Lespinois, D. (2010). *AndManCreated Dog*. Washington:National Geography.

35. Gazzaniga, M. (2011). 왜 인간인가? 박인균 옮김. 서울; 추수밭.

36. Chen, C.S., Burton, M., Greenberger, E., & Dmitrieva, J. (1999). Population migration and the variation of dopamine D4 receptor (DRD4) allele frequencies around the globe. *Evolution and Human Behavior*, 20(5), 309-324.

37. Ding, Y. C., Chi, H. C., Grady, D. L., Morishima, A., Kidd, J. R., Kidd, K. K., ... & Zhang, Y. P. (2002). Evidence of positive selection acting at the human dopamine receptor D4 gene locus. *Proceedings of the National Academy of Sciences*, 99(1), 309-314.

38. Faraone, S.V., Doyle, A.E., Mick, E., & Biederman, J. (2001).Meta-analysis of the association between the 7-repeat allele of the dopamine D(4) receptor gene and

attention deficit hyperactivity disorder. *The American Journal of Psychiatry*, 158(7), 1052-1057.

39. Ptáček, R., Kuželová, H., & Stefano, G. B. (2011). Dopamine D4 receptor gene DRD4 and its association with psychiatric disorders. *Medical science monitor: international medical journal of experimental and clinical research*, 17(9), RA215.

40. http://ngm.nationalgeographic.com/2013/01/125-restless-genes/dobbs-text.

II. 욕망의 형성

1. Schopenhauer, A. (2015). 의지와 표상으로서의 세계. 홍성광 옮김. 서울; 을유문화사.

2. Maslow, A.H. (1943). A theory of human motivation. *Psychological Review*, 50 (4), 370-96.

3. Kenrick, D.K., Griskevicius, V., Neuberg, S.L., & Schaller, M. (2010). Renovating the Pyramid of Needs: Contemporary Extensions Built Upon Ancient Foundation. *Perspectives on Psychological Science*, 5(3), 292-314.

4. Hawkes, K., O'Connell, J.F., & Blurton Jones, N.G. (1997). Hazda Women's Time Allocation, Offspring Provisioning, and the Evolution of Long Postmenopausal Life Spans. *Current Anthropology*, 38 (4), 551-577.

5. Fromm, E. (1994). *Escape from Freedom*. New York, NY; Henry Holt and Company.LLC.

6. Kierkegaard, S. (1978). 불안의 개념. 강성위 옮김. 서울; 동서문화사.

7. Baudrillard, J. (2002). 소비의 사회. 이상률 옮김. 서울; 문예출판사.

8. Hayes, S. C. (2004). Acceptance and Commitment Therapy, Relational Frame Theory, and the third wave of behavior therapy. *Behavior Therapy*, 35(4), 639-665.

9. Simon, H. A. (1990). A mechanism for social selection and successful altruism. *Science (Washington)*, 250(4988), 1665-1668.

10. Graybiel, A. M. (1998). The basal ganglia and chunking of action repertoires. *Neurobiology of learning and memory*, 70(1), 119-136.

11. Miller, G. A. (1956). The magical number seven, plus or minus two: some limits on our capacity for processing information. *Psychological review*, 63(2), 81-97.

12. Rankin, C. H., Abrams, T., Barry, R. J., Bhatnagar, S., Clayton, D. F., Colombo, J., & McSweeney, F. K. (2009). Habituation revisited: an updated and revised description of the behavioral characteristics of habituation. *Neurobiology of learning and memory*, 92(2), 135-138.

13. Lee, L., Amir, O., & Ariely, D. (2009). In Search of Homo Economicus: Cognitive Noise and the Role of Emotion in Preference Consistency. *Journal of Consumer Research*, 36(2), 173-187.

14. Lewis, M., Haviland-Jones, J. M., & Barrett, L. F. (2010). *Handbook of emotions*. Guilford Press.

15. Sireteanu, R., Oertel, V., Mohr, H., Linden, D., & Singer, W. (2008). Graphical illustration and functional neuroimaging of visual hallucinations during prolonged blindfolding: A comparison to visual imagery. *Perception*, 37(12), 1805-1821.

16. Haney, C. (2003). Mental health issues in long-term solitary and "supermax" confinement. *NCCD news*, 49(1), 124-156.

17. Ajzen, I. (1991). The theory of planned behavior. *Organizational Behavior and Human Decision Processes*, 50 (2),179-211.

18. Schwartz, N. (2002). Situated cognition and the wisdom of feelings: Cognitive tuning. In L. Feldman Barrett & P. Salovey (Eds.), *The wisdom in feelings*, (pp144-166), New York; Guilford.

19. Bless, H., Schwarz, N., & Kemmelmeier, M. (1996). Mood and stereotyping: Affective states and the use of general knowledge structures. *European review of social psychology*, 7(1), 63-93.

20. Kahneman, D., &Tversky, A. (1979). Prospect Theory: An Analysis of Decision under Risk, *Econometrica*, 47 (2), 263-291.

III. 행위의 법칙

1. Freud, S.(2003). *Beyond the pleasure principle and other writings*. New York; Penguin Books.

2. Smith, C. A., & Kirby, L.D. (2009). Putting appraisal in context: Toward a relational model of appraisal and emotion. *Cognition and Emotion*, 23 (7), 1352-1372.

3. Roseman, I. J. (1996). Appraisal Determinants of Emotions: Constructing a More Accurate and Comprehensive Theory. *Cognition & Emotion*, 10(3), 241 -278.

4. Uchida, Y., Townsend, S. S., Rose Markus, H., & Bergsieker, H. B. (2009). Emotions as within or between people? Cultural variation in lay theories of emotion expression and inference. *Personality and Social Psychology Bulletin*, 35(11), 1427-1439.

5. Chentsova-Dutton, Y. E., &Tsai, J. L. (2010). Self-Focused Attention and Emotional Reactivity: The Role of Culture. *Journal of Personality and Social Psychology*, 98(3). 507-519.

6. Masuda,T., Ellsworth, P.C., Mesquita, B., Leu, J., Tanida, S., & Veerdonk, E.V. (2008). Placing the Face in Context: Cultural Differences in the Perception of Facial Emotion. *Journal of Personality and Social psychology*, 94(3), 365-381.

7. Matsumoto, D., Yoo, S.H., & Nakagawa, S. (2008). Culture, Emotion Regulation, and Adjustment. *Journal of Personality and social Psychology*, 94(6). 925-937.

8. Feinstein, J. S., Adolphs, R., Damasio, A., & Tranel, D. (2011). The human amygdala and the induction and experience of fear. *Current biology*, 21(1), 34-38.

9. http://www.yonhapnews.co.kr/international/2014/05/18.

10. Freud, S. (1952). A general introduction to psychoanalysis. New York: Washington Square Press.

11. Ardiel, E.L., & Rankin, C.H. (2010). An elegant mind: learning and memory in Caenorhabditis elegans. *Learning and Memory*, 17 (4), 191-201.

12. Chiel, H. J., & Beer, R. D. (1997). The brain has a body: adaptive behavior emerges from interactions of nervous system, body, and environment. *Trends in Neurosciences*, 20 (12), 553-557.

13. darwinonline.org.uk/content/frameset?pageseq=1&itemID=F373&viewtype=side.

14. Mishkin, M., Malamut, B., & Bachevalier, J. (1984). Memories and habits: Two neural systems. In G. Lynch, J. L. McGaugh, & N. M. Weinberger (Eds.), *Neurobiology of learning and memory* (pp. 65-77). New York: Guilford.

15. Rozin, P., Millmann, L., & Carol, N. (1986). Operation of the Laws of sympathetic Magic in Disgust and Other Domains. *Journal of Personality and Social Psychology*, 50(4) 703-712.

16. http://www.sacred-texts.com/pag/frazer/gb00303.htm.

17. Haidt, J., Rozin, P., McCauley, C., & Imada, S. (1997). Body, psyche, and culture: The relationship between disgust and morality. *Psychology and Developing Societies*, 9(1), 107-131.

18. Nemeroff, C., & Rozin, P. (1994). The Contagion Concept in Adult Thinking in the United States: Transmission of Germs and of Interpersonal Influence. *Ethos*, 22(2), 158-186.

19. Schacter, D. L., Gilbert, D. T., & Wegner, D.M. (2011). Introducing Psychology. New York: Worth, Incorporated.

20. Tulving, E. (2002). Episodic memory: from mind to brain. *Annual review of psychology*, 53(1), 1-25.

21. VanElzakker, M., Fevurly, R. D., Breindel, T., & Spencer, R. L. (2008). Environmental novelty is associated with a selective increase in Fos expression in the output elements of the hippocampal formation and the perirhinal cortex. *Learning & Memory*, 15(12), 899-908.

22. Freud, S. (2014). 문명 속의 불만. 성해영 옮김. 서울: 서울대학교출판문화원.

23. Evans, J. (2010). *Thinking Twice: Two minds in one brain.* New York: Oxford university press.

24. http://psychclassics.yorku.ca/Pavlov.

25. Skinner, B. F. (1938). The Behavior of Organisms: An Experimental Analysis. New York: Appleton-Century-Crofts.

26. Olds, J., & Milner, P. (1954). Positive reinforcement produced by electrical stimulation of the septal area and other regions of rat brain. *Journal of Comparative and Physiological Psychology*, 47(6), 419-427.

27. Blum, K., Gardner, E., Oscar-Berman, M., & Gold, M. (2012). "Liking" and "wanting" linked to Reward Deficiency Syndrome (RDS): hypothesizing differential responsivity in brain reward circuitry. *Current pharmaceutical design*, 18(1), 113-118.

28. Blum, K., Werner, T., Carnes, S., Carnes, P., Bowirrat, A., Giordano, J., & Gold, M. (2012). Sex, drugs, and rock 'n' roll: hypothesizing common mesolimbic activation as a function of reward gene polymorphisms. *Journal of psychoactive drugs*, 44(1), 38-55.

29. Fabes, R. A., Fultz, J., Eisenberg, N., May-Plumlee, T., & Christopher, F. S. (1989). Effects of rewards on children's prosocial motivation: A socialization study. *Developmental psychology*, 25(4), 509-515.

30. Bechara, A., Damasio, A. R., Damasio, H., & Anderson, S. W.(1994). Insensitivity to future consequences following damage to human prefrontal cortex. *Cognition*, 50(1), 7-15.

31. Damasio, A. (1996). Descartes' Error. London; Penguin Books.

32. Anderson, S. W., Bechara, A., Damasio, H., Tranel, D., & Damasio, A. R. (1999). Impairment of social and moral behavior related to early damage in human prefrontal cortex. *Nature neuroscience*, 2(11), 1032-1037.

33. Lazarus, R., & Lazarus B. (1994). Passion and Reason: Making Sense of Our Emotions, Oxford University Press, Inc.

34. Suddendorf, T., & Corballis, M. C. (1997). Mental time travel and the evolution of the human mind. *Genetic, social, and general psychology monographs*, 123(2), 133-167.

35. Rizzolatti, G., Fadiga, L., Gallese, V., & Fogassi, L. (1996). Premotor cortex and the recognition of motor actions. *Cognitive brain research*, 3(2), 131-141.

36. Rizzolatti, G., & Arbib, M. A. (1998). Language within our grasp. *Trends in neurosciences*, 21(5), 188-194.

37. Iacoboni, M., Molnar-Szakacs, I., Gallese, V., Buccino, G., Mazziotta, J. C., & Rizzolatti, G. (2005). Grasping the intentions of others with one's own mirror neuron system. *PLoS biology*, 3(3), e79.

38. Gallup, G. G. (1970). Chimpanzees: self-recognition. *Science*, 167(3914), 86-87.

39. Keenan, J. P., Gallup, G. C., & Falk, D. (2003). *The face in the mirror: The search for the origins of consciousness*. HarperCollins Publishers.

40. Shillito, D. J., Gallup, G. G., & Beck, B. B. (1999). Factors affecting mirror behaviour in western lowland gorillas, Gorilla gorilla. *Animal Behaviour*, 57(5), 999-1004.

41. Swartz, K. B. (1997). What Is Mirror Self-Recognition in Nonhuman Primates, and What Is It Not?. *Annals of the New York Academy of Sciences*, 818(1), 65-71.

42. Amsterdam, B.K. (1972). Mirror self-Image reactions before age two. *Developmental Psychology*, 5(4), 297-305.

43. Repacholi, B. M., & Gopnik, A. (1997). Early reasoning about desires: evidence from 14-and 18-month-olds. *Developmental psychology*, 33(1), 12-21.

44. Varki, A., Brower, D. (2015). 부정본능. 노태복 옮김, 서울; 부키.

45. Povinelli, D. J., Bering, J. M., & Giambrone, S. (2000). Toward a science of other minds: Escaping the argument by analogy. *Cognitive science*, 24(3), 509-541.

46. Decety, J., & Jackson, P. L. (2004). The functional architecture of human empathy. *Behavioral and cognitive neuroscience reviews*, 3(2), 71-100.

47. Kuhn, D. (2001). How do people know? *Psychological Science*, 12(1), 1-8.

48. Nickerson, R. S. (1999). How we know—and sometimes misjudge—what others know: Imputing one's own knowledge to others. *Psychological bulletin*, 125(6), 737.

49. Fabes, R. A., Eisenberg, N., Karbon, M., Troyer, D., & Switzer, G. (1994). The relations of children's emotion regulation to their vicarious emotional responses and comforting behaviors. *Child development*, 65(6), 1678-1693.

50. Stotland, E. (1969). Exploratory investigation of empathy. *Advances in Experimental Social Psychology*, 4, 271-314.

51. Amstrup, S. C., Stirling, I., Smith, T. S., Perham, C., & Thiemann, G. W. (2006). Recent observations of intraspecific predation and cannibalism among polar bears in the southern Beaufort Sea. *Polar Biology*, 29(11), 997.

52. Hamilton, W. D. (1964). The genetical evolution of social behaviour. II. *Journal of theoretical biology*, 7(1), 17-52.

53. Wilson, E.O. (1975). Sociobiology: *The New Synthesis*. Belknap Press.

54. 김대수 (2014). 뇌는 무엇을 원하는가? 1.4킬로그램의 우주, 뇌. 서울; 사이언스북스.

55. Wilson, D. S., & Sober, E. (1994). Reintroducing group selection to the human behavioral sciences. *Behavioral and brain sciences*, 17(4), 585-608.

56. Boyd, R., & Richerson, P. J. (2009). Culture and the evolution of human cooperation. *Philosophical Transactions of the Royal Society of London B: Biological Sciences*, 364(1533), 3281-3288.

57. Bowles, S., Choi, JK., & Hopfensitz, A. (2003). The coevolution of individual behaviors and social institutions. *Journal of Theoretical Biology*, 233(2), 135-147.

58. Stevens, J. R., & Hauser, M. D. (2004). Why be nice? Psychological constraints on the evolution of cooperation. *Trends in cognitive sciences*, 8(2), 60-65.

59. Trivers, R. L. (1971). The evolution of reciprocal altruism. *The Quarterly review of biology*, 46(1), 35-57.

60. Mischel, W. Ebbesen, E.B., Raskoff, & Zeis, A.R. (1972). Cognitive and attentional mechanisms in delay of gratification. *Journal of Personality and Social Psychology*, 21 (2): 204-218.

61. Shoda, Y., Mischel, W., & Peake, P. K. (1990). Predicting adolescent cognitive and self-regulatory competencies from preschool delay of gratification: Identifying diagnostic conditions. *Developmental psychology*, 26(6), 978-986

62. Casey, B. J., Somerville, L. H., Gotlib, I. H., Ayduk, O., Franklin, N. T., Askren, M. K., & Glover, G. (2011). Behavioral and neural correlates of delay of gratification 40 years later. *Proceedings of the National Academy of Sciences*, 108(36), 14998-15003.

63. Miller, E. K., Freedman, D. J., & Wallis, J. D. (2002). The prefrontal cortex: categories, concepts and cognition. *Philosophical Transactions of the Royal Society of London B: Biological Sciences*, 357(1424), 1123-1136.

64. Mauss, I. B., Tamir, M., Anderson, C. L., & Savino, N. S. (2011). Can seeking happiness make people unhappy? Paradoxical effects of valuing happiness. *Emotion*, 11(4), 807-815.

65. Ford, B. Q., Shallcross, A. J., Mauss, I. B., Floerke, V. A., & Gruber, J. (2014). Desperately seeking happiness: Valuing happiness is associated with symptoms and diagnosis of depression. *Journal of social and clinical psychology*, 33(10), 890-905.

66. Hirschi, A. (2011). Effects of orientations to happiness on vocational identity achievement. *The Career Development Quarterly*, 59(4), 367-378.

IV. The More

1. Harari, Y. (2015). 사피엔스. 조현욱 옮김. 서울; 김영사.

2. Silverman, I. (1964). Self-esteem and differential responsiveness to success and failure. *The Journal of Abnormal and Social Psychology*, 69(1), 115.

3. Crary, W. G. (1966). Reactions to incongruent self-experiences. *Journal of Consulting Psychology*, 30(3), 246-252.

4. Mitchell, T.R., and Thompson, L. (1994). A Theory of Temporal Adjustments of the Evaluation of Events: Rosy Prospection & Rosy Retrospection. *Advances in Managerial Cognition and Organizational Information Processing*, 5, 85-114.

5. World Happiness Report (2015).

6. Deaton, A. (2013). The great escape. Princeton University Press.

7. Inglehart, R. (1997). *Modernization and Postmodernization. Cultural, economic, and political changes in 43 societies*. Princeton, NJ: Princeton University Press.

8. Baudrillard, J. (1970). 소비사회. 이상률 옮김. 서울; 문예출판사.

9. Iacoboni, M., Woods, R. P., Brass, M., Bekkering, H., Mazziotta, J. C., & Rizzolatti, G. (1999). Cortical mechanisms of human imitation. *Science*, 286(5449), 2526-2528.

10. Meltzoff, A. N., & Moore, M. K. (1989). Imitation in newborn infants: Exploring the range of gestures imitated and the underlying mechanisms. *Developmental psychology*, 25(6), 954.

11. Théoret, H., & Pascual-Leone, A. (2002). Language Acquisition: Do as You Hear. *Current Biology*, 12 (21), R736-7.

12. Rizzolatti, G., Fadiga, L., Fogassi, L., & Gallese, V. (1999). Resonance behaviors and mirror neurons. *Archives italiennes de biologie*, 137(2), 85-100.

13. Rendell, L., & Whitehead, H. (2001). Culture in whales and dolphins. *Behavioral and Brain Sciences*, 24(2), 309-324.

14. Higgins, E. T. (1989). Self-discrepancy theory: What patterns of self-beliefs cause people to suffer? *Advances in experimental social psychology*, 22, 93-136.

15. Wolpoff, M.H.,Hawks, J., & Caspari, R. (2000). Multiregional, Not Multiple Origins. American Journal of Physical Anthropology, 112 (1), 129-136.

16. Langer, E. J. (2009). Counterclockwise. Random House Digital, Inc.

17. Van Veen, V., Krug, M. K., Schooler, J. W., & Carter, C. S. (2009). Neural activity predicts attitude change in cognitive dissonance. *Nature Neuroscience*, 12 (11): 1469-1474.

18. Egan, L.C., Santos, L.R. & Bloom, P. (2007). The origins of cognitive dissonance: Evidence from children and monkeys. *Psychological Science*, 18 (11): 978-983

19. Schopenhauer, A., (2014). 쇼펜하우어에 미친 수학교수 내 행복은 어디에? 김상문 엮음, 파주; 매스게임.

20. Sun, B. (2011). The Antecedents and Consequences of Service Value in Restaurant Consumers: Aspect of Regulatory Focus Theory. *International Journal of Tourism Sciences*, 11(2), 39-69.

21. 모리오카 마사히로 (2005). 무통문명. 이창익, 조성윤 옮김, 서울; 모멘토.

V. 두 가지 인지 체계

1. Lowenstein, J. M. (1982). Twelve wise men at the Vatican. *Nature*, 299(5882), 395-395.

2. Stanovich, K. E., & West, R. F. (2000). Individual differences in reasoning: Implications for the rationality debate?. *Behavioral and brain sciences*, 23(5), 645-665.

3. Gazzaniga, M. (2012). 뇌로부터의 자유. 박인균 옮김. 서울; 추수밭.

4. Hoffman, E. (2012). 이타적 인간의 뇌. 장현갑 옮김, 서울; 불광 출판사

5. MacLean, P.D. (1973). The Tribune Brain in Evolution, New York; Springer.

6. Gigerenzer, G., & Brighton, H. (2009). Homo heuristicus: Why biased minds make better inferences. *Topics in cognitive science*, 1(1), 107-143.

7. Schwartz, B., Ward, A., Monterosso, J., Lyubomirsky, S., White, K., & Lehman, D. R. (2002). Maximizing versus satisficing: happiness is a matter of choice. *Journal of personality and social psychology*, 83(5), 1178-1197.

8. Bruine de Bruin, W., Parker, A. M., & Fischhoff, B. (2007). Individual differences in adult decision-making competence. *Journal of personality and social psychology*, 92(5), 938-956

9. Ericsson, K. A., Krampe, R. T., & Tesch-Römer, C. (1993). The role of deliberate practice in the acquisition of expert performance. *Psychological review*, 100(3), 363-406.

10. 한병철 (2012). 피로사회. 김태환 옮김, 서울; 문학과 지성사.

11. Bacon, F. (2001). 신기관. 진석용 옮김, 파주; 한길사.

12. Decartes, R. (2007). 방법서설/성찰/철학의 원리/정념론, 소두영 옮김, 서울; 동서문화사,

13. Root-Bernstein, R., & Root-Bernstein,M. (2007). 생각의 탄생. 박종성 옮김, 서울; 에코의 서재.

14. Popper, K. (2001). 추측과 논박. 이한구 옮김. 서울; 민음사.

15. MacCabe, J., Lambe, M., Cnattingius, S., Sham, P., David, A., Reichenberg, A., Murray, R., & Hultman, C. (2010). Excellent school performance at age 16 and risk of adult bipolar disorder: national cohort study. *The British Journal of Psychiatry*, 196 (2), 109-115.

16. Weismann-Arcache, C., & Tordjman, S. (2012). Relationships between Depression and High Intellectual Potential. *Depression Research and Treatment*, 2012, 1-8.

17. Kyaga, S., Lichtenstein, P., Boman, M., Hultman, C., Langstrom, N., & Landen, M. (2011). Creativity and mental disorder: family study of 300 000 people with severe mental disorder. *The British Journal of Psychiatry*, 199 (5), 373-379.

18. Gazzaniga, M. (2009). 인간의 조건. 박인균 옮김. 서울; 추수밭.